纪　念　恢　复　高　考　四　十

# 陸離

LU LI

吉林大学中文系77级文集

主编/霍用灵

南方出版社

图书在版编目（CIP）数据

陆离：吉林大学中文系77级文集 / 霍用灵主编
. -- 海口：南方出版社，2016.7
ISBN 978-7-5501-3208-5

Ⅰ. ①陆… Ⅱ. ①霍… Ⅲ. ①吉林大学－校友－文集
Ⅳ. ①K820.7-53

中国版本图书馆CIP数据核字(2016)第159551号

**陆离**——吉林大学中文系77级文集

---

**主　　编**：霍用灵
**责任编辑**：文　静
**出版发行**：南方出版社
**社　　址**：海南省海口市和平大道70号　**邮　　编**：570208
**电　　话**：0898-66160822　**传　　真**：0898-66160830
**经　　销**：全国新华书店
**印　　刷**：北京市玖仁伟业印刷有限公司
**开　　本**：787mm×1092mm 1/16
**印　　张**：32.5
**字　　数**：338千字
**印　　数**：1－3000册
**版　　次**：2016年7月第1版 2016年7月第1次印刷
**定　　价**：88.00元

---

## “陆离”七义

一者参差错综

二者光彩绚丽

三者聚散不恒

四者长剑低昂

五者美玉一种

六者神之一名

七者修长之容

# 陸離

吉林大学中文系77级文集

主编/霍用灵

# 目录

# 风云骤起时80只蝴蝶扇动的翅膀

霍用灵

前几天，我偶然参加了一个为期两天的“创新与企业家精神”课程培训，授课的老师讲述的是美国著名管理学家德鲁克的“创新”思想和方法，在课上老师问了我们一个问题：最近30多年来，世界上最大的创新工程是什么？答案是：中国的改革开放！这是人类有史以来规模最大的社会、经济、政治乃至文化的全方位创新工程，其历史意义和价值如何估量都不为过。

我内心深处忽然有一种难以言表的感动。我并不仅仅是在为国家和社会的巨大改变而感动，更多的是为自己。

20多年前，我第一次看到美国气象学家洛伦兹关于“蝴蝶效应”的论述，有一种脑洞大开的震撼：加利福尼亚一只蝴蝶翅膀的扇动，会引发大西洋彼岸的一场飓风！

我们生活的这个世界是一个密切关联的巨系统，每一个局部微小的变化，都会经过传导而引发整体的巨大改变。

35年前的我，完全不会用这样的观念看待和理解世界，更不会如此认识自己的行为。但是，那时的我，是真切地感到身处一个发生着巨大变革的历史潮流里，因为每一天我都会感到一种裂变和更新的眩晕和兴奋，时代的风暴在我耳边呼啸，我能听见自己心脏激烈跳动的节奏，那是一种与时代共振的节奏。

35年前的我，以及我们，是如何不期然地赶上了一个不可思议的巨变的时代，今天，每个人都会给出自己的回答。我们，当年的时代宠儿，现在看来，不过是从一个短暂的历史岔道上回复正轨的际遇，但无论是当初，还是现在，许多人回忆起来，仍然非常真诚地感谢那个时代，感谢自己的幸运——在遭受了各种各样的不幸之后，我们作为“文革”之后恢复高考的第一届大学生，从四面八方汇聚到吉林大学中文系77级，许多同学至今仍然有一种如梦般的庆幸感。而今天的人们，特别是我们的孩子，和孩子的孩子，他们只是在听一个不太真实的故事，并不会给出什么特别的表情。

今天的人们更关注未来，而不是过去。我们自己的故事，只有自己时常回味一番，感叹几句。今天，人们更关心自己是否会被呼啸而来的信息时代和文明所抛弃，你还能不能搭上进入虚拟世界的末班车。谁会倾听你那小小的悲欢与酸楚呢?

但是，我们那一代蝴蝶们所掀起的时代风暴，早已席卷全球，深刻地改变了国家、时代和历史，当然，首先是改变了我们自己。我们有幸曾经站在过历史的若干关口，并且不遗余力地扇动过我们的翅膀，我们与35年来的中国历史已经融合一体，无法分离。所以，如果要描述30多年间震撼了世界的中国历史，我们无法被忽视，在历史的天空，依然清晰地刻印着我们曾经闪耀的蝶翅。

当我花费了若干天的时间，仔细阅读我的同学们写下的对35年前我们的大学生活的回忆，以及他们对35年间自己生活的咀嚼，我发现，那所谓时代的巨变，不就是从如我们班这样的寝室和课堂里引发出来的吗？我们这80只蝴蝶的翅膀，在风云骤起的时刻，不止一次地扇动过，我们引发的山呼海啸、陆海变迁，如果一一列数，将是许多部载入史册的长篇史诗。

5年前，我们曾经为大学毕业30年编辑过一册文集，书名为《斑驳》，取义为“班博”的同音，意思是我们因为建立了一个共同的博客而汇聚成一册文字，也有复杂丰富多样等涵义，以致敬我们曾经的青春，以及我们自己的人生。如今，5年又过去了，我们为毕业35年的聚会而编辑了第二本文集。如何来命名呢？我想到了“陆离”二字。一方面，书名与前一本《斑驳》可以衔接，另一方面，“陆离”的含义，也暗合了我们吉林大学中文系77级80位同学的特性。

网上查了一下，汉语里“陆离”之词有七义：参差错综一也；光彩绚丽二也；聚散不恒三也；长剑低昂四也；美玉之名五也；神之一名六也；修长之容七也。此七义与我们班80人的组合，有一种奇异的关联和暗合，似乎喻示着一种难以形容的特质，仿佛就是我们精神气质的写照。

于是，我们以“陆离”为书名，用这一册小书，映照这个伟大的时代，映照我们创造的历史。并且，留下我们的印记。

2016年5月15日

《陆离》作者群像

[容颜——77影像志之二]

# 我的大学梦

于力

我小的时候家住在长春市的四分局附近。离家较近的有吉林大学、吉林医科大学和长春地质学院三所大学校。那时这些校园里草高树密，是我们捉蜻蜓、捉蚂蚱、捉迷藏的乐园。一切是那么美好。少年时代我就琢磨着，梦想着长大后就在这三所大学中挑一个上学吧！

小学毕业，“文革”开始。上了几年学工学农的中学，开始上山下乡。下乡插队走前的晚上，心情无比沮丧和留恋，望着斯大林大街边昏暗的路灯，心想不知何年何月才能再回到这个地方，想上大学的梦想破灭了。

70年代初抽调到吉林化工公司电石厂当工人。同住一个宿舍的是吉林师大附中的高三生老周。工厂办夜校，上初中和高中的课程。他不屑参加，工作之余他在看微积分，各种公式贴满他的床铺。我羡慕有知识有文化的人，我被他这种永不放弃的精神深深感染着。我参加夜校，补习高中课程。

1973年，机会果然来了。大学实行招生考试，我极兴奋地参加了高考。但高考的第二天，形势突变。招生办组织考生学习《人民日报》社论“一份令人深醒的答卷”，张铁生的一封公开信。考试作废，实行分配。我被分配到吉林师范专科学校。与家里商量去否，父母认为我的学历应达到了中专水平标准，没必要浪费时间，要念就直接进大学吧。机会稍纵即逝，又与大学失之交臂。

三年后，“文革”结束。盼来了恢复高考的佳音。我暗下决心，决不能再放过这次机会。回想起备战高考的这段时间，是我一生中信心最坚定，毅力最坚韧，精力最集中，智商最高启的人生冲刺。1978年春天终于圆了大学梦，青春梦。

整整40年了，经常在梦中回到高考的那一天。我们车间有四名同事参加高考。其中有个叫刘家国的家就住在考场附近。记得那天吉林市下着雪，中午在刘家国家吃的饭。他母亲给我们做的苞米碴干饭，白菜炖土豆。我感觉这是一生中吃得最香甜的一顿午餐。这么多年了，犹在眼前。

2016年5月20日

# 准考证轶事

于舸

当今之中国，每年都有近千万的应届毕业生走进考场，准考证并不是什么新奇的东西。可倒退40年，那可是件可遇不可求的稀罕物。

小曾念旧：几十年前的老照片，书信，粮票，布票，煤票，油票，车票，门票，等等，一概珍藏。结婚33年，搬家13次之多，难得竟留存至今，有的都成文物了。那天说起班里要出纪念文集，他居然亮出了我当年的准考证、录取通知书，甚至赴长春的火车票、汽车票……让我浮想联翩，感慨不已。

1977年10月中旬，我被垦利县文化馆派到惠民地区“文艺汇演”会务组帮助工作。一天，在地区公安处工作的远房舅舅，拿着一份10月21日的《人民日报》，兴冲冲找到我，说：“这是大事，你看看，去试试，去考大学吧。”

我当时刚参加完县组织部的培训学习，被分配到文化馆工作不久，新鲜劲儿，兴奋劲儿都还没过。一个在人烟稀少的盐碱洼子里长大，懵懂无知的女孩儿，当时对所谓的大学几乎一无所知。不怕见笑，舅舅的话我没太听懂，但他郑重严肃的神情和语气却触动了我。

汇演结束，回到垦利。县知青办主任——我中学的校长，也找上门来，拿着同一张《人民日报》：“你去报考大学吧，我看咱们这帮知青，就你有希望。”校长话不多，但同样郑重严肃的神情，殷切鼓励的话语，却激起了我好胜的斗志。

然而，让我下定决心，报考大学，离开垦利的却是另一个人——文化馆的创作员。

当知青下乡不久，我便因在知青点，自编自演了一些小节目，被抽调到文化馆参加学习班，带班的就是这个创作员。学习时一切还好，当我正式到文化馆工作，情况就有了变化，特别是拒绝了这位有妻有女的“老师”一些要求之后，我的日子就难过了。他开始用一些拐弯抹角，旁敲侧击，冷嘲热讽，夹枪带棒的话语刺激我，甚至说出：我在垦利工作二十多年，就不信斗不过你一个小丫头！

垦利，地处黄河入海口，由于泥沙淤积，号称共和国唯一生产国土的县，很年轻。当时有一首打油诗，形容垦利县城：“一条马路一盏灯，一个喇叭全城听。一个茅房一个坑，一个拉屎一个等。”

在这种情形下，我决定考大学——我要离开垦利！虽然我不知道大学对自己的将来，前途，命运意味着什么，不知道大学和学院的区别，不知道本科和大专的区别，不知道系和专业的区别，不知道什么是学士、硕士、博士和博士后，不知道大学究竟是干什么的，但我清楚地知道，要离开那个人，上大学是我唯一的选择。他知道我报名后，瞪着眼对我说：我不信你能考得上！我心里说：今年不行有明年！

于是，有了准考证，有了录取通知书。那年，整个垦利县城，几百考生，只考取了四人：我被吉大中文系录取，另一个文化馆的小伙伴考取了山东大学中文系，县剧团的小伙伴进了山东

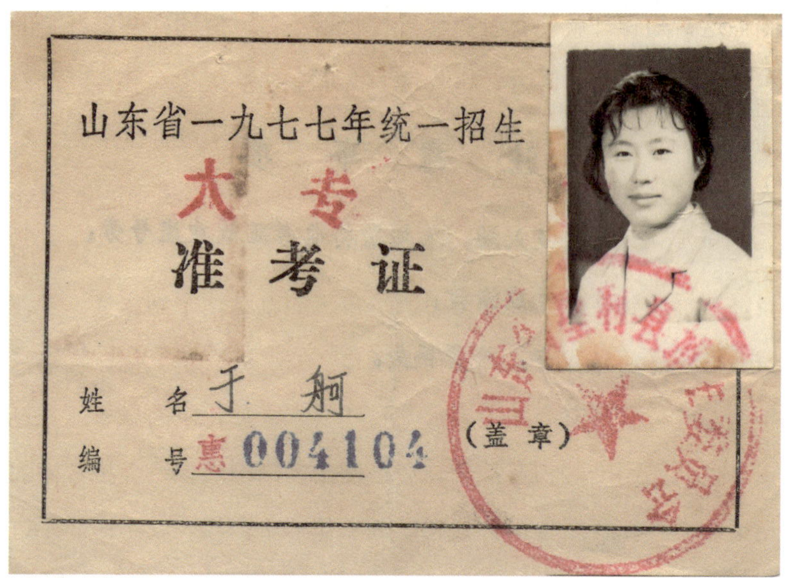
山东省一九七七年统一招生

大专

准考证

姓名 于舸

编号 惠004104

（盖章）

于舸高考准考证

于舸（左）和孙歌在听刘忠恕老师讲课

师范艺术系，县广播站的播音员去了青岛化工学院。我们下乡知青，果然如校长所言——只有我有希望，也算没辜负吧。

于是，我整理行装，办好手续，走进吉林大学中文系，开始新的生活。

大学毕业，我当了军校教官。我的学生中出了三名共和国海军将军。中国第一艘航空母舰上有我多名学生服役。中国第一支航母编队的司令也是我的学生，至今保持联系。他在2016年5月下旬发微信说："于老师，您可以杠杠地说，在祖国的万里海疆有您的学生，在开疆拓土中有您的学生，在护卫国家利益拓展中有您的学生。"小曾说，我的事业成就高过他。我自豪！虽然我只是在家带外孙的退休老太。

206学习小组部分同学在文科楼前留影。前排左起：马端忠、鲁晓琨、李蔚霞、王小妮、唐志宏；后排左起：王晋闻、姚力、李禄明、易清、邓学新、孙景贵。

# 妈妈为我缝棉被

马端忠

1977年参加高考时我还是个下乡知青。下乡的地方当时叫浑江市闹枝公社义和大队第一生产队。参加高考时我已经被抽到公社知青办，担任知青助理。

我们高考的考场设在临江一中。和现在一样，考完试家长都急切地想知道考得怎么样。我几个姐姐不断地往家里传话，说谁家的孩子能够去北京，又说谁家的孩子能够去长春。家里人自然也问我，我的回答就是：还行吧。至于是能去北京还是能去长春，甚至是能去通化，我心里都没底，也不敢说。也不敢在家多停留，还要干好工作，不能错过公社招工的机会，毕竟能够回城是大事。所以考完试的第二天我就回到了公社。

那天接到爸爸的电话，说我的录取通知书寄来了，是吉林大学。我急忙赶回家，进门时，妈妈正在炕上缝棉被，爸爸坐在桌旁喝茶。我第一句话就是：通知书呢？妈妈说：什么通知书？没接到，我想你了，让你回来看看。我立马就急了：哪能这么开玩笑！我都告诉公社了。爸爸赶紧说：别逗他了。把通知书从抽屉里拿了出来。我把通知书反反复复看了几遍。这怎么还写成了“马瑞忠”！爸爸说那应该是笔误，立字旁容易被看成王字旁，不碍事的。

放下通知书，我朝妈妈看去。此时阳光正好，暖暖地照在

206学习小组的部分同学在吉林大学7舍门前合影

炕上，也照在妈妈的身上。妈妈一针一针地缝着棉被，脸上满是笑容。我想起两年前，妈妈也是为我缝棉被，但那天可是一把鼻涕一把泪。那是要送我下乡去集体户，她跟爸爸吵着要跟我一起去。我们那时下乡是按家长单位来组织集体户，单位统一用解放牌大卡车送到农村，不允许家属跟去。爸爸是单位的领导，当然不能带这个头。妈妈当然也知道这个道理，她所以哭闹，其实是对我的前路充满了担忧。

想起这些，我便问妈妈：“妈，这次你送我去长春吧？”妈妈说：“俺可不去了，你是去上大学。”妈妈把大学的“大”字说得很重，音也拉得很长。爸爸在一旁打趣：“这回你去吧，单位不管了。”

接下来的一段时间，我们家可以说是门庭若市。亲朋好友，街坊邻居，专程赶来的，顺道路过的，都要进屋坐坐，都要看看那张录取通知书。吉林大学，那可是当年我们临江考生考取的最高学府啊！

2016年4月4日

# 在大雪中

王小妮

1977年的秋天，全国将通过统一考试录取大学生的消息传到在乡村插队的知青中间，这个消息似乎没有“招工”的反响大，招工很实在，能快速离开农村回城，而通过考试就上大学，好像不太真实，没有被证实和实施过的经验。在我插队的那片丘陵地带，人们对于这个“传闻”将信将疑，有些出身不好的知青甚至已经不再打算回到城里，连他们的内心都暗示自己可能要被迫“扎根”了。在长时间得过且过，没有自我选择的生活里面，人们对于未来不再存有期望，那一代20岁的人好像早习惯了“我不相信”。

参加青春诗会时的王小妮

当时，我被借调到北方小县城编辑一份知青小报，直到办报的知青都报了名，我才随大流。后来，又犹豫报专业，我想过读美术学院，做医生的亲戚劝我报医学院，最后还是报了中文，当年文科各专业中最热门的是中文。

一个黄昏，靠着一堵火墙，我拿到刚借来的中学数学课本，

王小妮《赤子心》组画之一 昨天我以为拾到的是鲜花

之二 今天回顾求索憧憬

知青报的梁老师帮我制定复习方案。他大学毕业就成了右派，被遣送到基层教书。那天很好的夕阳，美好地照亮窗外的大煤堆和油漆剥落的窗棂。梁老师说语文、政治、地理、历史的复习都无从下手，真正能拿分的只有数学。

我准备只温习初中数学课本前面的一小部分，高深的干脆不碰。断断续续大约学了二十天，对于在“文革”开始的时候只读到小学四年的我，因式分解已经很高深了。

印象深刻的是大冷天回到集体户参加考试。前一夜，大家

之三 明天科学的春天和我们 (1979/12)

都早早躺下，所谓早，是跟着太阳的规律，太阳落下去，人就上炕。棉被和土墙冻在一起，脚不能伸直，头上戴棉帽子防风。我们集体户大约一半人参加考试，完全没紧张，因为没什么憧憬，更像一场起哄或者胡闹。

天还没亮，吵吵闹闹都起来，我站在自己的箱子前面，把钢笔放在墨水瓶里抽墨水，我带了两支笔，预备有一支写不出字来。我们集体户里每个人的私人空间就是自己的木箱子，箱子里藏着每个人的私密物品，墨水瓶，蜡烛头，信纸，等等。

天还没完全亮，出门看见大雪，不知道是刚下的雪还是积雪，反正整个四野都返照着白色的雪光，吱嘎吱嘎踩着雪出的门。

考场是公社小学校，两排砖垒的平房，门上贴着考生序号，乱哄哄地找自己的号。教室里正在生火炉，湿木材加湿煤面，满屋子都是烟，一缕一缕在半空中极疏缓地环绕。我到噼啪响的火炉上烤钢笔，它一路上被冻住了，写不出字来。很快，开始发考卷，我带了几张抽巴巴的信纸做草稿，它们现在还被我保留着。

我的印象里，好像那个考试只有一天，其实，它应该持续了两天。对于我，那就是踩着大雪走向小学校的一天，就是烟雾窜出火炉和炉筒的无数缝隙在半空中神奇地旋转，很大的硫的气味，就是钢笔在纸上用力再用力，冻住的墨水好不容易融化了。

我看到有些人回忆当时的考试纪律严明，而我们那个考场有点混乱。考试结束，我们都出了教室，不停地有人左右地问，中国的邻国都有哪些，问了，再冲回教室找自己的卷子删改，我看见讲桌前面拥着一些人，抽自己的卷子。我记得有人反而把正确答案改错了。事实上，那一年高考题目的简单对现在“头悬梁锥刺骨”的高考生是不可思议的：把打乱的唐宋元明清正确排序，写出与中国毗邻的国名，等等。

后来，日子照样，集体户里的有人整天睡大觉，有人腰上扎紧了麻绳去刨粪。我回到县里。

隔了一段时间，听说全省的考卷都封存在我们县，可以通过县里的人查到考分，但是，只限于考分，不知道录取消息，我不仅自己查了分，还帮别人查过分。

直到收到录取通知书才知道，我们全公社只考上了我一个人，包括当时三番五次跑回教室改答案的。很多人只参加了一科两科考试就弃权了。

我最后一次回集体户是取箱子。而我的行李已经在办报以后拿到县里了。那些故意衣裳褴褛的男生冷嘲热讽的，他们都是混世魔王，并不像后来知青作家中写的“青春无悔”。女生有的冷淡，有的依依不舍，全看过去的交情。

箱子放在进城拉粮食的马车上，马的四蹄开始走了。几年以后，那只箱子连同装在里面的所有东西，被收废品的人搜索一阵之后，全失踪了。

当时没有想过，很多人从那个寒冷雪大的冬天开始了命运的分野，只有少部分成了有学历的人。

# 那一年

王启平

那一年，我18岁。

一扇久闭的门终于开敞，一排尘封的窗开始透亮；一条平静的航道灯光闪耀，一条宽敞的大路铺满阳光。

那一年，乍暖还寒的3月，一个在祖国大西南深山里插队的没有知识的“知识青年”，将锄把已经磨得光亮的锄头轻轻靠在墙边，脱下蓑衣和斗笠，解下沉重的背篼，洗去光脚板上的泥土，背负着祖辈父辈老师兄弟的厚望，沐浴着同学队友邻居亲朋的艳羡，千里迢迢，呕心吐胆（晕车），经过4天3夜蒸汽机头的牵引，终于踏上了残雪尚存的北国春城土地。走出站台，顾不得饥肠辘辘，扛着铺盖卷，急匆匆寻到吉大新生接待站。还没开口，几个工农兵学长斜眼看看我说，这是哪儿来的小孩儿，找谁啊？

那一年，我18岁，经过近2年上山下乡的锻炼，1米7的个头，48公斤的体重，又在4天的长途奔波中，吐尽了胆汁苦水，那小样儿可想而知。

那一年是1978，我18岁，生于1月8日，1、8似乎向我预示着什么。当时并没有什么兴旺发达的联想，只是觉得冥冥之中似乎有数，过后一想，添一点宿命的感叹而已。

当邮递员把一封发自吉林大学的牛皮纸信封递过来时，我一时茫然失措。毕竟伴随着10年动乱的学习生活带给我们的是思想的混乱、精神的迷惑和无知的懵懂，而因为紧张，高考时数学又考得一塌糊涂，对跃龙门几近绝望。拆开信封，“录取通知书”五个字令我晕眩。很快，一张大红的喜报张贴在街道最显眼的布告栏里。

那一年，我们年级只有我一个人考上大学。同学朋友见面，无不握手相庆。可通知书里一行文字把外婆和爸妈吓住了：长春冬季气温可达零下40摄氏度，请带好御寒衣物。于是一套絮了厚厚棉花的灰布棉衣裤连夜赶制出来（其实在长春只穿过一次）。从小把我带大的外婆操着浓重的湘乡口音不停地絮絮叨叨：那么远，那么冷，莫去了吧。父亲豪迈地回答：远什么，他要能考到外国去，我也送他走！

从接到通知书至报到的日子里，每天奔波于家和公社之间，要办理粮油关系、团组织关系、户口等的转移。办粮油关系需要交一定数量的全国粮票，家里人口多，没有那么多粮票，只好把生产队当作口粮发给的红苕干背去抵用。还要和一起插队的知青朋友们合影，接待一拨又一拨同学、朋友，还有生产队的农民兄弟的祝贺和礼品，塑料皮面笔记本在桌上堆了一大摞，还收获了重复一遍又一遍的叮嘱：要好好学习，要经常写信……

那些日子里，心中充溢着对新生活的忐忑和对亲情友情的感动，忙乱并快乐着……

即将告别山城的时候，我给我同大队的知青朋友写了一首长诗，工工整整手抄一份交给一个好友。当时我们已成立了知青场，在一个荒山头上开沟放炮垒坎填土种柑橘树。那一棵棵墨绿的树苗是用我们掌上的鲜血和背上的汗水浇过的。山顶上搭了个

203学习小组部分同学。左5为作者王启平

草棚，是我们工间休息和夜晚值班的处所。多少个夜晚，我们在与蚊虫的激战中彻夜难眠，相伴而坐，闲话人生……诗的内容已记不详细，无非是回顾生活劳动友情之类，其中不乏那个时代惯用的豪言壮语，只记得最后一句是：忘却往事再回头，一顶草棚山头立！

整整38年过去，往事从未忘却，一切仿佛昨日。世界已天翻地覆，我们也鬓毛早衰。寒冬常思春，年迈易怀旧。每每想起那些激动人心的日子，亲人同学朋友的音容笑貌如在眼前，一波波温馨又感伤的涟漪轻轻泛起……

亲爱的，你们还好吗？！

# 1977——我的高考

李东东

1977年底，我离开长春下乡到科尔沁草原边上已经近十年了。这十年中我在农村三年，后来调到双辽县文工团，又在1977年初调到双辽县文化馆。我在那里结婚生子，已经成了地道的县城人。到了10月，听到恢复高考的消息，可那时我反应挺麻木，没想这高考和我有什么关系。这时我远在湖北潜江油田工作的弟弟请假回家，来信让我赶快回去，我才回了一趟长春，在我父亲任教的市实验中学听了一次课——高中三角，然后听从父母亲的建议：参加高考。

回来后仔细想想这高考的事，一半兴奋一半惶惑，完全没有自信。我高中都没读过，对高中的接触只是那一次似懂非懂的三角课，怎么能考好呢。我爱人当时还在文工团工作，他倒劲头十足，当晚就给我讲起了高中的课程。他是老高二生，我们在同一个学校毕业，说起来我们当年还都是学习不错的学生，于是在谈论功课的过程中，我才渐渐恢复对学业的记忆。那时我们俩想调回长春，他的调动已有了眉目，档案都调进了长春市文化局，可我还没有头绪，那么高考就是一条路，我们决定我参加高考，考一个长春户口！

复习第一要项是找书，那时候近乎十几届的学生都在准备高考，哪里能找全课本啊，我只找到了两本初中数学、一本高中数

李东东1970年

学和一本解析几何，这四本书简直就是命根子了！因为数学对我来说是最要命的。其他的只好临时和别人混着看。

好在我爱人是高中生，他能给我辅导，那时我们的孩子在长春奶奶家，下班后我俩的全部话题就都是考试了，晚上睡觉，枕边放着笔纸，分头作题，共同讨论，这样的复习使我进度大增，渐渐有了自信。

我住在县文工团的院里，团里有不少知青伙伴，也有想参加高考的。我们一起议论高考时，我看到了文工团书记的那对三角眼不断斜视着我们，露出不满和敌意，随后就召集紧急会议什么的。我这时已调离了文工团，那是我在一年前坚持称自己化妆品过敏，不能再化妆，我便被调到县文化馆。文化馆的书记也是“左”得可以，我曾和他因为手抄本小说的事争论得很不愉快。这一次，馆里有三个同事想参加高考，我们也经常讨论功课。一天在馆会上，书记郑重宣布：从今天起，参加高考的人半天上班，半天在家复习功课！我们惊呆了半分钟，书记又补充了一句：下午你们就不用来了。当时我激动地庆幸自己离开文工团真是英明决策！原来我们的这位书记曾是县某中学的教导主任，他似有一种本能，就是见了爱学习的孩子一定关照，从此我有更多的时间复习了！我真幸运，我永远记得他的名字，他叫张宏发。

在我全力投入复习的时候，我爱人又要离开。文工团书记宣布，即日起全团到四平地区各市县巡回演出，送戏下乡，深入生活！

他能给我的学业上的帮助全指不上了，我只有独立作战！

天渐渐冷了。在县城生活，每天睡觉的炕要烧，吃的水要挑，饭更要做。我把这些家务事安排到最简化：炕上铺木板，可以不天天烧了，门口商店有一种一毛钱二两粮票的面包，我买回一大包。记得那时连挂面都没有卖的，我炸了一碗酱当菜，一个面包做主食，用电炉烧水冲一碗葱花紫菜汤，这样过了整整一个月。在后来的许多年里，我特别不爱吃面包。

到了考试的前一天晚上，文工团从外地回来了。我攒了一堆问题，爱人攒了一堆脏衣服，可我们什么都不能做，他只是说：“快睡觉快睡觉，明天得早起。”

早晨，天飘起了小雪，他用自行车带着我，来到县铁路中学考场。第一科就考数学，一看题有些懵，多数题是高中数学，数列、三角、立体几何、解析几何题都有，我当时想，啥都不管了，先做容易的吧。等做到后边，慢慢地发现这些题并不难，甚至有些似曾相识，像最后一道，说是解析几何，但实际简单到只是二元一次方程和平面几何的混合，我放松了一些，复习过的定理、例题也想起来了……下课铃声响起，考生们惊呼，时间不够呀。不少人抓着卷子不放手，监考老师一个个地收卷，边收边对大家说，知道了吧，这就是高考！

数学考过后，心情放松了一些，文科对我来说也容易些，不觉得时间紧迫了。

从复习到考试，头脑好像一直是迷糊的，考试后才清醒起来，才发现考题是那样简单！

能考上大学吗？报考志愿的表上，三个志愿我只填了两个：吉大中文系，师大中文系。别的没的填了，空着。“文革”前吉大不是重点校，师大，被我们中学称为是兜底的，所以我觉得，报这两个学校好像还靠谱，考长春户口嘛。

大概是很快就发榜了，县委大院的外墙，张贴了百米长的红榜，我在那上面看到了自己的名字，但这并不是录取。同时听说录取线的规定：25岁以下的考生180分，25岁以上的250分，这给了我一记打击，你年龄大呀！于是自己安慰自己，你本来就没有指望考上啊！多少年了？上大学这个愿望已经在我脑海中渐渐远去了……

我本不应该是个不自信的人。记得小时候，在幼儿园，在小学中学，都是父母和老师们眼中的好孩子，令人瞩目。我六岁开始拍电影《哥哥和妹妹》，七岁时和明星王人美、陈颖在《青春的脚步》中同演一家人，以后又在一些故事片出演小角色，在多部外国影片中配音。小学毕业时，全校只有我一个人考上了全省最好的中学——东北师大附中。在中学，我曾任班里的学习委员、文娱委员和英语课代表，考试成绩常常排在前三位。一次考试的作文还被选入学校的作文选，我写的文字第一次变成了铅字，那年我十四岁。一些老师对我的偏爱甚至让同学们嫉妒……我们师大附中当年是号称升学率百分之百的学校，我们在初中就开始议论考大学的事，英语老师建议我将来考北大西语系，物理老师要我考哈工大或北航，我也悄悄地为自己设计着未来……

1966年，初三课程早已结束，“文革”浪潮从北京开始席卷到全国，但当时还没有得到取消考试或升学的消息，学生们在参加革命的同时仍在考虑着升学的事。这时我的班主任老师找我谈了一次话。她问我，你知道你父亲的情况吗？我只知道我的家庭出身不好，爷爷是资本家，这是各种登记表上都有的。我说不太知道。老师说，要毕业了，你想怎么办？我说我想考本校。她说，你这样情况是不能报本校的……记不清还说了些什么，只觉得我的脑袋里纷乱如麻，在老师面前我强忍住了眼泪。这位老师早年是我爸爸的学生，她对我一直很关照。回到家里头脑都是昏昏的，只记得老师好像说了些上山下乡是革命行动之类的话。

这几天，父亲也和我们几个孩子谈了一次话，父亲说他在解放前参加了国民党，但从没做过对不起祖国和人民的事……

革命在继续深入，在全国狠批“三家村”的同时，我们学校也揪出了“三家村”，是我们附中的三位名教，这时，我爸爸成了他们学校——长春市实验中学的“三家村”之一。

我报名下乡了，那是1966年的夏天，还没有什么最高指示让有文化的青年到广阔天地去，还没有各级组织要求毕业生都到农村去的规定，是我自己决定的！是我完全自愿的！

我在刚刚懂事的年代，我在刚有思想的年华，自信被压抑，自尊被扼杀。16岁的我想离开家，到一个完全陌生的远方，是想寻找什么吗？我不知道，但我无悔地往前走我的路，让别人上大学去吧！

后来的十年中，甩不掉的自卑阴影一直跟随我，我习惯了做一个夹着尾巴的人，也习惯了任何好事摊不上的自慰。理想、梦想、幻想一个个都远去了。我弟弟曾不无悲观地对我说，咱们家是一代不如一代！是啊，我的爷爷毕业于日本的东京工大，爸爸毕业于流亡的北京师大，我们姐弟四人，却没有一个读到高中毕业……

转眼春天来了，冰封的土地解冻了。在春天里我拿到了吉林大学的录取通知书，这才让我的心踏实了，不，也还不完全踏实，我迅速地办好了各种手续，生怕晚一步，斜刺里杀出一个“政审”什么的，把我退回来。兜里揣着沉甸甸的户口迁移证（它甚至比录取通知书还要重呢），立刻乘火车回到了长春。

家里也传来了不少好消息，我弟弟考上了北京钢铁学院，姐夫考上了吉林电力学院，妹夫考上了东北师范大学。这一届高考，我家的升学率是100%。

其实，在拿到录取通知书之前，我的心就在说：我经历过高考了，还怕什么？今年考不上，下一次再考，再考不上，我还考！心里的那些理想、梦想和幻想，一个个悄悄地回来了……

我长春的家就在同志街义和路，和吉大咫尺相隔，但曾经是那么遥远。今天我和吉大终于没有了距离！我带着尚有一丝忐忑的心走进了吉大！走进了你们中间！

# “无奈”or“庆幸”？——读刘晶同学日志有感

李新风

“3年的知青生活，我已经知道了人间之事，有多少能与自我的初衷相同？”对刘晶同学的无奈与感慨深有同感、深表同情。当初那一代人，谁人没有类似的无奈与感触？若不是“文革”，若不是下乡，也许刘同学就会成为第二个林巧稚，第一个猜想出哥德巴赫猜想的人……这也让我想起自己的高中时代。当时，我的学习成绩也是偏于数理化，这三门课，常常能拿99分、100分，97分以下自己都觉得对不住自己。那也是如刘晶同学所说的教育“回潮”的年代，而我所在的安徽省那时高中的数理化教材，就难度而言，据说在全国也是名列前茅的。我当时最差的主科，就是语文了，每次考试能考到85以上就很知足了。所以，如果当时让我选择专业，怎么也不会选中文吧？即使不选数理化，也可以选英语呀，因为我当时担任的唯一“干部”角色，就是英语“课代表”。尽管当时能够学的，也只有那么几句，比如：“朗丽乌前门冒！哦朗朗拉一夫！”“耐沃夫盖特可拉丝丝抓钩！”然而，高中毕业，如不下乡，只能去参军；而由部队推荐参加地方高考，即使是77级的高考，考什么学校，考什么专业，甚至你上完大学后的去向，都是由部队来安排的，哪有你选择的余地？不过，就当时而言，我似乎从没有过无奈，有的似乎只是庆幸——部队三年，如果真的让我去考数理化专业（记得部

李新风大学期间在长春斯大林大街苏军烈士广场留影

队当时给了我们两周的时间，在部队一个师部的招待所里，全师的几个被推荐参加高考的战士集中在一起复习，谁能考上谁就上，考不上继续在部队服兵役），大约也会在前半个小时跑出考场，只不过不是像刘同学那样觉得卷子太简单，而很可能是知难而退逃出来吧！所以，我庆幸高中毕业能够参军，庆幸部队三年能够业余参加通讯报道工作对自己文字能力有所提高；庆幸我有幸被部队推荐参加高考，庆幸给我报考了中文系，庆幸部队给我报考了吉大这样的名校——同学们最近是否听到过这样的议论：哪个大学是中国最好的大学？哪个是中国最好的77级？答案是：吉大，吉大77级！这里边也许一半是玩笑，一半是真理呢。

再说说英语。我们上大学后，有几个愿意学那破日语的呢！有谁人不想学英语的呢？然而堂堂的吉大，竟派不出一名英语老师来教我们。我至今仍觉得，在吉大学日语，有点强买强卖的意思。我至今仍清晰地记得，有一次我在上日语课时心不在焉，在被老师叫起来回答问题时，下意识地回答了一句“Yes！”被日语老师提高语调重复了两遍，惹得我全班同学们哄堂大笑……无奈啊无奈！当然，我后来倒是感谢能够学到日语，以至于在研究生刚毕业不久，就能出版一本独自翻译的日本鲁迅学研究名著——竹内好的《鲁迅》。这又应了刘同学的那句话：“背道而驰未必不是一种考验。”

也许，如果没有当初的无奈、背道而驰与考验，就不会有今天才情并茂的女作家刘同学了吧。就此而言，这也未尝不值得庆幸呢。

对刘同学的文章深表赞赏！

[附记]2011年2月23日我在班级博客上读到刘晶同学的日志《1977，我的高考》，不禁感慨万端，回想起自己当年考77级、考吉大的经历，便随手写下我之所思，产生了这篇日志。现将我激赏不已的刘晶同学的这篇日志抄写于此，以为纪念。

刘晶：1977，我的高考

天，闷热；雨，憋着。明天，一年一度的高考又要开始了。好像每年的高考都是这般乌涂的日子，而后就会下雨。

特殊年代的特殊，我那年高考在冬季。考试三天，每天清晨起来，空着肚子骑4公里自行车，到考场，匆匆买一块大饼吃了。考场设在一个乡村中学的教室里，没有炉火，似乎也没感觉冷。

说起志愿，倒是番趣事。中学时，我的文理科成绩兼佳。从小志向是做一名妇产科或者儿科医生——林巧稚那样的医生。初中入高中那年，邓小平执政，他说：要从高中生里直接选拔一些人入大学。我的学校从12个班千名初中生里，选拔了90个人升高中，我因为家庭背景，有幸（又是有幸——我上中学时，被批斗过N次，理由是“白专典型”，哈哈）成为最后一个确定升高中的名额。可是后来时局发生了变化，我们这些苦读了3年的高中生还是需要到工厂、农村去改造。知青又3年，我知道自己如果依然想做一名医生，需要大学5年，最好还要读3年研究生。一个女性，30岁才开始接触手术台，怕是力不从心了。转向文科，家人必是竭力反对，好在我只身在乡下，自己拿主意，生米成了熟饭，家人也无奈。

心中的梦想当然是北大，退而求次，我看好中山大学与北京广播学院（现在的北京传媒大学）采编系。可是我又胆怯了，憋了10年的人才啊，从1966年到1977年毕业的所有人都可以参加当年的高考，我知道自己不怕同龄的学生，但是“文革”前毕业的老三届，他们的功底是我辈不可企及的。

怎么办?

中学时，因了学医的愿望，曾经拜一位大学化学老师学习，从他那里我知道了唐敖庆的名字。我们那时是先填志愿再考试的，故而我便选择了地处东北的这所在国内综合类大学排名第二（当时）的学校，校长便是唐敖庆先生。

那年高考，每门考试3个小时。但是为了照顾大龄考生，规定如果不会答卷，可以在前30分钟内退场。

考第一门，正好是我的强项——数学。卷子之简单，我知道自己的志愿是报低了。15分钟答完，再用5分钟检查，我第一个交卷走出了考场。监考老师以为我交了白卷，匆匆看看，跑了出来，问：你这样的数学成绩为何要考文科?我能怎样回答?3年的知青生活，我已经知道了人间之事，有多少能与自我的初衷相同?背道而驰未必不是一种考验。

我记得，结束了高考，天，下了一场大雪。

30年了，30年有多少变迁。一个小女婴可以在30年里变成一个成熟的女人；一个少妇可以在30年里成为祖母。

我的母校，你好。

2007年6月

（原载吉林大学中文系77级网易博客2011-02-23）

# 别梦依稀三十年

张晶

张晶（大学毕业前）

## 人生谷底的大学梦

1977年，对于中国来说，是一个伟大的变革年代；对于我的一生来说，也是最为重要的转折。30个年轮的增长，使我满头的青丝间已经生出了银发，可是30年前的情景还是历历在目，如同就在眼前。

1977的11月28日，那个飘着雪花的冬日，踏着吱吱响的雪地，我如同做梦似的走进了我们国家恢复高考制度后第一次的大学考场。从此，我的人生之帆在时代的劲风中开始了理想的航程。

我从小就想上大学，听别人说考大学多么多么的难，我的心里就很不服气，我想将来我一定要上一个最好的大学。可是因为我家的出身不好，成分是富农，就没有了上大学的资格。中学毕业后，我和同学们一起上山下乡，到了一个号称“小北大荒”的贫困乡村。而我没有放弃我的梦想。我相信“天生我才必有用”，无论农活多忙多累，我都离不开带在身边的书本。夏天里骄阳似火，一上午的强体力劳动，要把人的水分都吸干了，中午一会儿休息时间，我还是在读书；晚上，我们那个村子连电灯都没有，我每天都在昏暗的油灯下看书，每天早上起来的时候，鼻孔里全是黑黑的。乡村的夜，窗外是呼呼的风声，偶尔传来一两声狗叫，知青们都已经睡着了，我在书卷里，在一个知识的世界里。

在下乡的几年中，我读了很多文学作品，也读了一些历史的、哲学的书籍，也做了好多本笔记。对我影响更大的是古典诗词。我原来的性格是很敏感而又软弱的，后来有一次读到白居易的《有木诗八首》中的两句诗“寄言立身者，勿学柔弱苗”对我的心灵产生了强烈的震撼。从此后在我的性格中注入了很多刚强，很多果敢。

令我终生难忘的另一次体验是：下乡的第二个年头，深秋时节，生产队派我去出民工，任务是给建桥工地挖土方。那年我19岁。恰好是在国庆节的前夜，别人都走了，工程师和工地领导在不远的指挥部里举行晚宴。而我的土方任务还没完成。工地上只剩下了我自己。我挑着满满的一筐筐泥土，吃力地从深坑里爬上来，暮色笼罩了工地，形单影只的我，心里充满了痛苦无奈，泪水和汗水交织在一起。实在干不动了，我一屁股坐在湿泥里，大声地哭了起来。那个国庆节的夜晚，对我来说是无法忘怀的。回到我们住的社员家里的仓房里，没有吃的，我到房子后面的白菜地里偷着摘了老乡的菜叶，回来蘸着盐水吃，记得非常清楚，这个晚上，我们吃了一顿黑面条，算是改善伙食。恰是在那个晚上，我还是在油灯下看了我带在身边的一本发黄了的《唐诗三百首》，昏暗的萤火虫般的灯光中，我读到了崔涂的《除夜有怀》中的这两句诗：“乱山残雪夜，孤灯异乡人。”我觉得和我的遭际真是太吻合了。这两句诗也由此深深地嵌入了我的生命体验之中。

支撑我的是不死的信念：我将来一定能考上大学。这个信念，伴随我在农村度过了苦难的岁月。我们的“集体户”生活非常艰苦，好粮食被原来的老知青分没了，窗上没有玻璃，糊的纸冬天到处漏风，晚上的洗脚水早晨冻成了冰。我还是每天都在读书。我坚信：终有一天，我会上大学的！

机会来了。公社知青办下来了推荐上大学的名额，生产队的社员们推荐的是我。我真的以为这次可以实现我的大学梦了。可是谁成想天有不测风云，这个名额竟被和我一同下乡的同学抢走了。此君的舅舅是灌区（下辖五个公社，即现在的乡）党委书记，我还被告了一状：说是出身黑五类，不应该被推荐。于是这个梦想就转瞬间破灭了。我的那位同学的水平你都猜不出差到什么程度：鸡蛋的“蛋”字都不会写，给他姐姐写信时写鸡蛋用“鸡0”来代替。他居然兴高采烈地上了当时的四平师范学院，成了一名工农兵大学生。我爸爸本以为我这次可以上大学了，在家里等着我的好消息，等我回到家里，把这个消息告诉爸爸，爸爸愣住了，眼睛直直的，手不停在抖，手里夹的烟把手指都烧了。这是当时对我最大的一次打击！上大学之梦就这样夭折了。

飘着黄叶的秋天，我为公社出差到了省城长春，办完了公事，我在当时的斯大林大街上走着，恰好路过我后来的母校——吉林大学的东门。秋风萧瑟，校园里的小河快要干涸了，到处都是败叶。我看到很多大学生在校园里面来来往往，学校的专栏里还贴满了大字报。我驻足在校门外面，眼泪扑簌簌地夺眶而出：不要说能进这所大学读书，哪怕是在校园里住上一夜也心满意足了！大学，那是我的梦啊！今生今世，还能实现这个梦想吗？我从小喜爱文学，喜欢读书，从初中一年级起开始发表文学作品，在农村的油灯下，在没有欢乐的夜晚，是那些古典诗词、文学名著，还有那些文史哲的典籍伴随着我的青年时代。在中学里，我的数学成绩也是全市最好的。邓小平同志主持国务院工作的期间，狠抓教育，学校里经常统考会考，市里也经常统考，我是多次获得全市中学统考状元的好学生啊！后来“四人帮”又迫害邓小平同志，说这是“资产阶级教育回潮”，我就是带着不死的大学梦到乡下去的。为什么就不能给我一个上大学的机会呢！对于一个对读书充满了渴望，又从小打下了一个坚实基础的年轻人，为什么大学的门对我紧闭着呢！我在吉林大学门前久久地伫立着，深秋的风是那样的无情，泪水顺着我瘦削的面颊流淌。校门内外，在当时的我来看，简直就是天壤之别。

**喜极还拭泪，惊定番疑梦**

我的1977！那是我实现梦想的岁月。

1976年我回城当了一名工人，穿上了一身国营大型企业的工装。我的大学梦本来已经灰飞烟灭了，我只想当个合格的工人。因为我的文学才华、文字功力，我当时为工厂的文艺宣传队创作剧本，写歌词，有很多节目获奖。机关里要调我到上面工作，我都谢绝了。我只想好好钻研技术，像我的师傅们那样拿着钳子，满身油渍，挣钱养家。大学与我无缘了。“四人帮”被粉碎后，我们的共和国犹如凤凰涅槃，又新生了！拨乱反正，百废俱兴。在邓小平同志的提议下，党中央决定恢复中断了多年的高考制度，为了国家培养人才，使无数像我这样怀着多年大学梦的青年有了希望。消息传来，人们奔走相告。我们看到了希望，国家有了前途。从拖家带口的“老三届”，到还尚未毕业的中学生，都胸怀火焰，跃跃欲试。听说不用“走后门”，凭着一张考卷能上大学的信息，我还是难以置信的。命运已经捉弄过我一次了，心灵的创伤还没有平复，我很难相信这样的“好事”了。

已是初冬，“文革”之后的第一次高考的时间就要来临了，我还穿着工作服，在车间里，在钻床旁边和师傅一起划线钻孔。师傅让我请假回家去复习几天，我说还不知道最后是什么情况呢。11月27日的晚上，我为爸爸妈妈做了晚饭，记得是高粱米饭。第二天早上，我就冒着冬日的飞雪，进了考场。展开语文试卷，赫然映入眼帘的作文题目是：“十月的胜利”。面对着卷子，我思绪奔腾，如千丈飞瀑，下笔就用陈毅元帅的两句诗：“莫道浮云终蔽日，严冬过尽绽春蕾”作为文章的开端。1976年的十月呀，这是人民的胜利，是共和国的胜利，是党的胜利！十月，对我来说，也是新的生命的开端。我在简陋的书桌上奋笔疾书。

记得第一次考试，各省自己命题，吉林省除了正卷之外，文科考生还有副卷，内容是写一篇批判“四人帮”的“三突出”文艺理论的文艺评论，我也在很短的时间内写完了。两张卷子，我全部答完了还剩下40分钟。映着地上的雪光，我走出了考场，如同走出了一个旧的世纪！

喜讯传来了，我以吉林省文科名列前茅的成绩，考取了吉林大学中文系文学专业。那天，正是厂里的党员大会，我因为还不是党员，没有参加大会，录取通知书先到厂里，厂党委书记即兴在主席台上大声地宣读了吉林大学发给我的入学通知书，满脸通红的书记，激动地说：“这是我们厂里‘“文革”’以后正式考上的第一个大学生！”我的师傅下班后没有回家，穿着油渍渍的工作服，拿着通知书直接到了我家，一进门就把我抱住了，我一下子明白了，我实现了多年的梦想！我上了国内的一流大学。

1978年的2月，春节刚过，春寒料峭，我登上了北上的列车，我那些工友、朋友，把我送进了车厢。提着行李，我又一次站在了吉林大学的门前。这次是在正门前，我是带着吉林大学的录取通知书来的，这是我日思夜想的地方啊。几年前我曾在这里流下了悲哀而失望的泪水，而现在呢，我是你的学生！我带着祖国的春光而来，我带着爸爸的宿愿而来，我带着一生的梦想而来！那是我为之矢志不渝的梦想，那是我为之九死不悔的梦想，那是我为之寤寐思服的梦想啊！早春二月的风，迎面扑在我的脸上，洁白的雪，在地上闪着莹光，塞北的二月刚刚过了最冷的季节，春的讯息已经在大地上到处奔跑。北方的天是那样的蓝，空气是那样的新鲜，人们是那样的激情。这是时代的春天。一个新的纪元就这样升腾在祖国的大地上。我站在吉林大学的门前，左手提着网袋脸盆，右手拿着入学通知书，就站在郭沫若先生亲手题写的“吉林大学”校牌咫尺的地方，久久地，足有二十分钟，泪水又一次流淌了下来，弄湿了我的围巾。这是激动的热泪，是幸福的热泪，是新生的热泪。历尽磨难的大学梦啊，今天才变成了现实！也许，比起今天的大学生来，我在24岁这年才跨入大学的门槛，似乎晚了许多，可这对我来说，又是何等的幸运。不晚，一切都从头开始。

**梦醒后的求索**

77级的大学生，是时代的骄子，吉林大学中文系77级的大学生，更是“挥斥方遒”的弄潮儿。我们这个年级只有这一个班，一个班是整整80个人，其中有64名男生，16名女生。班里有好几个三十大几的老大哥，还有好几个中学刚毕业就直接考进来的16

岁“花季”的小同学。大的和小的，差了几乎是一代人。于是大的就总是让小的叫叔叔。还有七八个部队来的同学，都穿着三块红的军装。现在军衔最高的都当了将军了。大家都是带着勃勃的雄心和作家的梦来到这个集体中的。不少同学在上大学前都发表过很多小说、诗歌和剧本。其实，我当时报考吉林大学，也是直冲着括弧里的“文学专业”来的。知识的饥渴，读书的欲望，创作的冲动，使我们如同拼命吸濡的海绵，大量地阅读古今中外的文学名著，互相辩论，编辑刊物，登台讲演，燃烧着青春的火焰和学习的激情。文科楼里夜读的灯光，7舍寝室里灵感迸发的高吟，那是一种怎样的学生生活呀！中文系当时有那么多著名教授学者，后来成了我的研究生导师的张松如、赵西陆、郭石山、王士博、喻朝刚，还有教我们语言学的许绍早等先生，都在本科的讲坛上给我们上课。著名诗人、思想家张松如（公木）老师给我们上课时的情景还如在眼前，他甩动着满头的白发，充满了激情，使我们受到了极大的感染。郭石山先生是湖南湘潭人，毛泽东的同乡，他那浓重的湘潭口音，使大家难解其妙，他微微地摆动着下颔，讲得非常陶醉。后来成为合并后的吉林大学第一任校长刘中树教授，第一个学期就给我们讲授中国现代文学史课，他是最受77级学生欢迎的老师之一，他的儒雅亲切，使之成为我们班的“密友”。那年他似乎40岁刚刚出头，我们自发地评选他为“最佳教师”，很快晋升为副教授。在那时，40岁的副教授真的是凤毛麟角。

圆了上大学的梦想，这在我来说是一生中最大的心愿。读书的机会多么来之不易，我恨不得把所有的时间都用来读书，写作。那时的文科楼教室到晚上11点就要关门，我们回到宿舍里继续夜读。当然寝室里夜里是要熄灯的，到了11点学生会就要检查。于是，我就在7舍地下室的锅炉房里夜读。冬天的锅炉房非常暖和，我都是读到后半夜一两点钟。夜深人静，在书中我与古人、洋人晤谈，徜徉在丰富而深邃的世界之中。

77级入学后不久，党的十一届三中全会召开，这为中国历史翻开了崭新的篇章。打破“两个凡是”，开展思想解放运动，还有关于“实践是检验真理标准”的讨论，都使我们这些77级学子洞开了思想的门窗，向着世界呼吸来自远方的新鲜空气。让僵化的思想模式见鬼去吧!我们畅谈终夕，我们纵横辩难，我们大声疾呼!我们研读马克思的《1844年经济学哲学手稿》，我们讨论尼采的《悲剧的诞生》。我们张贴海报，举办各种学术讲座。虽然我们很粗浅，但是我们畅饮真理。那是一个多么令人回忆、令人神往的年代呀!如果时光能够倒流，我愿意用我奋斗几十年换来的一切，来换回我当年的激情与冲动，召回我的青春与莽撞!

1977，有我太多的回忆与思念，有我太多的光荣与渴望，有我太多的热血与执著，有我太多的动力与情爱!那是无法忘怀的呀!我不能压抑对它的眷恋，我不能失去对它的执迷，我不能没有对它的珍藏!

早春的鸣放宫，那呢喃的燕子来了，小河边的草儿钻出了嫩黄的幼芽，河畔的冻土在温煦的和风中又湿又软，地质宫前的那一排排柳树绿了。还有南湖那微微的涟漪，淡淡的月华。年轻的朋友，你知道朦胧诗吧?那是中国历史上一个诗的时代，它荷载着我们思考、我们的爱恋，我们的伤痛，用自己的心灵，用自己的胸怀，托出了这个诗的年代。在中国的当代文学史上，朦胧诗运动是非常重要的一页，也是中华文化史上绝无仅有的篇章。

它不是用笔写成的，而是用一代带着伤痛的青年的心血写成的。也许，你们今天再读那些诗，觉得不知所云，其实它们都有着沉甸甸的蕴含。在20世纪70年代末期，在中国的文坛的天空上，席卷着朦胧诗的风暴，它越过遥远的空间，也跨过时间的帘幕，掣响于过去、今天和未来之间。那是在其他任何年代都不可能产生的诗歌运动。朦胧诗是一个全国性的诗歌运动，但是，吉林大学中文系77级，可以毫无愧色地称之为朦胧诗的重镇。在任何一部当代文学史或诗歌史上，都无法掩盖吉林大学这个耀眼的诗群。我在当时是这个诗歌运动的一员，和后来成为著名诗人的徐敬亚、王小妮、吕贵品等同学一起发起了在诗歌领域中声名远播的“言志诗社”。开始的时候是我们七个人，因此也称为“七星诗社”。我记得最初的时候诗社有这样七个人：徐敬亚、王小妮、吕贵品、张晶(我本人)、白光、邹进、兰亚明。(后来到了三年级我因为要考古典文学的研究生，就很少再参加诗社的活动。)我很小就开始喜爱诗歌。从小学开始就阅读那些唐诗宋词，小学五年级就尝试着写诗，并给《中国少年报》投稿。初中一年级我就写了纪念国庆的长诗，发表在四平市的文艺刊物上。在上山下乡的年代里，我也在油灯下写了很多诗作，发表在《吉林日报》《吉林文艺》等报刊上。诗在燃烧着我的激情、我的热血。报考吉林大学中文系，还以为中文系就是培养诗人作家的，充满了对诗的向往。诗把我们这些同学凝聚在一起。我们的诗社成立了，我们每天都沉浸在诗的洗礼之中。我们用沸腾的心来写诗，我们用青春的声音来朗诵诗，我们用时代的潮汐来浇铸诗。诗社的七位同学，大多是出身下层，饱经了我们的少年和青年时无法逃避的苦难和压抑。现在，改革开放的大潮在唤醒着中国的大地，思想解放的洪流冲决着禁锢人们的锁链。带着对旧日的沉重回忆，思索着生活的本质，我们用诗来叩问历史，反思自我，造访未来。敬亚、小妮和贵品的诗写得更多更好，很快就成为蜚声全国的著名诗人。当时《诗刊》编辑部组织了第一届“青春诗会”，与会的诗人有17位，都是声名显赫的朦胧诗人，如杨炼、江河、北岛、顾城、叶延滨等。我们诗社就有徐敬亚、王小妮参加。我们还编辑发行了自己的诗刊——《赤子心》（不能说是出版，因为没有刊号，也不是铅印，而是腊纸刻写，油墨印刷）。我们把自己写的诗在钢板上一个字一个字地刻出来，然后用油滚一下一下地印刷出来，再把它们装订成册。我和贵品在很长一段时间里，是《赤子心》的主要编印者。诗社的同学们写出诗来，大家传阅，还在上面批改，在一起开诗歌朗诵会。相互之间提了很多毫不客气的意见，就写在诗稿的上边。如果能找到最初的手稿，我们都可以看到，在每个人的诗稿上，都有别人写的意见，甚至是很难听的话。可惜这些东西都风流云散了。《赤子心》出了很多期，它们带着油墨的芳香，寄到了祖国各地，寄给了那些诗的知音，和其他的诗歌刊物交换。我们也走上街头，去卖我们的刊物，以便换回一点活动经费，使刊物能够继续生存和发展。记得我和贵品经常带着一摞刊物在长春市的主要街道上去卖，那时候《赤子心》名气很大，所以卖得相当不错。我依稀记得是在下着小雨的傍晚，我和贵品在重庆路的路边上叫卖《赤子心》，那声音在雨巷中传得很远。我们的诗社得到了老师们的热情支持和爱护。尤其是公木老师，这位中国现代文学史上的著名诗人，一个老“布尔什维克”，他的人格和学识都是77级同学最为敬仰的。公木老师成了我们诗社的指导老师。他用他那独立不倚的人格力

考上研究生后在长春斯大林大街留影。左起：张晶、张中良、李新风

量感染着我们。公木老师身体不好，当时已有心脏病，但是每当我们到东中华路“十八家”先生的寓所，先生都是神采飞扬地和我们谈诗，给我们改诗。公木老师是《中国人民解放军军歌》（《八路军进行曲》）的作者，同时，又是研究中国诗歌史的著名学者，更是一位思想家。他的晚年，主要是以哲学研究为主。他的《老子校读》，是中国哲学史领域里研究道家哲学的经典之作。先生在其生前送给我的最后一部专著《第三自然界》，是一部关于宇宙人生的深刻哲思之书。那上面有先生的亲笔签名。公木老师那种正直坦荡的胸怀，铮铮铁骨的人格，都对我们产生了深刻的影响。他在上课时给我们讲诗，也讲中国现代文学史上的风云。作为参加延安文艺座谈会的著名作家，提起毛泽东，他总是那样深情，多次热泪盈眶。而对于那种以革命自居、用“棍子”和“帽子”迫害作家的高官，他从来都不假词色，嗤之以鼻。先生不仅在创作上指导诗社的创作，还在风云变幻之际，挺身保护我们。公木老师是我们77级最敬爱的老师。

一部中国当代文学史，不能没有吉大77级的痕迹和踪影。不仅是我们这个诗群的诗歌创作在当时引起的反响，在朦胧诗运动中占有的分量，在绵延至今的诗坛上留下的回声，而且在中国当代的文艺理论上，在美学思想上，虽然并不成熟的我们，也为时代留下了永远的记忆。以徐敬亚的《崛起的诗群》为代表，这个群体为文坛铸造了悬挂在历史的天空中的星辰。《崛起的诗群》成为后来美学界、文艺理论界众说纷纭甚至批判的“三个崛起”之一，搅动了“一池春水”，诗人们为之震撼，学者们为之思考。须知，那是敬亚在大学二年级时写的学年论文。我们在二年级时有一个学年论文的作业，那时的我们，都是非常认真、非常投入地撰写这个学年论文。我自己因为偏爱古代诗词，写了一篇35000字的文章《亘古男儿一放翁》，借梁启超的一句诗，来评价南宋大诗人陆游的诗歌创作。虽是“又臭又长”，却是自己写的最早的一篇学术论文。敬亚则用他那左撇子和一手漂亮的字体，写下了那篇引起文坛轰动的《崛起的诗群》，记得当时就有两万多字。文章写好后，先是在辽宁师大中文系的一个名不见经传的学生刊物《新叶》上发表，后来经过修改，发表在当时在理论界以新锐锋芒著称的理论刊物《当代文艺思潮》上，这已是毕业前夕的事了。敬亚因此得名，也因此得祸。这篇文章在当时的理论界引起轩然大波，又被带上政治色彩，毕业时受到不明不白的“内部控制使用”，小妮因为是敬亚的爱人，也因此受到了牵连，不能入党，在分配上也受到很大影响。但是，拉开了时间的距离，《崛起的诗群》仍然以其犀利的思想锋芒和崭新的美学原则，还有那独具个性行云流水般的文笔，在当代文学史上镌刻下永久的印痕。敬亚的这篇文章所提出的思想观念，其实是对朦胧诗运动的一个总结和理论概括。

**进入学术的殿堂**

到了三年级，我越来越喜爱古典文学。这也许是受了当时给我们授课，后来成为我的研究生导师的几位先生的熏染而致。于是，我想考研究生了。当时我还在憧憬着做一个诗人，但又觉得当一个学者更适合我的性格。于是，在考研和写诗之间彷徨。我们寝室的大哥顾太，坚决主张我读研究生，他说：“阿晶，你就是读书的种子，我为了一个农村户口的老婆，三个农村户口的孩子，不能继续读了，可你一定要读。你若是不考，我就揍你！”

于是，我坚定了考研的决心。自然是要考我心仪已久的古典文学专业，而且还一定是唐宋诗词研究方向。因为后来成为我的导师的几位名家，对我影响实在是太大了。郭石山教授是“五四”时期的诗人，他给77级讲唐诗，一口湘潭方言，同学们都基本上听不懂，而先生则微微摇动着下颌，讲得非常投入。我因为钟情于古代文学，所以对先生的讲课大致都能听懂，而且常常接老师的话茬。先生对我非常留意，不断地在课堂上提问我。赵西陆教授是原来西南联大的教授，后来在北大任教，院系调整时调到吉大。他真是一派绅士风度，即便是在家里，也是穿着笔挺的料子服，手里拿着一根很亮的手杖。喻朝刚教授是著名词学家夏承焘先生的高足，对于宋词的阐析非常精彩。王士博教授是20世纪50年代在北大任教的前苏联专家毕达科夫的研究生，他的理论水平和宋诗论析同样深刻。这些先生都是我本科的任课老师，正是他们的风范引导我走上了学术研究之路。

从三年级开始，我就进入准备考研究生的阶段了。我把古典诗词中的名篇(尤其是唐宋诗词)一首一首地抄在质地较好的白纸上，然后折成折子，放在口袋里，一有时间就掏出来背诵。前前后后大概几千首是有的。早晨，晨光熹微中，我就起来了，来到离我们住的7舍前不远的小树林里，靠在树干上，摇头晃脑地背着。自习时是阅读唐宋文学的研究论著，并不时地写下自己的体会，有些是按着论文的样子来写的。记得是考研前的那个中秋节，我自己带着两块月饼，来到了南湖的树下，一边背诗，一边给自己过中秋节。皎洁的满月映在微微摇曳的湖水上，也印在我的心中。那时的研究生招得很少，全国才招1000人，我们这个专业招5个，全国各地报考吉林大学唐宋文学专业的有130多人，录取的比例大致是26比1，我的心里一点底都没有。所以备考显得不容易。我们班里考研的人很少，而我们寝室是最集中的，除了我以外，还有张中良、李新风。中良报考武汉大学，新风报考广西师大。后来我们都被录取了。我们激动得热泪纵横，跑到市中心的苏军纪念塔下面照了一张合影，我在后面题了“时代之子”四个字，现在想来真有些好笑。现在，中良和新风都是国内外知名的学者了。中良是中国社会科学院文学所的现代室主任、博士生导师，他的笔名是秦弓。新风是著名的艺术理论家，在中国艺术研究院任马克思主义文艺理论研究所副所长，也是博士生导师。他们在各自的领域里都是成绩斐然的。

我们那届研究生有两个专业，古代文学和外国文学。古代文学六个人，外国文学两个人。加在一起八个人，全是男生，号称“八大金刚”。基本上也都是77级的。我们八个人感情非常之好，经常在一起，真有点出则同行，入则同席的味道。最有意思的是我们把大家的钱放在一起花，(不是全部，是用于集体活动的部分)由徐斌掌管，到月底再平摊。大家白天各自用功，晚上休息了就开始讨论学术或其他的事情，每每争得面红耳赤。互相刺激，彼此砥砺，受益良多。现在，除了二师兄当了党的高级干部，古代文学专业的几位同学都成为有名的教授了。我和师兄韩经太教授(现任北京语言大学副校长、博士生导师)、师弟肖瑞峰教授(现任浙江工业大学副校长、博士生导师)被称为古代文学界的“三剑客”，也是因为师出同门，当时又在一起学习和一起玩耍，如今又都有了颇为可观的学术成就，也成了文坛的一段佳话。

别梦依稀30年。1977到2007，这30年，我们的国家和我们自己，发生了多大的变化啊。30年前，我还是一个少不更事的“毛头小伙”，30年后，已经是“鬓也星星也”，真个是“流光容易把人抛”。桓温当年伤感于“木犹如此，人何以堪!”我也时常在忆及当年时感叹再三。但我对自己度过的时光并不后悔。我努力了，奋斗了，以我不算很高的天分，在孜孜矻矻地上下求索。这些年来，作为一名学者，我的研究从古代文学到文艺学美学，独立不倚地思考和探求，开辟了若干新的领域，也形成了自己的方法论特色。专著出版了10余部，学术论文发表了300多篇，其中有相当一大部分是发表在《文学评论》《哲学研究》和《文学遗产》《文艺研究》《学术月刊》这样一些重要刊物上的。也由此获得了学术界的广泛认可。我在38岁时就破格当了教授，十几年前就获得了国务院政府特殊津贴。这在当时也是罕见的。这一切，都和1977年这个特殊的年份有深切的关系。1977年，这是我生命的航道上一面永远辉耀的旌旗!它不是一个单纯的纪年，是当代中国史上最令人刻骨铭心的峰峦。个人的命运的转折和国运的中兴，都和1977年有着无法剥离的关系。试问，在我们这届同学中，有谁能抹去1977年这个特殊的符号！曾经的艰辛，曾经的苦难，曾经的磨砺，都因为这个特殊的年份而转换成人生的动力。是1977年给了我不息的斗志，给了我不灭的信念，给了我不老的豪情!

我的1977！

# 我的大学梦
## ——从现行反革命到77级大学生

张晓洋

1978年3月，迎着和煦的春风，我走进了吉林大学中文系成为了一名幸运的77级大学生。经历了十年煎熬的蹉跎岁月，能在“文革”结束后第一届只有5%录取率的高考中胜出，成为人人羡慕的大学生，我和我的同学们一样，兴奋，激动，憧憬着无限美好的未来。可是在这些激情燃烧的日子里，我却总感到像是在梦中。我不断地提醒自己，这不是梦吗？我真的是一名大学生了吗？是的，我所有的同学们都会有努力奋斗后梦想成真的喜悦，可是我梦想实现的道路却是格外的漫长和艰辛。

### 少年理想不是梦

出生在一个知识分子家庭，我有着一个幸福的童年。兄弟姐妹5个人，父慈母爱。读完吉林师大附小后考入师大附中。尊师爱校，勤奋学习，是老师们喜欢的好学生。那时候的生活，真像电影《祖国的花朵》插曲里的歌词“让我们荡起双桨……”那样幸福快乐。好好学习，天天向上，不知阶级斗争为何物。像所有的孩子们一样，我的理想就是好好读书，上高中，念大学，成为国家的栋梁之材。因为我的文理科都不错，还特别喜欢读《趣味物理学》和《十万个为什么》，所以当时想的就是将来要当一个科学家。

幸福童年——“文革”前的全家福

师大附中和省实验中学是当时吉林省和长春市最好的两所中学，可以说是大学生的摇篮。毕业生考上北大清华的人数很多。所以对我们来说，上大学应该是现实，而不是梦。何况我还是班里的好学生，初一、初二都是两道杠中队长。

师大附中的学生基本上是由知识分子、干部和市民子弟组成。因为通过考试择优录取，所以学生的素质都比较高。在我读初中的那几年，高干子弟的人数开始明显增多起来。显然校方对他们的录取是有照顾的。他们中很多人还是比较优秀的。但有几个省长厅长的子弟学习就比较吃力。可是，平静的生活没有持续太久，从1963、1964年开始，一场即将来临的政治风暴就现出山雨欲来的迹象了。

### 梦想破碎

1964年我开始念初三的时候，也就是开始讲阶级斗争和阶级路线的时候，情况突然开始发生变化，为人谦和，对我和同学们都很好的班主任王老师突然被调走，来了一个姓富的男老师，看到他对校领导和高干子弟谄媚的样子，我就预感到事情不妙。果然他一来就给了我一个下马威，把我的中队长撤了，并利用一切机会来贬低和孤立我和另外几个出身不好的同学。比如在公布考试成绩，同学们听到我四门都是100分羡慕地看着我时，他马上说："不过他的政治是乙。"还公然把我在工厂体验生活时写给工人师傅的信拆开宣读，并且说这封信太资产阶级了。在学完"资产阶级右派就是反动派"的文章后，竟然当着全班的面要我留一下。当然就是要求我和我的右派父亲划清界限。弄得我在班里灰溜溜的。

历史真会开玩笑，我本该是"红二代"的，父亲曾是抗日流亡学生，在破庙里与棺材为伍苦读复习，考上中山大学。在校时思想进步，1941年加入共产党，毕业后本来要去延安，后被组织派到东北国民党敌占区搞地下工作，后被叛徒出卖，被捕入狱。在即将被枪决之际，解放军兵临城下，解放了沈阳。父亲捡回一条命。那段经历，很像电影《永不消逝的电波》或《伪装者》里的情节呢。可是，没想到革命胜利以后，就因为敢于直言，1957年父亲被打成右派，丢了党籍和教职。我们家的子女也就都变成"黑二代"了。

我和家人感到越来越压抑，因为不断有消息说附中为了保持高考升学率，已经开始清除出身不好的学生（因为大学招生也开始看政治条件了）。但我们以为如果考高中成绩好，附中没有理由不要我，实在不行还可以去十一高和十二高。可是我们还没料到命运会是如此无情。尽管我升高中的考试成绩非常好（这是后来化工学校的老师告诉我的），竟然被附中一脚踢到了一个中专——位于吉林市的吉林省化工学校，连我上高中的权利都被剥夺了。当时我的心都要碎了，因为这就意味着，我将永远失去上大学的机会了。按当时的规定，读中专的人是不能考大学的。50年过去了，我还忘记不了在给我录取通知书时，姓富的那冷酷的面孔，他不配做老师，甚至不配做个人。迫害一个天真无邪的16岁的孩子，不知他忏悔过没有。有的人可能是头脑僵化作坏事，有的人本质就是邪恶小人。

怀着凄凉的心情，母亲送我去吉林市上学，在回程的火车上，她哭了一路。到家后，父亲悲伤地读了他写的一首诗，我还记得最后两句（姐妹后来告诉我的）“纵无关山隔万里，人生能有几回逢”。读后全家抱头痛哭。

### 生存还是毁灭？

我的厄运并没有止步于上大学的梦想破碎。在那一场史无前例的浩劫中，我和我的家庭都没有幸免。

1965年9月我去吉林化工学校后，因为学习好，出板报，搞演出，受到老师同学们的欢迎，还入了团。生活好像又有了希望，虽然已经不能再做大学梦了。一年后，“文革”风暴铺天盖地而来，因为是“黑五类”子弟，当然只能做逍遥派。可是当逍遥派也没让我躲过挨整的厄运。1968年清队开始时，我只有19岁，被我自己班的同学揭发批判，出身地主右派家庭，攻击“文化大革命”而成了“现行反革命”，给我罗列了一大批罪状，有的可能是和要好的同学议论了“文革”乱象，有的根本就是莫须有的给我捏造的罪名。因为每个班都要揪出几个“阶级敌人”，

张晓洋和妹妹在茅草屋前拉琴，苦中作乐

所以互相对立的两派就拿我这个软柿子捏。“文革”的一个最大特点就是充分释放了人性中丑恶残忍野蛮的一面，我同班的同学对我这个他们公认聪明善良、助人为乐的小书呆子，在批斗中大打出手，耳光，电炮，脚踹，皮鞭，打得我满地滚。在押我去“群专”的路上，学校的大喇叭里高喊着“打倒现行反革命张晓洋！”，“张晓洋不投降就叫他灭亡”。被关进“群专”后，我偶然在一面镜子里看到自己的脸，天哪，我的脸肿得像个面盆，布满青紫的血瘀，两个眼睛被挤成了一条缝。全身都是伤痛。

“群专”就是一个临时监狱，一座宿舍楼，关押着问题严重的牛鬼蛇神们，被严密把守着。进了“群专”后，我的批斗等级就升格了，无数次地和学校的其他十几个走资派、特务、右派、反革命们一起被押上学校大礼堂的舞台，胸前挂着大牌子，写着

“现行反革命张晓洋”，还打着大红叉。每个人都被两个红卫兵按着头，“喷气式飞机”，90度大哈腰，耳中鸣响着震耳欲聋的声讨和批判声。每一场批斗会下来，都要等几个小时腰才能直起来。

折磨和摧残还不仅如此。“群专”里的管教们动不动就拽上一个“囚犯”到他们的审讯室里审讯。在被关押的前一个月里，我至少被他们折磨了五六次。这种折磨是正常人生理和心理都无法承受的，是我心灵深处永远的伤痛。所以在上大学期间连对我最好的朋友我都没有讲述过这段遭遇。50年过去了，即使已经在海外生活了20多年，我还是需要鼓起勇气才敢回想和叙述这段惨痛的经历。有一次坐了“老虎凳”后，我昏死过去，几小时后才被难友们救醒。两腿剧痛，膝关节好像断了一样。后来虽然逐渐恢复了，可是还是留下了毛病。活动过量或天气不好的时候膝关节还是会感到隐隐作痛。

一个多月后，折磨停止了。除了定期接受批斗外，我们开始了劳教生涯，扛大木头，搬砖，在阴冷的菜窖里摘菜。每天早上冒着刺骨的寒风列队向毛主席像请罪。在7个月的关押期间，我时常望着窗外南飞的大雁和纷飞的雪花，思念着我的亲人。是啊，大学梦那时对我来讲就是海市蜃楼了，我面对的是生存和毁灭的问题。无数次我想象着我人生的结局，政策一紧说不定会被处决？最好的可能也得流放北大荒。看到被打死或自杀的人被抬出去，感到的是恐怖，悲伤，也有解脱，死了就不用再受侮辱和折磨了。朋友们，我特别理解那些自杀的人，人因为绝望才自杀。如果你是被敌人迫害和折磨，你感到的只是愤怒和仇恨。但如果你是被自己的党，自己的人民，甚至自己的朋友宣判为罪

随父母下放到吉林桦甸一个山村接受改造时，我们兄妹赶着牛车上山打柴

人，你感到的就是委屈，心痛和绝望。

我是幸运的，因为我坚强地活下来了。可是那千千万万死去的冤魂，至今还在用他们的呻吟和呐喊唤醒着民族的良心。我的家人因为有父亲坚强信念的支持，都从这场政治风暴中挺过来了。可是我的舅舅——丰满水电站总工程师，被残酷迫害致死；大姨父——沈阳气象局的气象专家，被残酷迫害致死；大姨，投湖自杀；江苏老家的表哥因为是地主家庭出身，被造反派一路追杀，从南方一直逃难到东北，最后躲进了深山老林，以后就音信

全无了。

“文革”结束前，一位曾和我一起被关押的老师告诉我，当年“群专”中最凶神恶煞的姓王的家伙（就是他把我按在老虎凳上）得癌症死了，我们这些当年的难友都感到人心大快，真是恶有恶报啊！可是回头一想，“文革”中还有无数的冷血杀手和打手，对他们制造的人间地狱，他们忏悔了吗？谢罪了吗？以“革命”的名义就可以滥杀无辜，这在任何一个法制社会里都是不可想象的。让人联想到法国大革命时站在断头台上的罗兰夫人那句名言（大意）：“自由，自由，多少罪恶假汝而行。”外扰亡国的历史不能忘记，可是内患自残的教训更要牢记，否则我们的民族就会失去自我修复，自我更新和自我发展的动力，历史的悲剧就会重演。

### 顽强的追梦人

1969年4月左右，“清队”接近尾声。因为我只是个20岁的学生，被“宽大”处理，从“群专”中放了出来。不过在我的档案里却留下了“反党反社会主义”的10条罪状。正如我父亲后来成了“摘帽右派”一样，我也成了一个被宽大的反动学生。1969年底，我和化工学校的100多名毕业生被分配到了吉林市石井沟联合化工厂，开始了8年的工厂生活。虽然躲过了上山下乡，但工厂的工作条件也很艰苦，在我工作的聚甲醛车间，因为原料是福尔马林，一进车间就呛得掉眼泪。许多人都患上了气管炎和肺炎。工作是三班倒，白天睡不好觉，整天迷迷糊糊的，那时我的梦想不是上大学，而是能天天上白班，过正常人的生活。不仅身体劳累，而且精神高度紧张，因为我的工作是最重要的聚合岗位。在大讲阶级斗争的年代里，因为聚甲醛可作为军工产品，所以连一毛钱关系都没有的事也能和阶级斗争扯上。在我来之前的一个师傅，就因为出了事故被判了刑。而车间又偏偏把我这个有前科的人分到了这个重要岗位（原因可能是我聪明好学，技术过硬）。所以每次在班上神经都绷得紧紧的，不断地看着压力表和聚合温度，生怕出事故。车间里全是易燃品，一个火星就会引起燃烧和爆炸。有时工具不小心掉在铁板上打出火花，会吓得我一身冷汗。有一次反应罐静电积聚引起大火，整个车间烧得面目全非，当班的是一个根红苗壮的女工，所以就没追究她的责任。我那天正好休息，在厂外望着车间上升起的滚滚黑烟，一边和工人们一起奔向厂区去救火，一边心中暗暗庆幸，要是我当班就麻烦了。40多年过去了，在海外生活也20多年了，可是我还是会被两个恶梦惊醒，一个是被一群人围着，高喊打倒我的口号，之后就被那个最凶狠的“群专”打手推上了“老虎凳”。另一个就是在车间操作，聚合釜压力表不断地上升，要爆炸了！然后就吓醒了。

尽管条件艰苦，我还是努力工作,工人师傅们都很喜欢我，我还多次被评为优秀团员和先进工作者。有些专搞阶级斗争的人想整我时，大家都想方设法地保护我。在这漫长的岁月里，我没有随波逐流，在宿舍里，别的人都在打扑克下棋闲聊，我却在自己的上铺拉着布帘，点着一个小台灯苦读。按着自己的学习计划，先把高中所有的数理化课程都学完，还阅读了大量文学历史书籍（都是偷偷从亲戚朋友们那里借来的）。因为想到自己的大学梦可能永远是虚幻的了，所以想即使我上不了大学，也要让自己学到大学水平。自学理工科很难，我就选择外语，在五六年的

张晓洋（左）在工厂外草地与朋友合影

时间里，把大学俄语系三年级的课本都学完了。英语也学完了北京外语学院2年级的课程。但在听美国之音的“英语900句”时我特别小心，生怕被人检举，说是偷听敌台。

1974年我差点成了工农兵学员。当时有一个东北师大化学系的招生名额，根红苗壮的人都不感兴趣，车间就推荐了我。当时我兴奋得几天睡不着觉，材料报到化工局，结果最后还是被拿了下来。厂里人事处和我关系比较好的人告诉我，还是因为我的政审问题。之后我大病了一场。心想，怕是此生永远和大学无缘了。但伤心过后，我又重新振作起来，我还是那个顽强的追梦人，尽管这个梦可能永远是虚幻的。记得每次在火车站看到迎接大学新生入学的场面，我都久久地站在旁边用羡慕的眼光看着，心里却是无限的伤感和悲凉。

8年的工厂生活改变了我的性格。为了能和工人师傅打成一片，我从一个文静腼腆的小书生，变成了一个开朗活泼，乐观幽默的年青人。别人都以为我一定是一个事事顺利的乐天派，可是，只有我自己知道，在我的内心深深地埋藏着苦难带给我心灵的创伤，同时，也有苦难带给我的坚强。

## 梦想成真

1976年，“四人帮”倒台，“十年浩劫”结束了。人们都预感到变化的来临。但我还是不敢想能不能再有机会上大学了。终于在1977年10月，恢复高考的消息传来了，对我这样把“我要上大学”作为自己生命最强音的人来讲，这无疑是一个惊天动地的好消息。但兴奋之余，我还是很担忧，一是怕自己的政审不合格（因为那时对“文革”中有问题的人还没平反），二是怕自己的年龄太大，已经28岁了。

感谢邓小平和他的团队，把这次高考变成了一次任人唯贤，条件宽松的考试，给我这样梦想和苦斗十多年的人一次宝贵的机会。当时厂里不太想让我走，因为我刚被举荐到厂情报室做外文材料翻译工作。好心的朋友们也劝我说，这么大岁数了，还念什么大学啊，这么好的工作，大学毕业也得不到啊。可是我的决心是坚定的，我要上大学，实现自己的理想和自身的价值，同时我要给那些迫害、践踏和侮辱我的人看，是大雁总是要高飞的。

冲破重重阻力，我终于拿到了准考证，接下来就是紧张的复习。尽管我是个有准备的人，也不敢轻敌，尤其是考政治，不喜欢也得背那些教条。考试的过程并不轻松，因为考场是在吉林市的另一头，11月末正是天寒地冻的时候。头天晚上和朋友来到他亲属离考场不远一个农舍住宿，结果因为火炕太热，一夜没睡好，第二天强打精神进入考场。考场里只有一个小火炉，非常冷，拿笔的时候手都在颤抖。但我还是拿出十二分的努力，完成了第一场考试，觉得考得挺好，下午的科目也考得不错。接受第一天的教训，我回到工厂好好地睡了一觉，第二天又穿上厚厚的大衣。早上工厂用敞篷大卡车把我们送到考场。到考场时我们的帽子，眉毛和胡子上全是白霜。因为穿得多，不怕冷了，加上晚上睡得好，所以以后的考试一场比一场好。后来有人告诉我，我的成绩是吉林郊区总分第三名。

等待体检通知是焦急的，因为这说明初选过关了。终于在1978年1月16日我接到了体检通知。心里别提多高兴了。但是我最担心的还是政审。工厂给我的鉴定可能还是不错的，但我档案中那“罪十条”呢？我特意跑到化工学校问原来的班主任。他安慰我说，“文革”中学生的问题现在已经不算大事了，听他说完之后我稍稍放了点心。

1978年2月27日是我永生难忘的一天。我终于接到了吉林大学的入学通知书。师傅和朋友们纷纷祝贺我。而我却跑到一个没人的小屋里，双手捧着通知书，热泪滚滚，泣不成声。要知道在酷刑和鞭打下我都没流过一滴眼泪啊！

喜上加喜的是，我的小妹妹也同时考上了吉林大学外语系，弟弟考上了东北师大外语系，这也是他们在蹉跎岁月中坚持学习的结果。我家几个孩子同时考上大学被朋友们说成了“五子登科”（他们把我姐姐和大妹妹两个工农兵学员也加上了），而且消息不胫而走，很快就在师大教工中传开了。

1978年3月8日清晨，一辆解放牌汽车载着我和另一个去吉林师大报到的学生，在朋友们的挥手道别声中开出了化工厂，驶向吉长公路。就这样我告别了生活8年，群山环绕，面临松江的石井沟，也告别了生活了13年，既是我的第二故乡，又是我的伤心地、落难地的美丽的江城吉林市，奔向自己梦想中的新的前程……

1977年高考转瞬间已是近40年前的事了，可是它仍是我人生乐章中一曲最激越的“命运交响乐”。在以后的岁月里，无论是在大学里任教，还是出国攻读博士学位，在海外打拼，教学和著书立说，它都激励着我克服困难，勇往直前。它是我恶梦醒来，美梦成真的人生的转折点，同时，它也是我们的国家民族从政治恶梦中醒来，迈向民主富强之路的一个历史转折点。

# 1977，第二次走进考场
## ——高考个人小史记

宫瑞华

### 一、26岁生日的礼物

那天早晨我已经醒了，贪恋被窝的温暖，不想起床。十月下旬，长春已经很冷了。

当时我住的是一间贴着一幢日式老楼自建的简易房，20多平方，隔出了一窄条做厨房。妻子做好早餐，打开了收音机。收音机是我自己装的，用推挽功放带一个10寸扬声器，没有机壳，裸塞在五斗橱里，音质不错。

收音机正在播新闻，中央人民广播电台。

妻子把冰凉的手插到我的胸前，说，生日快乐！

这天是1977年10月21日，农历九月初九，重阳节。

这应该是平常的一天，除了是我26岁的生日，没有什么特别。吃完早餐，就该去上班了。我是长春市无线电二厂宣传科的宣传干事、团委副书记，以工代干。此前是二车间60路微波通信机电源班班长。

新闻快结束时，播了全国高校招生工作会议的消息。我在慢吞吞地穿衣服。

“今年高等学校的招生工作有了重大改革……实行自愿报名，统一考试……”

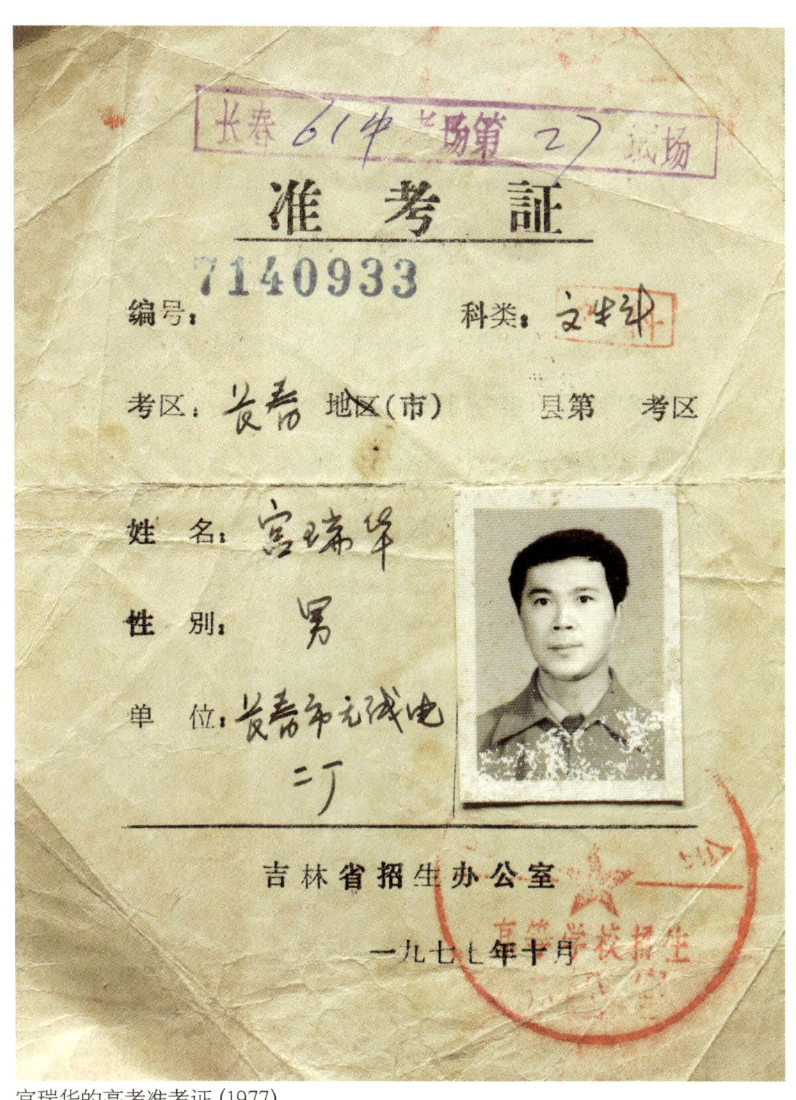
长春 61中 考场第 27 试场

准考証

编号：7140933　　科类：文史科

考区：长春 地区(市)　　县第　考区

姓　名：宫瑞华

性　别：男

单　位：长春市无线电二厂

吉林省招生办公室

一九七七年十月

宫瑞华的高考准考证（1977）

我愣住了。头脑中蹦出一个词：高考！

我穿上棉裤，站在床上对妻子说：我要考大学！

妻子说：准了，算是你26岁生日的礼物！

多年以后，我仍然清晰地记着那个早晨。

无线电二厂在西四道街，很有一番风景。一车间生产激光通信机，军工产品；二车间生产微波通信机。三、四车间是机加和铸造，原来的市福利机械厂合并过来，还有一批残疾工人。厂址厂房是日伪时期的几栋青砖老楼。北院是长春市殡仪馆。从车间窗子望出去，经常可以看到花圈棺材和殡葬车。这就是当年长春市屈指可数的“高科技”企业。一、二车间是一批老大学生加“知青”。工作服是白大褂，很令人羡慕。当时都没职称，老大学生一律称“师傅”，知青自然是徒弟。师傅们多毕业于清华、北大、北邮。

那天上午，到了办公室，第一件事就是找当天报纸，仔细研读这条消息。并且装得很平静，不想让别人，尤其是张科长看出我的激动。同时又很忐忑。消息说，考生“年龄二十岁左右，不超过二十五周岁，未婚。”而我26岁，刚刚结婚；虽然还有一条“对实践经验比较丰富并钻研有成绩或确有专长的，年龄可放宽到三十岁。”但放宽的标准是什么？

我回二车间，找到王师傅。王光弟毕业于吉林大学物理系，我们还是吉林省实验中学的校友。我们差6年，他出校我入校。王师傅也只读了一年大学就“文革”了，在其他师傅看来，王光弟业务不精，家庭有背景，热衷交际。

1977年10月21日上午，王光弟见到我的第一句话就是：恢复高考了，小宫，你报名吗？我说了我的担心。王光弟说，年龄不是问题。他消息灵通，早就知道要恢复高考。他说，报吉大吧，名额多。之后说到专业。我说，只能报中文了。

我1965年上初中，1966年“文革”，然后下乡，1970年到敦化县文工团。自知不是当演员的材料，就转向创作，也就是写写小节目台词什么的。那几年读了不少马列著作，翻烂了一本偶然得到的《普希金抒情诗集》。

王光弟说，语文你没什么问题，作文，语法……

我说，我没学过语法呢。

王光弟随手写了个句子，给我讲主谓宾。没想到，一个月以后，竟是语文试卷中的一道考题。

那一天，“二无”（我们对无线电二厂的简称）的青年们都很兴奋。

晚上，再和妻子商量，决定我参加高考，妻子“守家”。妻子当时被抽调到路线教育工作队，报名高考很麻烦。这个选择，让我们抱憾终生。她是我的中学同学，记忆力超好。高考结束后，妻子说，我要考也一定能考上。为了这个选择，妻子付出了不小的代价。后来边带着孩子边读电大，从长春读到深圳。

高考细节公布以后，开始报名。政工科长张科长说，总要以革命工作为重吧？工作离不开呀。工厂农村都是大学嘛！几经周折，还是岳父说情才报上名，岳父当时是市电子局的劳资科长。

全厂四五十个青年人，最后报名参加高考的只有5个人。两个高中生，3个初中生。两个高中生是纪慎武和小汤。纪慎武也是我省实验中学的校友。我中一，纪慎武高三，是我们班的学生辅导员。

离考试只有一个月的时间。厂领导决定，考生放假一个月，并指定技术科王淑珍给我们当老师，辅导数学。我们非常幸运，遇到了“二无”当时的书记张景元。张景元毕业于北大，是邓朴方的同学。

一个月后，我排队走进长春61中考场的时候，在邻队中看见了中学同班同学高丽娜。高丽娜满脸疲惫，说，哪有时间复习呀，我刚下夜班……

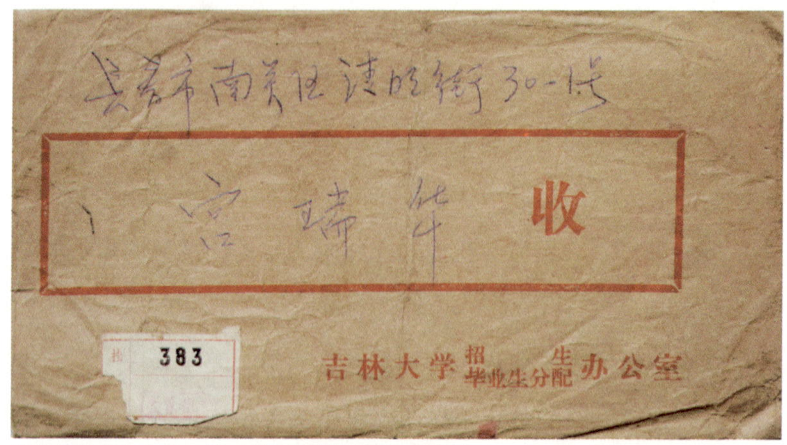


宫瑞华保存至今的吉林大学77级录取通知书信封

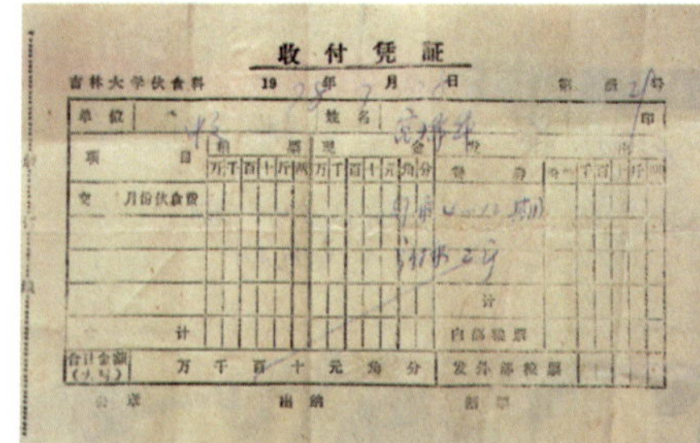

收付凭証

吉林大学伙食科　19 78 年 7 月　日　第　号

单位　　姓名 宫瑞华　印

项目　粮票　现金　领发　万千百十斤两

　月份伙食费

计　内部粮票

合计金额　万千百十元角分　发外部粮票

公章　出纳　经手

宫瑞华保存的吉大伙食科收付凭证

长春市职工口粮定量供应标准证明

1976 年 12 月 10 日填

| 姓名 宫瑞华 | 职工口粮基本定量： | 31市斤 |
| --- | --- | --- |
| 工种名称 | 定量标准 | 节约粮数 |
| | 35 市斤 | 1 市斤 |
| | 主管部门（公章） | 粮店登记（公章） |

注：此卡由填发日起30天内到所在地粮店登记，过期由登记日起供应基本定量。

宫瑞华上大学前的粮食定量标准

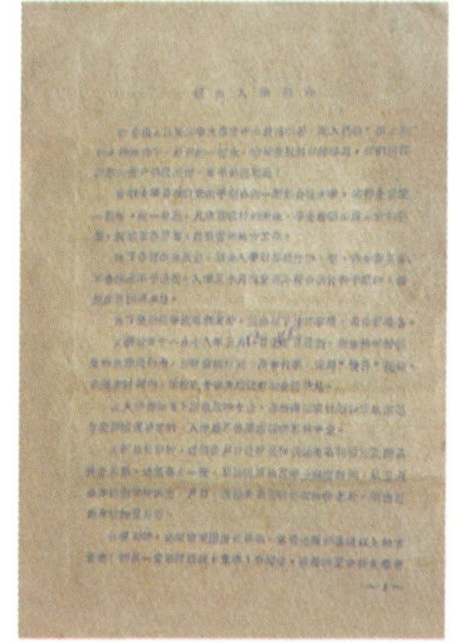

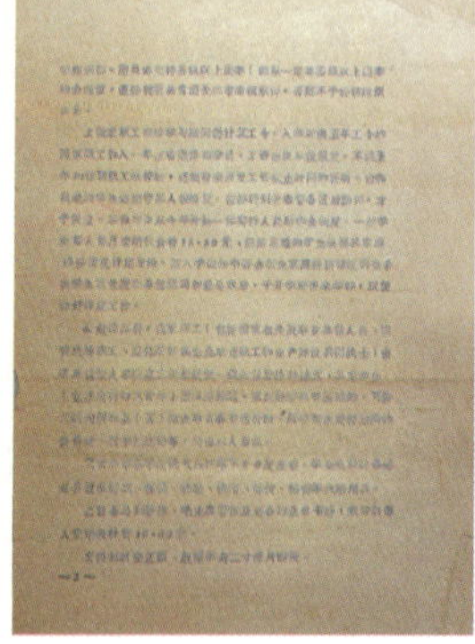

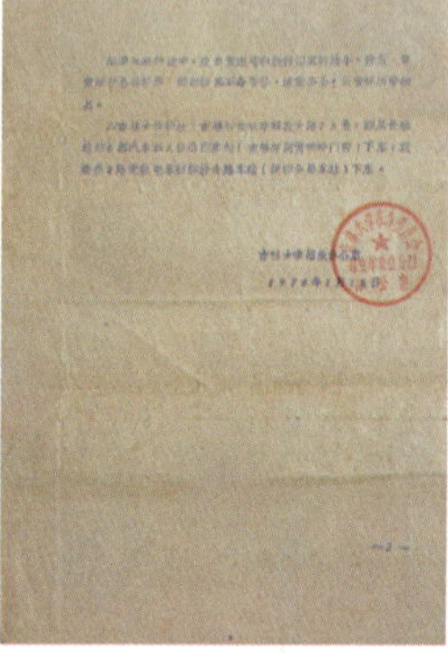

宫瑞华保存的新生入学须知

宫瑞华大学期间在寝室里看书（徐敬亚摄影）

复习期间，我先自拟了二十几个作文题目，每天用半个小时写一篇短文。然后用大量的时间消化王淑珍老师讲的三角函数。

**二、1977年11月27日，高考那天**

考试时间是1977年11月27、28日。

27日考数学、政治。上午数学考得一塌糊涂。20多天学5年的课程，其实全都似懂非懂，一考试全完。数学是我一生中唯一的一次考试不及格。

中午回到家，妻子递给我当天的《长春日报》。第三版有一篇散文《当我第二次走进考场》，署名是宫瑞华。

这篇文章其实是我二十几篇作文的第一篇。不知道怎么传到《长春日报》的编辑手里，拿去发表了。

1977年11月27日　星期日　第四版

## 当我第二次走进考场……（散文）

宫瑞华

几净窗明的教室，久已陌生的课桌，应考的同志在俯身答卷，老师站在讲台上，带着希望和期待的微笑看着我们——这是我第二次走进高考考场。

此时此刻，激动的心情打开了我回忆的闸门……。

记得在入中学开学典礼上，我的老师满怀期望地对我们讲，"从今天起，你们就是中学生了。这意味着要接受更多的知识了，希望你们都要勤奋学习，做德、智、体全面发展的好学生。"这以后，我想，一定要为革命而学习，掌握更多的科学知识，做又红又专的好学生。

……

无产阶级文化大革命中，我和千百万知识青年一样，响应毛主席的伟大号召，到农村去接受贫下中农的再教育。以后又走上了工作岗位。工作需要我拿起笔来描写工农兵，可如椽之笔重若千斤，不是拿在手里，而是横在面前了。多么盼望能有学习的机会呀！

抱着这样的愿望，我迈进了一九七三年的高考考场。说来也巧，监考的竟是我中学的老师！我顾不得置身于考场，惊喜地喊，"老

同伴兴奋地走过来，悄声对我说："祝贺你也来参加高考。""可是，老师……""不要紧，凭着你过去的学习成绩是有把握的。"

考试后的一天，我又遇到了老师。他满脸愁云，忧心忡忡地对我说："出了个'白卷'张铁生，听说了吧？"我点了点头。"考试不算数了，被斥之为'回潮'、'复辟'，……正负数都不懂……国家人材从何而得？真是咄咄怪事，交白卷上大学！笑话，天大的笑话！"老师苦苦一笑，双手一摊。

搞突然袭击不对，文化考察也不对吗？培养没有文化的大学生吗？我对张铁生是厌恶的。这不是由于自己上不了大学而产生的忌恨，我是怀疑：会不会是个投机客？谁知，又是"反潮流"的小学生，又是"学农"新经验，又是"角"，又是"刺"，教育界被搅得乌烟瘴气！

几年，我遇到过许许多多的青年，他们在各自的岗位上，以顽强的毅力坚持学习科学文化，钻研技术。我们偶尔谈起，便以这样的看法伴做安慰，上学在我们前进的道路上好比是坐一段车，既坐不上，便安步当车吧。发扬长征精神，也会到达终点的。我还知道，有多少人眼睁睁地看着我国同世界先进科学技术距离拉远，看着毛主席和周总理的宏伟遗愿遭践踏而怒火填膺！

多么令人心情激奋的时刻啊！英明领袖华主席从伟大领袖毛主席和敬爱的周总理手中接过了四个现代化的宏图，领导我们开始了向二〇〇〇年进军的新战役。八亿人民扬起

多么令人欢欣鼓舞的消息啊！经过惊心动魄的搏斗，敬爱的华主席，敬爱的党把被"四人帮"紧闭的校门向着青年一代打开了。校园里，不再是野渡寒塘，不再是草木败萎，而是满园春色，百花争艳！若不是华主席英明掌舵，能有教育事业的今天么？让我们欢呼这人材倍出的时代吧！

"向科学进军，不要拖四个现代化的后腿！"——这就是党交给我们的第一个战役。我们也将用这第一个战役的伟大胜利来巩固无产阶级专政、巩固我们自立于世界民族之林的基础！

我们勤劳勇敢的祖先，曾创造了灿烂的古代科学文化，对人类作出过巨大的贡献。封建制度的腐败，帝国主义列强的侵略，反动派的黑暗统治，摧残了这颗世界文明的明珠。毛主席领导我们使这颗明珠复明了。刘少奇、林彪、"四人帮"又妄图使她蒙尘。年轻的战友，我们的责任不就是接续这辉煌的史册吗？让我们为革命刻苦学习，把青春献给这伟大的事业吧！

今天，我尾随着千

场。我一定用自己的全部心血，认真地填写一张鲜红的考卷，决不会向党和人民交出可耻的"白卷"。这里仿佛是伟大祖国向四个现代化进军的桥头堡，我们这些年轻的战士中的一部分，要成立一支先遣队，去攻克科学的城堡。捧出自己的一颗红心吧，年轻的战友，一旦下达了出击命令，便不畏劳苦地向着顶峰攀登！

宫瑞华的作文练习意外发表于1977年11月27日高考第一天的《长春日报》，为高考史留下了一个小花絮

1965年，在我考入吉林省实验中学后的新生欢迎仪式上，副校长李绍基说，考入省实验中学，就迈进了大学一只脚！这让我，一个从长春最差的小学考来的孩子自豪无比。1966年，我的校友纪慎武已填报了高考志愿。吉林省实验中学的高考升学率几乎是百分之百，再过两个月，纪慎武就是大学生，这毫无疑问。这时候，一个人改变了中国。"文化大革命"高潮迭起，高考废止。包括我和纪慎武在内的中国学子，大学梦断。

三年以后，这个人政治上取得了绝对胜利，才想起大学。“大学还是要办的，我这里主要说的是理工科大学还要办，但学制要缩短，教育要革命，要无产阶级政治挂帅……”之后大学以推荐的方式开始招收政治挂帅的工农兵学员。当然，大多数人是在多年以后才看清这个人类文明史上的笑柄。

1973年，大学招生恢复“文化考试”。那年，我在敦化县文工团。我和同集体户的王建国参加了考试。1969年1月，我们下乡到敦化红石公社尚日六队。满村全是山东日照人，他们多在60年代闯关东来到这里。这个村不通汽车，没有电。集体户11个人，其中有4个人，每人用墨水瓶做了个煤油灯，收工后在如豆的灯光下读书。其实可读的书不多，我从家中找来一本《代数》，王建国则带来了一套《红楼梦》。王建国是我们户的“理论家”，滔滔不绝地讲毛泽东对《红楼梦》的评价。毛泽东在《红楼梦》中读出四大家族阶级斗争，我则读出了林妹妹的哀婉，读到了唯美的古典诗词。

几年以后，我们凭借这四盏煤油灯全考上了大学。王建国：1978年考入吉大哲学系，后任长春建工学院老师；涂易正：1977年考入白求恩医科大学，后读博，现在是美国名医；李知健：1977年考入人大经济系，后到国家计委。

1973年的那个夏天，我和王建国在敦化县参加了大学招生的“文化考试”。阅卷结束没多久，文工团长谢兴贵说，小宫，考得不错，头几名。真有点儿舍不得放你走，但不能耽误你的前程呀。县党校也想调你过去，你可以选择。谢兴贵当过兵，心宽体胖，为人和善。

王建国考得也不错。我用煤油炉做了一锅红烧肉。在一个偏远县城的一间低矮的宿舍里，两个青年弹冠相庆，做着大学梦。

等到8月，“白卷英雄”张铁生粉碎了我们的梦想。

多年以后，我平静地思考张铁生。他也是一个怀有大学梦的人。理化试卷摆在他面前的时候，他满心绝望。正路走不通了，何不走一下偏门？写封信，能否博得同情？老师网开一面给个上大学的机会也说不定。至于他说复习两天就能得满分，那是扯蛋，鬼都不信。但他绝想不到会成为中国政治斗争的飞沫，致使中国恢复高考推迟四年。

1977年11月27日发表在《长春日报》上的散文《当我第二次走进考场》，写的就是1973年和1977年的两次高考。表达了我漫卷诗书喜欲狂的心情。据说，那一天不少考生找这张报纸，有人甚至认为这是语文考试的题目，颇有点洛阳纸贵的味道。几年之后，这篇文章的责任编辑祁玉梅证实了这一点，那时，我们已是《长春日报》的同事。

39年后，在徽州的一幢百年老宅中，女儿看到了这张报纸，说，11月27日，我的生日呀！

1977年11月28日，考语文。拿到试卷，心中暗喜。释译龚自珍的乙亥杂诗《九州生气恃风雷》，我将古体诗译成了现代诗；作文题目是《伟大的胜利——难忘一九七六年十月》，这我准备过。文中，我将华国峰比做珠穆朗玛峰。这座年轻的山峰正在逐年升高。

四年之后，华国峰结束了政治生涯，而珠穆朗玛峰仍以每年0.07厘米的速度上升。

入学后的一天，徐敬亚坐在吉林大学7宿舍204室的床上，说，老宫，咱俩的高考作文都被收入了高考复习资料。前几天，老徐回忆说，那是长春市宽城区编的一本复习资料。

## 三、机遇、选择与命运

高考过去一个多月了，每天都在期待中度过。我跟王光弟说，数学得不了几分。王光弟说，没关系，考不上就直接考研究生。我第一次知道，还有研究生。第二天早上，王光弟径直走到我面前笑眯眯地说，我到吉大查了，你考上了！

一周以后，我终于收到了吉林大学寄来的一个牛皮纸信封——录取通知书。

大二那年，一个偶然的机会，全班的高考成绩流出，我考了287分，老徐292分，最高的是才女刘建，320多分。

我上大学之后，王光弟调离了无线电二厂，办起了公司，做电脑生意，在吉林省颇有影响。他在无线电二厂被人不屑的缺点，却成了生意场上超强的能力。只可惜英年早逝！

1977年，长春市无线电二厂5名考生，全部高中。有意思的是，3名初中生，考入本科，而纪慎武和小汤则被师专录取。1977年高考，考生570万，录取27万，比例4.8%。

我的高三校友纪慎武做了一个出人意料的选择：放弃上学，继续当他的钳工。3年之后，无线电二厂倒闭。有人看到纪慎武在路边摆摊给人修自行车，再往后就没了消息。

那一年我家出了两个大学生。我高考时并不知道在吉林市的弟弟也参加了高考。小我10岁的弟弟考取了师专，毕业后专升本，考入上海外国语学院。

2016年6月17日于黄山黟县南薰别墅

# 梦碎易梦圆难

范文发

1978年春节，我正在上海探亲。春节后一天，我接到单位发来的电报。母亲从厨房出来，问：“是催你回东北吧？”

我将电报递给母亲，她低头看了半日，抬头瞅了我半日：“考上大学啦?这样的好事，没见你惊喜啊？”

是啊，我对自己能够上大学是不是还在半信半疑？抑或是煮熟的鸭子会不会再次飞走？没来得及给兴奋准备好精神铺垫，于是就显得格外平心静气。

也许有人会觉得你矫情：在那个年月，能考上重点大学且是恢复高考的首批大学生之一，能不喜笑颜开？这装的是哪头闷蒜呐!

说我矫情？真是有点冤枉。

我从小是大学的追梦人。尽管跟着父亲天南地北地跑，历尽南腔北调的语言障碍，但学习成绩一直优秀。13岁时从一座破庙改成的小学里考进了福建省重点福州市第五中学（格致中学）；16岁时又从一所教学设施、生源状况都很弱的初中考进了上海市重点控江中学。开学典礼上，校长说：你们的一只脚已经踏进了大学的校门；班主任说：从现在开始就要为考大学作好准备；我对自己说：不是考不考得上的事儿，而是考哪所名牌大学的问题。

范文发（右）和温良在202寝室里

天有不测风云。不料一年后，“史无前例”的“文革”来了。在传达中央有关取消高考的文件时，本来即将面临高考的高三某同学无法控制情绪，放声大哭起来。这件事被作为修正主义教育路线黑典型，经常出现在日后的批判会上。取消高考的噩耗在我的心里虽然没掀起狂澜，但也始终无法中断恢复高考的梦想。

谁知“文化大革命”越革越不要文化。待我们被发配到农村，对考大学已是万念俱灰。

1970年。一次赶牛车去公社碾米，见到公社文书手里捏着最高指示：“大学还是要办的——要从有经验的工人农民中间选拔学生。”我马上借了纸笔将文件中的招生对象（有两年以上实践经验、初中以上文化程度的工农兵），招生办法（自愿报名、群众推荐、领导批准、学校复审）一字不漏地抄了下来，回到集体户相互传阅，煞是兴奋。我们男生还为此多喝了点酒，聚在门口的草垛上喊了半夜的歌，仿佛是无期徒刑见到了提前释放的曙光！

然而现实并不是我们想象的那般绚丽。让谁去上大学，是附加了不少条件的。譬如落实给大队一个上大学名额，除了文件上的规定，还必须是：女性，朝鲜族，贫下中农子弟，中共党员等等。以后几届的招生，更是变本加厉，条件任由公社大队随意添加，简直就是对号入座。在阶级路线政治挂帅的年月里，单政审一条就让我靠边。于是对招生渐渐失去了兴趣：反正与我无缘，蒙起耳朵管它去招谁！

1973年。突然说是上大学要考试了！长久的剥夺、长久的压抑，当获得这样一个小小的公平竞争机会时（哪怕这个“公平竞争”只是招生办法诸多项中的一项），也让我信心倍增。我毅然决然地放弃等待报社以工转干的机会，回到公社参加考大学。

记得十五六个知青挤在一张朝鲜族式农家大炕上。大家都是从田间地头赶来，没来得及驱散浑身的疲倦便一头扎进了文化课程里，克服着求知与困乏的双重压力。唯我是记者出身，轻轻松松地捧着书本阅读，还不时充当着大伙的教师。知青们开玩笑说我的名字早已添写进了“大学录取通知书”里了，我何曾不是这么想！

考试自然很顺利，招生老师在面试时对我也赞誉有加，这让我整天曲不离口心花怒放。

谁知道这高兴，是老天爷变着法子在嘲弄你的。在考最后一门语文时，大家刚入座等着发考卷，主考官却宣布起中央的决定及“白卷英雄”张铁生反潮流的“白卷”。接着让我们做着不作数的且已遭批判的“考卷”——自然，我因“家庭出身”不合格被淘汰出局。由于我在外界的竞争力一直很高，个别不知情的竞争者仍在编些谣言诽谤于我：诸如登门找领导哀求哭诉啦、半夜三更独自在田间游荡啦、考大学动机不纯对录取条件不满啦等等。我一时有口难辩。由于我离开报社是一心奔大学去的，现如今大学梦已碎，我又无业可就，那种失落、绝望、雪上加霜的滋味，像钢针扎在心头。我只能暗自发着誓：这辈子再也不去做大学梦了！

历史的质变往往在瞬间发生。

1977年10月12日，国务院下达了招生文件，考大学主要依据“本人表现”和“择优录取”两条。当时却没让我产生什么反响。也许是考大学屡屡遭挫，也许是担心“白卷”的复辟，也许是害怕“择优”与“成分”还有着藕断丝连，竟然观望了个把月。

我要感谢两位好友：一位是大姚，一位是采芹。

大姚是1967届高中生，我们坐同一列火车从上海到东北务农。倒霉的是他在当矿工时，不慎被塌陷的煤块压断胳膊，此后不能再干重活，于是转到大荒沟粮库当保管员。大姚聪明好学，喜欢英文，口语说得流利；动手能力也强，修个半导体闹钟什么的毫不费力；围棋也下得好，我在大荒沟蹲过点，没事就找他下棋。起初让我五子，我都没法赢，每次他都耐心地复盘给我讲解，致使我在两个月里，棋力上升迅速，最终不让子也可以和他对弈。我们很快成了好朋友。那时他已在当地结婚生子，生活虽安稳，就是他那受伤的胳膊不争气，干什么事情都使不上劲，天气一凉就酸痛。我也给他送过各种药膏，都不管用。在考大学的热潮中，他多次写信给我，说我是块读书的料，鼓励我去考；他自己也积极准备，坚信功夫不负有心人。

采芹是长春知青，和我同届。我们在延边州创作组相识，她文笔好，散文写得漂亮。她打电话来说：自己下决心要考回长春，因为有她寡居的老母亲在。她也动员我参加高考，记得她说要抓住机会，努力进取，实现自己的心愿；否则，有了机会不去争取，将来要后悔终生。我很快响应了她的建议，并从她那里索要了一大摞复习资料。

在这两位好朋友的鼓励下，我重新燃起了大学梦。我们三人填报志愿时，相互都通了气：大姚志向远大，第一志愿报了北京大学物理系；我受他影响，第一志愿也报了北京大学，不同的是中文专业；采芹家在长春，报了吉林大学中文系。左手残疾的大姚是想通过自己的努力把老婆孩子全都带出山沟；采芹是为了故土老母亲和梦寐以求的作家梦；我是不甘心于边疆荒凉的生活。我们考大学的动因虽然各异，但都有着改变命运的共同目标！

考试的当天，我煮了两个鸡蛋，喝了一杯牛奶，然后揣着两支灌满墨水的钢笔，精神抖擞地走进了考场。我记得同桌是一位十五六岁的小姑娘，考试的整个过程都是战战兢兢的。我清楚，“文革”十年，对每年以300万速度递增的中学生来说，除了毛选、革命家史，基本没学到过什么知识。对于用小学四则运算来考高等数学的她，我怀着莫大的怜悯，每次考试前，我都是先要安慰她几句。我的前排老孟是三个孩子的父亲，他一边做题目一边唉声叹气，后来才知道，在考试前一天，他大小子学骑自行车摔断了腿。若说十五六岁的小姑娘来日方长，那高考对三个孩子的父亲却是馀日无多了。

当时的考题在今天看来也是简单得可以。二十年前，我的同班同学王小妮有一次无意中将夹在书里的一张当年考大学的试卷草稿抖落在地上，让她读初中的儿子捡到，儿子捧着这张77级的考卷，笑得前仰后合，连声嚷道：就这题目考大学、就这题目考大学？你们是不是弱智白痴啊？

大学期间范文发（右）和王金亭

骂得准确骂得有理。然而，骂的对象却不应该单单是这些可怜的考生，十年的文化荒废啊，谁之过？不应该让这些考生担负历史的罪名。我不怕遭骂地还要告诉小妮的儿子：就是这样简单的考题，竟还难倒了绝大多数考生，我每每考完出来，想要寻一位对一对答案的都很难找准对象。

对于这场考试，大姚、采芹的自我感觉都比我好，尤其大姚，连数学卷中最后一道高等数学题目都答出来了。

此后，就是天天都在琢磨考大学成与败的两种结果。某日，一直支持我考学的朴大哥找上门来，一脸的严肃。

他劈头盖脸地朝我一通吼："你是咋考的嘛？我给你这么多政治复习题你是咋背的嘛？"

我一脸迷茫："我花时间最多的就是政治啊！"

"时间最多管什么用？我在州教育局看到你的政治试卷了，你连关键的抓纲治国、纲举目张、拨乱反正都没有答！你知道你考了多少分？59分，不及格！"

在那个政治决定一切的年月，政治不及格意味着就是判了自己高考的死刑！

“还有你填的志愿:第一是北京大学，你知道吗？北大中文系在全省只招一个，能轮到你？乱弹琴！”

我木然地坐在床沿，喉头发干说不出话来。朴大哥知道我心里不好受，反转来安慰我：“事情过去了就算了。好在你已经是国家干部了，还是局领导的后备人选，大学毕业有的还轮不上你现在的位置呢。再说，局里正在分配房子，安下心来好好工作吧。”

看来，这一辈子，上苍已经安排好了你与大学无缘，那就认命吧。于是，乖乖地整理行装回上海过年去了。

老天爷真会捉弄人，没有希望的事儿却偏偏来了希望。当我在上海收到大学录取通知书时，我那颗冰冷失望的心还没有暖和过来，一时悟不出幸运与欢快的滋味。难怪母亲要怀疑我的木然。直到知青们赶来问长问短、羡慕惊喜；同事领导们送往迎来、举杯换盏，这才让我慢慢找到了兴奋点与荣誉感。

我回东北迅即打听大姚和采芹的高考结果。大姚很快有了消息，落选；采芹辗转书信后知晓，也是落选。我刚刚升腾起的兴奋被好友的落选打下去了半截：大姚、采芹是因为超过25岁的年龄限制？但同样是年龄超过25岁的我却能考上吉林大学？吉大还是我的第二志愿呢。谁都说不清楚。只是在入学后，一次与系陈书记的闲聊中，听到他说看了我报名表照片好像是个印尼华侨。我心里嘀咕：是不是这个偶然的印象，才使我有幸进入了大学校门？

77级考大学的入学率极低，其中的老三届更是凤毛麟角。机会，对于特殊年代的老三届们，并非都能掌控得住！

我忘不了临走那天，大姚坐长途车赶来送我。大姚一个劲地祝贺我，我却替他惋惜。他乐呵呵地说：“我自己无所谓，就是有点对不住她娘俩。你可能不知道吧?高考复习那个月，我喝的牛奶吃的鸡蛋，嗨，惭愧啊，都是老婆从孩子嘴里省下来的！”他说得轻松，我听得沉重。我不敢正视他的眼睛，只是盯着他送给我的那只白底蓝字的小脸盆。也是有缘啊，脸盆上那句“扬帆启航”的话语，一直陪伴了我的四年大学生活。

采芹却是在我入学半年后，一次在胜利公园门口的斯大林大街上，迎面碰到了她，当时觉得她衣着虽然光鲜，但脸上的笑容很是勉强，似乎不愿意与我多聊，我说三句她只答一句，极简单地告诉我已经调到长春来工作了。后来从别人口中得知，她嫁给了一位高干的儿子，美中不足的是丈夫智力并不健全。采芹啊，我知道你是个有志向有情怀的才女，你说的“有了机会不去争取将后悔终生”那句格言式的话，我至今都没有忘记；而你自己为何不继续寻找机会、反而如此草率就作出婚姻的选择？我一直没能明白。

生不逢时的老三届啊！

我本应该是1968年考大学的。“文革”把我拖后了十年。记得上大学的欢送会上，大家嘻嘻哈哈喝酒唱歌，只有局长的一句话让我潸然落泪：小范把人生最美好的岁月留给了边疆的深山老林——17岁到27岁这十年青春，本来是几个大学都可以学出来了，却经历了十分无奈的蹉跎岁月；欣喜的是十年后能圆大学梦，我成了老三届中的幸运儿；然而又十分遗憾，无法让绝大多数同龄人的碎梦，重圆……

2016年3月17日

# 通过最后一道窄门

徐敬亚

我清楚记得：1966年6月1日，《人民日报》发表社论《横扫一切牛鬼蛇神》。第二天6月2日，再次发表社论《触及人们灵魂的大革命》。都是头版，都是头条，都是通栏、横标题，也都是老宋体、特大字号。都是有人沿街散发。我都是从食堂到教室一路读。

从此，“文革”启动，学校乱了套。

面对混乱年代的开端，一个正在读高一的少年内心感到的全是变幻、动荡，甚至充满了莫名的兴奋。当时我并不知道，等待我美妙青春的，将是彷徨与苦闷的漫长10年。在热血沸腾、充满好奇地破坏“四旧”之后，我才发现一个过去时代的“好学生”已经沦为“可以教育好的子女”了。

从1956年上小学起，从不刻苦的我，学习成绩却一直莫名地名列前茅。1962年我从平民区的小学考入当时便誉满全国的吉林师大附中，身边的人们立刻对我另眼相看。记得那年暑假与几个同学跳窗进教室打乒乓球被老师抓获。那位黑脸的青年男教师听说我考上师大附中后，立刻瞪大了惊奇的眼睛，询问一番细节后微笑地释放了我们。在著名的师大附中，高干、教授和军官的子女如林，我立刻被显得平淡无奇，虽然期末评语常常是“学习成绩好，学习方法得当”。但一个孩子哪里知道什么鬼学习方法。

那时我各科成绩都相当不错，但永远进入不了第一流的尖子行列。每次参加数学竞赛总是名落孙山。然而那三年扎扎实实的初中教育，令我受用终生。上大学似乎已不成问题，似乎只是考取哪个更好的大学的问题。和大多数当年的孩子一样，我的理想是科学家、工程师……

然而，当1977年秋天恢复高考通知下达时，在整整10年中，我却做了3年农民、4年代课教师、3年工人……那时的我，正在长春市一个做豆腐的小工厂里当一名锅炉工。那个每天三班倒的锅炉工，每天写着平淡的日记："我的生命如一张白纸，没有功勋，也没有罪恶……"

正是在烟火冲腾的锅炉房里，我看到那张为我带来喜讯的报纸。我的头脑里立刻浮动出一片金光。当时，一个异常理智的判断瞬间出现：天哪，属于我的时代终于降临。

第二天晚上，我正式约到了与我"相处"一年的那个女孩。我使用了最斩钉截铁的语言和口气和她分了手（甚至谈不到分"手"，在一年的时间里我连她的手也没碰过）。那是一段内心酸楚无奈的相处。在此前更长的整整10年中，我年轻的心一直冰冻着，在一片白眼中默默度过心比天高命比纸薄的日子。我郑重向她致歉并结算清还了一切礼物。我不能当陈世美，我不能在考试之后才宣布了结，甚至不能等到复习之后考试之前。我坚信我的开端即将到来，我坚信我必将通过那决定命运的考试。我要在考试之前预先地斩断考试之后。

第二天上班，像战士开赴战场，我开始复习。把能找到的书全部带上，在我的锅炉房，在挥锹填煤、推车清炉的高温与黑汗之余一天天拼命复习。我后来知道，在以后一个月的日子里，全中国570万苦秀才们也同时和我一样，像突然集体接收到了一个命令，那个伟大的命令，意味着一个国家中断了10年的“高考”终于恢复。

至今让我后悔的是，我完全攻错了高考的方向。

应该说，我的底子非常好。从1971至1975，我做了整整4年的初中语文代课教师。语文、政治、历史、地理我全不担心，而数学也一直是我的强项。在中学代课时，班里的数学成绩总体不好。我听了两次课后，感到那位数学老师的水平不高，讲得不明白。于是我便多次以语文老师兼班主任的身份，在放学后给全班补讲数学题。后来我的儿子读书时，我多年一直和他一起做数学并不相上下。从小学一直到高一，所有的数学内容我都烂熟于心。回想少年时，我对数、理、化全部兴趣盎然……然而，经过了大字报、墙报、漫画纷飞的“文革”，10年后我的心，早已由理科彻底变成文科，在志愿一栏我毫不犹豫地写上了“中文系”。

正是如此优势的局面，让我产生了夺取高分的野心。

想方设法借来了全套6册高中数学。我开始向从来没有接触过的“解析几何”“微积分”发起全面进攻。一个多月，我全部自学了高二、高三数学，做了大量例题。政治语文史地等其他几科连一眼也没看。

一位政府的小干部、我的姐夫，冷笑地对我说：别妄想了，什么恢复高考，你们这一代人已经被抛弃了！……我哪里肯听被折磨了10年的干部们的酸话。我的内心简直是大义凛然，一往无前！每天一边三班倒烧锅炉，一边利用一切时间自我补习，常常几天几夜通宵上班、白天复习，把身体顶到了极限，咬着牙一天假也没请。

可怕的是，考试时我仍然继续在错误道路上执意而行。拿到数学卷子，我飞快地做完小题后，开始全力猛攻后面几道大题。结果身陷重围，做得一塌糊涂。从小学起我的考试从来轻松。那一次成为我有生以来最痛苦的考试记忆。自学一个月的“解析几何”与“微积分”没有根基，全部崩盘！满头大汗，赶紧回过头去检查小题，铃声已经响起。

其他几科的考试，我通过得非常顺利。什么汉语拼音，什么续写《红楼梦》的作者，对于我都小菜一碟。而作文更如鱼得水。那年吉林省的作文是双题，我毫不犹豫地选定了《难忘的十月》（大致是这个题目）。灵机一动之中，我把记叙与抒情的主战场由吉林移到了北京，把自己的身份虚拟为一名当时恰好在北京借调实习的年轻工人，而且恰好就是当时著名诗人贺敬之下放劳动的工厂。于是，我不但亲眼看到了北京城特殊的庆祝方式，更是亲眼看到了贺大诗人发表在工厂墙报上的诗！其实这些事情都是我从广播中听到的……那天的我，头脑真是充满了灵感，手笔翻飞，一气呵成！而且字迹优美，书写工整。我当了多年教师，我太知道什么样的卷子可以得到高分……记得历史考试有一道题是写出三国时代的公元数字，还有一道题简单得让人发笑，竟是改写从汉至清的朝代顺序……考完地理后我站起来交卷，记得向后转身看了看后座。那位可怜的人仍在苦想，在“中东有哪些国家？”一栏中，他犹豫再三后把美国英国法国全写上了。

我的考试地点，设在长春市第104中学。早晨，黑压压的人群踩着雪进入考场。试毕，一群又一群的考生谈笑风生地走出来。我当时非常纳闷，所有人脸上都写满了轻松与愉快，他们都能考上吗？回到家，那些众人谈笑的场面不断出现在眼前。而数学的恶考，让我深感自责、痛苦万分。我不停地想，这么多人里，考上的只能有几个人，我能考出来吗？

考试后等待的日子最难熬。尽管其他科考得不错，但数学失败的打击实在太大。那是我一生中最大的一次失败。从小学到初中到高中，我从未有一次考试失手。后来有高人指点我：亏得你还当过老师呢，你根本不应自学新课，而只需把学过的分数全部牢牢地拿过来。

一个多月后，考试分数出来了。一位亲戚帮我从九台县打听到了结果：我的数学只得了41分。而语文得到了91的高分（后来我在一份1978年高考辅导材料的“范文”中，竟再次见到了我的那篇作文，编写者是长春市宽城区什么什么，作文没有署名。在一位老师的家里，我只扫了几眼，字字皆是熟悉，有他乡遇亲人之感，可惜没有留下来）。我高考的4科平均分数70多分，那位亲戚告诉我：在吉林省14万考生中，我排名第200位左右。得知这个成绩，我内心豁然开朗——我知道，苦闷的日子即将结束了。

那时我不知道，我是和曾经教过的学生们一起参加高考。他们1977年毕业，多数已经下了乡。那一年算上我，我曾经教过的那个班一共有6人考上了大学，其中有3个学生干部和我一起考上了吉大。一个法律系、一个历史系、一个数学系。法律和历史系的两位文科同学经常能见到，走在路上见面老远就喊老师。我连忙制止说不许这样，大家都是学生……所以，我不相信易中天所说“学生考上了，我老师却没考上”的尴尬。对于一个合格而有信心的老师，那是不太可能的。

1978年初，我收到了吉林大学中文系77级的“入学通知书”。那是一个暗黄色牛皮纸大信封，它沉重得足以超过我青少年时代的全部总和。对于我个人，高考的恢复，等于恢复了我10年前好学生的身份，并且从虚岁30起开始恢复了青春年少，恢复了我与社会之间遭到变形的关系；从更大时空关系看，中国当局这一加速反拨的举动，成为恢复整个社会价值体系的有力前奏。

在全部被“文革”耽误的10届高考学生中，惟有我这一届“老高一”的账最容易算。它的起始与结束，正应合了一个完整的数字——我本应在1968年上大学，而我的正式入学却是1978年，中间恰好隔了整整10年。

通过窄门后，满怀中举兴奋的我不会知道，后来的道路远非平坦。

一个人，注定有无数窄门，哪里是最后一道呢？

2007年5月23日写于海南

# 难忘的高考

温玉杰

人的一生，无论平庸还是惊险，总会有几件事情让你刻骨铭心。1977年的高考，不仅空前绝后，还以一种奇异的经历，让我终生难忘，堪称绝版。

恢复高考的消息，我是上班路上从市广播站的高音喇叭里听到的。

那天有些冷，北方的初冬已经开始结冰，迎面吹来的风像刀子一样刮在脸上，痛感强烈。为养家糊口，我必须每天骑车十几里去一个化工厂上班，春夏秋冬，风雨无阻。但那天听了广播后，忽然有了别样的感觉，仿佛有一股春风在胸中鼓荡，浑身上下顿时暖意融融。我知道，这是源于一个大学梦的苏醒。这个梦已经沉睡多年，以至于连“大学”这个词，在我的日常语境中都消失殆尽。我不得不抱怨命运弄人啊，该上大学的时候，全国取消高考，还是读书的年纪，被派到农村去种地耕田。

这次机会真的来了。高音喇叭里言之凿凿地说，粉碎“四人帮”，恢复大学招生，考期就定在11月28日。我掐指一算，此时离考试只有33天。到厂里后，我立马找到报纸，详细了解了报考的相关事项，然后第一时间向我的顶头上司政工科长提出申请，希望单位提供一张用于报考的身份介绍信。由于我曾在家乡这座小城唯一的刊物《群众文艺》上发表过几首短诗和一篇小说，他

吉林大学中文系76级和77级的学生会干部，后排左一温玉杰，左二丁临一，前排左二王小妮，左三曹虹冰

认定我是个有为青年，便极力促成此事。

平静了突如其来的兴奋之后，我面临的当务之急是如何复习功课。我的文化水准只读到高一，从1966年夏季便开始了我们这代人长达十多年的三部曲：“文革”——下乡——返城。其中每一部曲谱都是以阶级斗争为主旋律，唯独抛弃了文化知识。所以，时至今日我放下书本已经整整11年，且不说高二、高三的课程没学过，就连其课本啥样都没见过，这显然是我最大的短板。于是，我让在中学教数学的妻子借来高二、高三的数学和几何课本，集中精力自学代数、三角函数、立体几何、解析几何。那年代政治课是必须考的，我又归纳整理了几十道时政题和近百道历史、地理题。至于语文我自恃有些基础，便没安排时间复习。一切准备就绪之后，我便开始了紧张的学习、演算、默记。

对我来说，这不亚于一场事关生死存亡的攻坚战。白天我要照常上班，只有晚上等刚满9个月的儿子睡觉后才能进入复习。我每晚都要战斗到凌晨三四点钟，拼速度、拼体力、拼记忆力。可那毕竟是两个学年的数学课程，再加上政治、历史、地理的自备题，其中需要牢记的东西多如牛毛。说来也真是奇迹，那时我的记忆力得到超极限发挥，以历史为例，从战国到民国，2000多年间所有的重要事件、人物、地点、时间、结局我都烂熟于心。可是，无论怎么拼还是觉得时间不够用，身体也有些吃不消。于是，我决定让在医院工作的哥哥开一张病假条。我料定科里会派人来探望，所以，我的病必须是表面能看出来却又不影响复习的一种病。那时候真是急中生智——烫伤！我用纱布把脚缠上，不穿鞋，那叫一个一目了然。果然，骗过了同事，换得了一周的复习时间。

考试的日子到了，上午数学，下午语文。此刻，我有一种生命再造的期待，尽管前途未卜，但我知道这是改变命运的唯一机会，必须全力以赴。所以，趁着吃早饭的工夫，我临阵磨枪，就着高粱米粥和咸菜看了一篇古文《疑人偷斧》，算是对语文的一次突击性复习。就要出征了，我如同战马听到了号角，扬头奋蹄，精神抖擞，一副即将去冲锋陷阵的架势。就在临迈出房门的那一刻，妻子叮嘱我：解二元一次方程后一定要验根，说明其正负数。结果数学果真遇到这样的题，而语文的古文翻译题恰恰出自《疑人偷斧》。也许，这一切都是天意。

在能否实现龙门一跳的等待中，有两件事值得一提。一件事是考完数学走出考场后，我曾背得滚瓜烂熟的所有的数学公式竟然瞬间忘得一干二净。我自己也感到奇怪，难道这是超越极限之后的自然放松？或是冥冥之中一种神秘力量突然离我而去？总之，令我大惑不解。另一件事是我的作文出彩了。有一天，妻子竟把我的高考作文《伟大的十月——记1976》带回家。我十分诧异，她怎么会有这篇作文？原来批卷老师把这篇作文当范文在辽源市批卷场推荐了，结果便在几所中学流传开来，自然也传到了我妻子所在的学校。其实，现在回头看，文章写得很一般，无非是用了一些哲理、典故和华丽的辞藻，比如作文的开头我是这样写的：“当暴风雨来的时候，最先被冲走的总是地面上的尘埃和垃圾。1976年的革命风暴啊，把神州大地涤荡得分外壮丽。”再比如文中写到“四人帮”我是这样写的：“‘四人帮’就像奥基亚斯牛圈里滋生的病菌，吞噬着祖国的肌体。更像从地狱里跑出来的魔鬼，妖言惑众，罪恶滔天。”再比如结尾我是这样写的：“暗夜走了，春天来了，一轮暖阳正从神州大地冉冉升起。”我猜想，在那个到处充斥政治口号，所有言语单调乏味的年代，这一点点的灵光也许让批卷老师有了些许的新鲜感，他才高抬贵手给了我高分并推荐为范文。

最难忘的是录取通知书寄到厂里那天。我正在写材料，只见收发室的丁师傅拿着一个信封冲进屋，大声地说：小温，你的录取通知书，是吉林大学的！我伸手去接，却被同事老陈一把抢过去。接下来是这张通知书从一个科室传到另一个科室，直到半个钟头后才回到我手里。捧着这张沉甸甸的盖有吉林大学印章的录取通知书，我禁不住心潮翻滚，百感交集，就像一个翻身的农民突然获得了土地，也像一个迷失多年的孩子终于找到了家。此时此刻，我特想冲出屋去，对着苍天高喊一声：老天有眼，我们这代苦难深重的人终于熬出头了！

1977年我已经28岁，按正常上大学的年龄整整后延了10年。10年啊，人的一生有几个十年？况且又是最宝贵的青春季节，本应该上演一场蓬勃昂扬、生动精彩的大戏，却被“文化大革命”无情地戕害了。据说辽源市当时同我一起参加高考的超过6千人，但只考上两个，另一个叫孔德选（高中和我一个学校，大我一年），读的是四平师范学院中文系，也算是同行。就全国而言，那些没有被录取或压根儿就没有参加高考的数以千万计的同代人，并不是因为他们缺少才华，放弃追求。当一个国家走弯路的时候，普通民众怎么可能幸免，广大青少年被毁掉的何止是一个大学梦，有的竟是整个一生。

无论从哪个角度讲，我都是幸运的。这次历史性的高考，不仅改变了国家的发展轨迹，也深深地改变了我的命运，让几乎濒于幻灭的理想之光重放异彩。我相信，我们班许多同学的命运转机，甚至是脱胎换骨的转机，均与这次高考有关。

光阴荏苒，毕业十多年后，有一年我代表珠海吉大校友回长春母校参加一个会议。路过校区内的一栋家属楼，看到一楼住宅几乎都改成了小旅馆。名称十分抢眼，什么“春宵”“勿忘我”“浪漫天使”……我很诧异，谁到这里住宿呀，交通不便，条件又差。仔细一看，每家旅馆的宣传广告透露了其中的玄机。广告词基本是：实墙隔音、环境安全、钟点房物美价廉等等。我恍然大悟，原来这里是天之骄子们尽享男女之欢的地方。今非昔比的沧桑巨变，让我想起了几位在大学当教师的同学的感慨，他们说，当今的大学生很少有我们当年拼命求学的那股子精气神了，享乐已成了大多数人追求的时尚。对此，我除了感慨，更多的是忧伤。究竟是什么力量让享乐之风来得如此迅猛疯狂？年纪轻轻的学生为何就染上了玩物丧志的恶习？于是，我情不自禁回到了30多年前的读书时光，我仿佛又看到课堂上同学们聚精会神的听课情景，又看到图书馆里莘莘学子的默默苦读，还有夜深人静时借着走廊灯光看书的用功者……

随着年龄增长，诸多往事日渐消退，唯独我的高考像长明灯一样在记忆中熠熠生辉。那是一座历史的纪念碑，铭刻着一代特殊大学生的荣辱与悲欢。尽管世道的变化是常态，是定数。但我们这代人的奋斗精神、务实作风和求真品格，却应该成为中华民族的一种精神财富而永世留存。

大学

# 大学回忆：厕所暴力

王宛平

我在许多公开场合说过，我的大学时期是非常灰色黯淡的，当然，我的大半生不灰色黯淡的也不多，这大约就是一个以写作为生的人面临的生存写照：“不灰色，无文章”。所以，整个大学时期让我有印象的亮点，想了半天也想不起来，但说到有特点的，第一个便想起那次厕所暴力事件。记得在我们的班博活跃的那段时期（一个值得回恋的美好时期，所以，科技进步，并不意味着幸福指数增高），同学们写文章回忆大学时代，忘了是谁，写到过当年在7舍发生的那次厕所流氓被全楼教训的事件。

我的记忆中事件的经过是这样的：某日下午，或是傍晚，总之，是一个不上课的时间，否则不会有那么多闲人参与事件。某女生上厕所，正待推开厕门，便见那门下方露出一双男人鞋（那时大学生警惕性真高，“文革”锻炼出来的吧，随时随地准备打仗）。女生声嘶力竭尖叫，尖叫声据说响彻全楼。一男子从厕所里窜出，狼狈逃窜，女生宿舍在三楼，小流氓从三楼往一楼跑，这一路，将遇到多少间宿舍？每间宿舍里跑出的学生汇成浩荡大军，一路围追堵截，从三楼追打到一楼，据说，将小流氓围在一楼，群殴暴打没完没了。

为什么我会说“据说”？因为，从尖叫开始，并知道有人在围追堵截小流氓，我便决定不出门，躺在床上看书，我的上铺张北冰同学，心痒难熬，非常想出去看热闹，但我说不想去，没兴趣，不知为何，贼有主见的北冰同学竟向我靠拢，也留了下来，于是，整个宿舍，就剩下我们俩，估计整个7舍也只有我们俩没有参与或旁观整个暴力事件。

已不记得那篇班博文章是如何描绘这个事件的了，但我，每当回忆此幕，眼前出现的都是当年那些围追堵截者的狂欢，那种暴力催生的快感，那种嗜血般的极度兴奋。

这么多年后，并不想从道德层面对此事做什么评判。只是想理清一下头绪，为什么我会对此事如此反感和印象深刻？

记得那些不读书的晚上，我在院里瞎逛，走到一个教研室，平房，夏天，门窗都敞开着，一间屋里，吊着一个脱光了上衣的年轻人，几个看上去文质彬彬，明显是教职员模样的年轻人，抡着皮带、木棍之类，没完没了地打，打得那个小伙子狼哭鬼嚎，声音传出老远。

后来听说，那小伙是小偷。

12岁的我，呆站在窗外，吓得动弹不得，手脚冰凉。

还有一些场景虽然没亲眼目睹，但所见结局也令我终身难忘。

我父母所在的军事院校，和地方院校一样，学生和教师们也分成两派，互相打来打去。经常有死亡事件发生，也经常会有遗体展示，为了向另一派示威。

清晰地记得，一对学生情侣，白天还挽手同行，共商造反大业，晚上便遭遇另一派枪击，男生当场毙命。

12岁那年，学校停课已经两年，实在太闲了，我经常去看各类遗体告别仪式，年轻的死者身体，泡在福尔马林液体中，发白肿胀，那个死了情侣的女孩子，哭得晕过去，一旁扶着她的战友，誓言复仇……

最新一次暴力记忆是1980年。

那年暑假，陪我父亲回老家湖北襄樊，途经河南南阳。在南阳一个公交站，司机和乘客抓住一名小偷，哇，至今记得那壮观场面，和7舍围殴小流氓足有一拼。

不仅全车人暴打小偷（这名小偷我记得还是个小孩），因为车停下，小偷被揪下车，于是所有的路人都参与群殴，参与者足有几十人。

那年我已经25岁，大学二年级学生，但遭遇此事我依然吓得浑身发抖，我本能地吼一声：别打了！快打死了！

我身旁一位看上去德高望重的老者立刻教训我：他是个小偷，就该打，打死活该，你怎么能这么没有正义感？

我无言。

是啊，7舍群殴小流氓，因为他是流氓，好人为什么不能打流氓？

但，为什么我会如此厌恶，并认为这一幕实在并不光彩，它凸显的只是人类兽性的，嗜血的本能。

当年，“文革”后第一批大学生，除了少数应届生，都已成年，那种暴力释放的快感与渴求，从何而来？

但我究竟想说什么呢？

是啊，我最终想说的是，这件事儿，在我的回忆中，如此的

王宛平。大学期间，长春南湖

不光彩，如此的愚昧，如此的让我的大学生活蒙上一层腐朽黯淡的灰色。

是的，在我印象中，我的大学时代，实在并没有从“文革”真正走出。仍是一个愚昧的时期。

# 大学时代琐事三记

许建国

题记：班庆组委会，要求同学们写几篇大学生活的回忆文章。为此，我翻出了封尘已久的大学日记，从中截取了几则生活片段，原汁原味地摆在这里，名曰“琐事三记”。

生活的点点滴滴，也许会被淡忘，但只要你经历过了，它就会在你的生命中发生着潜移默化的作用。

## 一、罢课记

1978年12月4日，星期一。

按学校医院公布的情况，最近，黄疸型肝炎正悄悄“光临”7舍。

为了预防肝炎，学校每天早餐每人发一碗预防性的汤药，深受同学们的好评。汤药虽苦，同学们像喝糖水一样津津有味。

这关系到自己的身心健康，真的有些提心吊胆。以后在饮食上要多加小心。

1978年12月7日，星期四。

肝炎在7舍蔓延，不到三天，已感染上的肝炎患者，由三个增加到了九个。昨天，对门宿舍78级新生又有一个被送到了传染医院。

今早去教学楼上课，一进教学楼大厅，只见一群上课的同学围在大厅右墙前议论纷纷。外围有矮个的同学跷着脚向里张望，有的同学在向其他同学打听着什么。我费了很大力气挤到近前一看，原来墙壁上张贴着经济系部分同学署名而写的《告文科楼各系同学书》，大意是：现在肝病患者率有所增加，校方采取的防治措施不力，建议学校采取隔离措施，对确认没有被传染上的同学应提前放假。呼吁各系同学团结起来，为了让学校领导采纳这一建议而努力。

中午下课归来，宿舍门前又贴出了一张致学校领导的公开信和几张小字报。

最有趣的是一张题为“梦”的漫画，在它的前面围了许多人。梦幻中是几个穿白大褂的医生用担架把一个人抬走了，在他担架的后面又接二连三地跟着几个担架。担架上的人惊恐疾呼：“肝炎！肝炎！”

似乎每个幸存者都忧心忡忡，大有灾难临头之感。

“千万别传染上肝炎”！这几乎是每个幸存者心中默默的祈祷，也是几天来挂在每个说话人的嘴上高频话语。

1978年12月9日，星期六。

早饭前，学校安排为每一位没有发现病情的同学做一次体检，同时发放半斤白糖。

结果如何？要待明天知晓。

1978年12月11日，星期一。

许建国、冯铁民、张晶（左起）在长春人民公园看菊花展览。

今天到校医院看了一下肝功化验单，我的黄疸指数是3，我非常高兴。

中午归来，又发现在7舍收发室前，有人贴出一首“肝炎歌”：

脸儿为什么这样黄

作者：肝炎候补者

作曲：雷振邦

脸儿为什么这样黄？

为什么这样黄？

哎——

黄得好像蜡纸一样，

因为肝炎病菌在吉大游荡。

脸儿为什么这样黄？

为什么这样黄？

哎——

黄得我们心里发慌，

肝炎病菌不能阻挡。

脸儿为什么这样黄？

为什么这样黄？

哎——

我们的生命没有保障，

四化的重任怎能承当。

这是按雷振邦“花儿为什么这样红”的曲子填的词，现已传遍整个7舍楼。

1978年12月12日，星期二。

“学生自救会”宣布罢课。

1978年12月13日，星期三。

上午从师大礼堂听完冯牧的报告回到宿舍后，看到学生自救会的罢课失败了，心里非常难过。

惨状！罢课的宣言被人撕毁了！

罢课的部分同学被学校“招安了”！

一部分参加罢课的同学动摇了！

个别组织罢课的学生领袖妥协了！

“看客们”露出了得意的笑脸……

据说，这次学生自救会罢课之所以失败，主要原因是出现了“学贼”。在罢课正处于酝酿之中就被学贼告了密，致使罢课计划仓促提前，校方因而也抓住了学生方面的几点漏洞各个击破，致使罢课“流产”。

因最近两天去东北师大听冯牧同志的报告，所以我们班没有参加罢课。

1978年12月14日，星期四。

深夜。在204寝室，班长召开班委会及各学习小组代表会。

面对学生自救会罢课的失败，面对当前肝炎病情防控不力的局面，我们中文系77级全体同学在班委会的带领下，决定在学生自救会罢课失败之际，在人心涣散之时，宣布罢课。

当晚，会议决定：

一、罢课不罢学，在罢课期间，同学们一律在寝室或图书馆自学。

二、成立罢课领导小组并兼任罢课学生代表。

三、详细拟订向校方提出罢课要求及复课条件。

四、详细拟订罢课的具体行动方案。

五、给中央教育部和邓副主席各发一份电文，如实汇报学校的病情，揭露校领导欺上瞒下的卑劣行径。

六、要组织同学到省委集体请愿，把学校的真实情况汇报给省委。

七、把罢课情况及学校防控情况汇报给新华社驻长春分社的领导，求得他们的支持。

会议开到凌晨1点多，最后决定由李本达草拟给教育部和邓副主席的电文，温玉杰起草“罢课宣言”。

明早5点通知全体同学到教室开会，对罢课这一行动举手表决。

1978年12月15日，星期五。

夜色还没褪尽，同学们便都起了床，班长站在7舍门前的台阶上，指挥大家集合。集体跑步后，来到教室。

班长先讲了一下班委会的罢课决定，老温宣读了“罢课宣言”，本达又宣读了“致邓副主席及教育部”的电文，大家一致鼓掌通过。

班长宣布：“从现在起，我们宣布罢课！罢课期间，同学们一律不准到教室上课或自习。也不许随便上街。罢课是手段，学习是目的。我们要在寝室和图书馆自学，做到罢课不罢学。组织上找谈话，你愿意谈就谈我们的罢课目的与要求，你不愿意谈，就让他们找我们罢课代表。大家要团结一心，每个人必须统一说话的口径，不能给学校领导留下任何可以钻空子的地方。请同学们不要怕，一切后果都由罢课领导小组承担！只要大家一条心，罢课就一定会胜利！因为，正义在我们一方，我们并不是无理取闹。”

上午9点多，我与本达去桂林路邮局给教育部和邓副主席拍电报。接待我们的是一位梳着短发的女同志。因为害怕出现政治事故，这位同志不给拍发。老李把学校流行肝炎和我们罢课的原因详细地和她讲了一遍，她很同情我们。最后，她请示了领导，并留下了我们的学生证和学号，又让老李在电文上签下了名字，才同意拍发。

下午1点钟，罢课领导小组指挥全体同学到省委请愿。为了防止学校阻拦，我们决定化整为零，装作上街，仨一群，俩一伙，陆陆续续到人民广场的苏军烈士纪念碑下汇合。

12点40，我与铁民、启平来到人民广场。看到同学们陆陆续续来到纪念碑前，启平笑着说：“看到这个场景，我的耳边突然响起了高音喇叭：‘一小撮阶级敌人聚集在人民英雄纪念碑前聚众闹事……’那情景我历历在目。”我笑了，并没有说什么。

1点10分，我们排好队，沿着斯大林大街，向省委出发了。来到省委门前，贴出了致省委的公开信。学生代表到省委院里找省委领导去了，大家在省委门前等着结果。

大约过了一个小时，在几个代表的簇拥中，出现了大腹便便

在吉林大学7舍楼前。左起：顾太、许建国、张力、冯铁民（1980）

的李处长。他热情地和同学们打了招呼，把我们领进了省委门前墙内右侧的一处房子里。屋里空空荡荡，靠北墙有两棵盆栽的柳桃，使屋里显露出一丝绿色的生机。

这个人微微谢顶，显得有些世故。他先谈了一下抱歉之类的话，又肯定了我们的行动，又听了大家的要求，也讲了学校的难处与不足。最后，为了表示与大家“同甘共苦”，他陪同学们一起走回学校，找学校领导解决问题去了。

晚，班长通知各学习小组集中讨论，为明天与校领导对话的问答内容做好准备。

讨论时，杨冬在床上为我们朗读了他为罢课写的一首诗。

我们有历史的声援，
我们有哲学的基础，
我们有法律的保护，
我们有经济的援助，
我们并不孤独！

1978年12月16日，星期六。

早上，到系里参加与校领导的关于罢课对话会。刚到一楼门口，见右侧墙壁上贴出一张用两张白纸接在一起而抄写的长诗：

《献给中文系77级》

作者：再一声

大潮涌起时，你并不突出，
烈焰如荼时，你并不耀目。
认识你，是在大风雪之后的一个寒冷的早晨，你不屈的旗帜在风雪中飞舞。
“敢冒一切风险!”
“后果我们担负！”
正是在各自退避的时候，
你挺身站出，大声疾呼!

你并不想比别人多得半斤白糖，
你只想到自己的责任与义务。
你并不像染病者那样头脑发热，
你冷静地看清前面的每一步。

尽管我知道病魔的无情与残酷，
半斤白糖不过是无济于事的慰抚；
而我却明智地退步，
摄于权势，听任病魔摆布。

这能算是识时务的智者吗?
不! 分明是明哲保身的懦夫，
忧患之上又加上了一层屈辱，
——软弱者承受着双重的痛苦。

而你，像海燕一样高傲地飞翔，
像大纛一样在军中屹立高矗。
其余的人默默而热烈地注视着你，
——你是7舍学生的脊骨。

哦，我见过你——《探索者》，
在向真理的境界勇敢迈步！
真理，——地狱的入口，
哪怕粉身碎骨决没有半点踌躇。

今天，我才理解了“探索者”的涵义，
他的心胸不被那可怜的自私所羁束；
他勇敢，未忘自己是人民的儿女，
他无私，想的是国家与民族！

旁观者，请不要侧目，
不前者，请不要挡路，
与中文系77级一起喊出肺腑之言吧，
健康！学习！正义！民主！

12月25日

在这首诗旁边的空白处，有人用红铅笔写道：

学贼过来看一眼，
诗文似刀刮你脸。
我若手握杀生权，
掏你心肝手不软。

后填的诗文，虽不符合法律精神，但可看出同学们对学贼的愤恨情绪。

上午，校党委副书记张德中到系里参加学生罢课座谈会。他详细听取了罢课代表的要求，肯定了学生们的大方向，接受了我们的要求和建议，积极做好防控措施；并透露，在保证传染源不再扩散的情况下，学校一定做好提前放假的准备。

根据学校所答应我们的要求和条件，罢课领导小组决定今日复课。

1978年12月22日，星期五。

下午，系总支书记程老师宣布了学校提前放假的决定。程老师说："这不叫提前放假，应该叫安全撤离病源。"

学校规定，学生12月26日离校，明年2月11日返校。

## 二、重名记

1978年11月23日，星期四。

午休时，忽听收发室的大娘在一楼走廊喊："中文系——建国电话。"

虽然没听清"什么建国"，我还是急忙跑出去接了电话。

"喂，建国呀，我是海滨啊。"电话是从站前工农兵旅社打来的。

爸爸的好友叫海滨。

"啊，海滨叔，您啥时来的？"我热情地问。

"昨天就来了，住在工农兵服务楼。本来今儿个上午想去看你来的，可是，看了一上午电影。"他说："哎，建国，我说你一会儿到我这来一趟呗。"

"不行啊，下午有课。"

"几点下课？"

刚上大学时的许建国

“3点吧。”

“噢，那你下课来吧。”海滨说，“我等你。你来的时候，拿个旅行袋来。”

下午课后，班级团支部又开了个会。快到5点钟了，我才从张晶同学那借了个旅行袋，乘6路汽车来到站前工农兵旅社4楼9号房间。敲门而入，我发现电话里的“海滨叔”，竟然是个陌生人，我茫然了。

“哎呀，建国，你接错电话了。”顺着说话声音扭头一看，我惊喜地说：“孙哥，你在这！”

我叫的“孙哥”，名叫孙建国，是中文系76级工农兵学员。电话里的“海滨”，是他姐夫，与我的“海滨叔”也重名。

“建国，中午楼下喊‘建国接电话’的时候，我也出来了，见你在那接电话，我又跑回寝室了。”孙建国说完，我们都笑了。

“我说的呢，等你一下午，干等也不来，可把我急坏了。”海滨姐夫说：“刚才又给建国打电话，问他咋还不来，建国说他没接着我电话，给我造的还挺纳闷儿。”

“别说了，这事把我也造懵了。”孙建国说：“晚上我正吃饭呢，收发室大娘喊我接电话。我撂下筷子跑到楼下，刚一接电话，姐夫就急了，‘咋回事呀建国，你咋还不来呢？’我说‘我不知道你啥时候来的？’他说，‘晌午我给你打电话，你说下午3点来呀，你看现在都几点了？’我一寻思，准是你接错电话了。”

又唠了几分钟，海滨姐夫说：“走，到外面车上装梨去。”他对我解释说：“我们延吉那嘎达出苹果梨，这次往长春送梨来了。”

我们来到梨车旁，海滨把孙建国的旅行袋装满后，又要给我装。我再三推让，执意不肯。最后，是孙建国从我手中抢过旅行袋，递给了他姐夫。

回到寝室，我就把这一兜苹果梨与同学们“共产”了。同学们知道了梨的来历，大笑起来。

铁民开玩笑说：“以后谁要是馋梨了，就改名叫‘建国’，说不定还会有人送梨来。”

## 三、买书记

1979年4月17日，星期二。

前些日子爸爸来学校看我，给我留下15元钱，嘱咐我买双皮鞋穿。我虽然表面上答应了他，但心里却有自己的小算盘：“买双布鞋算了，把买皮鞋的钱省下来，多买几本书吧。”

午间，到了五商店，花了4元5角钱买了双白塑料底的黑布松紧鞋，随后就去了重庆路书店。

书店内的顾客并不多，只有零零散散的几个人在柜台前站着，向售货员不断地询问着，挑选着摆放在书架上的各种图书。

我来到了“文学艺术”售书柜台，仔细注目着里面摆放的每一本书。

“同志，还有《杜甫诗选》吗？”

突然，一个声音闯入耳中，回头一看，见是一个十六七岁的少年，向售货员询问着。

“没有了。”售货员漫不经心地回答。

“多咱①卖的？”我问那个少年。

“昨天。”

“噢。”我很失望，回应了一声，便由西向东，来到了屋里相通的“古旧书店”。名曰“古旧书店”，其实并没有什么“古旧典籍”，除了摆放一些“字帖”和“笔墨纸砚”之类，就些“文革”期间出版的文艺书籍。崭新的书籍，虽然明晃晃地标为“减价”，也很少有人问津。我随手把柜台上摆放的《雁鸣湖畔》拿起来翻了翻，原价是8角，现价是3角。

“唉，这书啊，2毛我也不想买。”我自言自语，声音小得似乎只有自己才能听得见。

“是呀，这书是没啥意思，要是《三国》什么的，买一本也值得。”回头一看，接话的原来是刚才问“还有没有《杜甫诗选》”的那位少年。

“看来，他还真爱读书啊！”我心里这样想，嘴上也就和他搭讪起来。

“那样的书，这里根本买不到啊。”我脱口而出。

“你要买吗？”他小声问。

“当然。”

“我有。”他说，“你要吗？”

我心里先是一喜，随后好像突然醒悟过来：“原来他是跟上我了，是要向我卖书啊。”

我不露声色地说：“让我看看吧。”

“我们到外面找个地方再看吧。”说着，他走了出去。

“他怎么会跟上我呢？”我跟在他的身后，边走边思考着这个问题。我无意间低头看见胸前佩戴的校徽，又想到他刚才在“文艺售书”柜台前的“问话”，我的心里一下子就“明白了”，为他的聪明而好奇。

他把我领到书店西侧不远处的胡同里，从背兜里拿出一套《三国演义》，上册较旧，下册较新。我拿起书翻了翻，只见扉页上盖着“长春南关图书馆藏书”的红图章。

“莫非他的书是从南关图书馆偷来的？”我开始仔细地打量着他。

他上身穿米黄色的的确良上衣，下身穿蓝色裤子，脚上穿着一双黑趟绒松紧鞋。他的脸型有几分奇特，方方正正的脸盘下又衔接着一个尖下颏。略高的颧骨到鼻梁的缓坡之间，星星点点地散布淡色的“雀斑”。他见我这样打量他，也猜到了我的怀疑，小眼睛紧紧盯着我的脸不停地转动。

“怎么？这书上还有图章？”我问，“书是你自己的吗？”

“啊，那什么，书是我哥前几个星期在‘书市’买的。”

“为啥又卖呢？”我追问。

“是这么回事。”他向我解释说，“昨天我在学校踢球，一不小心把教室的玻璃打碎了一块。学校罚我5块钱。”他一副可怜兮兮的样子看着我，“我这么点的小孩上哪整钱去啊?又不敢和家里说。没招了，只能把我哥的书偷出来卖。”

听了他的解释，我有些相信了他，便问：“这套《三国》多少钱？”

“3块，行不？”他似乎在和我商量。

“2块吧。”我摇了摇头说，“看，这套《三国》的上册多旧啊。”

“我这还有一套《西游记》。再不，这两套你给我5元得

王金亭与许建国（右）。1979年9月采风期间

了。”卖书的少年说着，又从黄色背包里拿出一套《西游记》来。这套《西游记》破得已经不成样子了，上册书的前几页目录已经十分破烂了。

经过一番讨价还价，两套书，我给了他4元5角钱。

分手的时候，他对我说：“你买不买《红楼梦》？”

我突然灵机一动：“拿来看看吧。”

“明天一点半，你还在这等我。”卖书的少年说。

“行。”我回应着。

“如果明天他给我带来的书还带有图章，那么我断定，他的书来路肯定不正。”我这样想着，返回了学校。

1979年4月18日，星期三。

昨天回到寝室，我把买书的事偷偷告诉了铁民。他决定今天和我一起去取书，要把问题弄清楚。

下午一点半，我俩刚到昨天买书的胡同口，那个卖书的少年便走了过来。

他对我笑了笑，然后从黄色背兜掏出三本《红楼梦》对我说："缺第一本，让我同学他哥借去了。这么的吧，你先给3块钱，这周日你到书市，我一定把第一本给你带来。"

我接过书一看，扉页上盖的仍然是"南关图书馆藏书"图章。于是我断定，这书不是他从南关文化馆偷来的，就是别人偷来让他卖的。想到这，我对眼前这个卖书少年顿生一种厌恶之感。为了先稳住他，搞清事情的来龙去脉，我和铁民交换了一下眼色，把书买了下来。

"还有什么书？"铁民问。

"有《三国志通俗演义》《楚辞》《西厢记》……"

"这周日，你把那些书也拿来吧。"我对卖书的少年说："到时候，我们挑挑。"

卖书的少年走后，铁民说："看这样，这书不是他一个人偷的，也许是一伙人。"

我们决定去南关文化馆报告情况。

接待我们的是一位梳着齐耳短发的女同志，穿了一件米黄色的卡上衣，下穿一条青色布裤，看上去有四十二三岁。她鼻梁高挺，非常优雅，眼睛虽小，却炯炯有神，目光严肃又不失慈祥。鸭蛋型的脸，两侧面颊十分丰满，似乎每说一句话，脸上的肉都随之颤抖。额前的刘海，掩饰着她正在衰老的皱纹；她微笑的时候，洁白的牙齿中露出了一颗孤独的金牙。

"您贵姓？"她微笑着问我。

“我免贵姓许，叫许建国。”我脸色微红，为这“免贵”的俗套而尴尬。

“我叫冯铁民。”铁民自我介绍着。

她为人随和，没有“书记”的架子。我把买书的经过以及我们的怀疑，从头到尾向“书记”汇报了一遍。她对我们提供的线索表示感谢。

从谈话中得知，南关区文化馆正在新建一座三层楼，所以把图书寄放在南关区武装部。去年春节发现丢失了一批图书，已经向公安机关报案，目前正在侦破之中。

从南关文化馆出来，我和铁民都很高兴，因为我们做了一件应该做的事情。

1979年4月22日，星期日。

上午十点多，我和铁民便来到了书市。

这个书市，位于工人文化宫后身，在般若寺西墙外。每到周日，来这里买书的、卖书的人非常多，形成了小型的图书市场。这里的书虽然品种较多，但价格自由浮动，贵得惊人。

在一个中年人的书摊前，围了许多人。我停下了脚步，挤上前去。

这个书摊所摆放的书的确吸引人。《三国演义》《西游记》《红楼梦》《李杜诗选》《唐宋诗举要》《普希金诗选》《复活》《钢铁是怎样炼成的》……

我站在书摊前，一会摸摸这本书，一会又拿起那本书，有些书拿起来，真的有些舍不得放下。卖书的中年人，见我这样喜欢他的书，得意的神情浮出一丝狡黠的微笑。

“好好看看，咱的书品相好，前不缺页，后不少篇，都是名著啊。”在我翻书的时候，他对我说，也像是对周围的人说。

“这套多少钱？”我指着那套《红楼梦》问，想要掌握一下它的市场价格，验证一下自己是否买贵了。

“8块。”那位中年卖书人眨了眨眼睛，对我温暖地一笑，出口的价格确贵得惊人。我装出一种无可奈何的样子，走开了。

“哎，那位同志，你回来。”没走上两步，卖书的便在后面招呼我，“咱俩再商量一下。”

“6块。”他回答很干脆，“多一个子儿也不要，少一个子儿也不卖。”

“4块吧。”我敷衍他。

“啥？4块？白给你得了呗！”他显得有些激动，好像还很愤怒，“刚才有人给5块我都没卖呢！说的怪轻巧。”

“不卖拉倒。”我拉着铁民便走了。

“真小抠儿。”走不远，我听那位卖书的人开始议论了：“不舍孩子想套狼，天下哪来那么好的便宜事？”

与铁民在书市转了不久，那位卖书少年如约而来。他把我俩带到僻静处，迅速完成交易后便走了。

我和铁民有些失落地返回了学校。

注：①多咱，东北方言，意思是指“什么时候”。

# 离校那天

李奇福

白驹过隙，年逾耳顺。记忆的边界已相当模糊。

8月的毕业35年班会一天天走近，老温、用灵催交《陆离——吉林大学中文系77级文集》的作业，青春张扬的大学四年，若近若远，如烟似雾，拎不清抓不住，一时不知从何动笔，亦不知该写点什么？

说起来，刚迈进吉大校园时，国家百废待兴，校园活力四射，学子们抱负高远，志向宏伟，脑子里不乏舍我其谁的轰轰烈烈。如今，这份年轻时的热烈，在人生的旅途上早已转化为夕阳余晖中的一抹平淡、一隅沉静、一笔简洁和平缓的思考。

我曾感叹，当下出山，恐怕再也写不出二三十岁时的激情文字了。因为，到了这个年龄已无须展示，无须修饰，无须放大了。即使反复按动记忆的回车键，记忆也犹如未涂油漆的桌子，是白茬儿的。

思之思之，又重思之。

树树秋声，山山寒色；或许就是老之将至，岁月使然。

今年五一去了长春，想到享受一个安静小长假的不易，没有烦扰其他同学，在7舍附近的阿甘餐厅见了李伟和学全，天南地北，相谈甚欢。

晚上睡不着，想起了苦读四年的文科楼、7舍、斯大林大街、老虎公园，想起了离校的那一天……

那天(已记不清确切的日期了)，是下午的火车，我和邓学新同车回黑龙江。

金亭帮我收拾行李，两个军用木箱，一箱装书，一箱行李。收拾完毕，我和金亭闲聊。

大学四年要分别了，有些伤感，金亭的话不多，大概只问了两句：“你什么时候回部队？”

我说：“一个月，先结婚，再回部队报到。”

“结婚给个信。”他说。

“一定。”我们相对无语。

几十年过去了，离别瞬间的几句话，依然那么清晰，言犹在耳。

默默地坐了一会儿，我说到其他寝室和晚走的同学道道别吧。

金亭和我先去203，铁民、杨冬和建国在。大学四年，马上要各奔东西了，本来有很多话要说，却不知说什么，只是一个劲地握手，再握手。

又去了208，学新、小佟、赵闯在，又是用力握手，再握手。

再到207，紧紧地握住陈平和小丁的手，喉咙有些发热，眼睛酸酸的，眼泪下来了，扭头就走了。

在204，振东在看书，蓝上衣，蓝裤子，还是老样子。振东上学前，是吉林盘石钢厂的办公室主任，上学后一直担任班长，是我敬重的老大哥。

1998年张力、白光、李奇福和冯铁民（左起）相聚在珠海

振东问我，“什么时候走？”

“下午3点。”我说。

振东说：“去送送你。奇福啊，以你的阅历、经历、能力、人品，安心在部队干吧，好好干。”

我说：“早已习惯做一块砖了，哪儿用哪搬吧。”

“你呢？”我问。

“我去吉林市统计局，能进机关，我知足了。”振东说得平缓、淡然。我的心里却隐隐地有些酸楚，直到今天，还是这样的感觉。

当时的分配，对于我们是未修的课业。既不懂送礼托关系、走后门的潜规则运作，也不懂规划自己的方略，进行市场化经营。有的，除了多年养成的服从分配的信念，恐怕内心深处还留有一份心灵的天真。

在2011年秋天庆贺毕业30周年的班会上，一位同学对我说，“毕业离校，振东走的较晚。走的那天，振东像往常一样，整理床铺，擦桌子，拿起扫帚把寝室扫了一遍，然后提起旅行袋，环视了一周住了四年的204室，轻轻地开门，轻轻地关上，轻轻地走了。”

也是在这次班会上，金亭和我聊起离校时情景，依然唏嘘不已，感触良多。

重游昨日地，不见昨日人。

多少年过去了，往日记忆的碎片不断风化，诗意的激情，青春的华丽，创业者们的轰轰烈烈，智者们的大彻大悟，正在慢慢隐去；但在我的心底，同学四年的情谊包浆，随着岁月风尘的浸润、摩挲，却日显幽光、温润、淳厚、质朴、赤诚。我将永远珍藏。

白云在天，苍波无极。

真的很感谢筹办班会的同学们，让这一鳞半爪的记忆，沐浴在班级盛会的阳光下。

2016年5月27日

# 我的同学我的七七
## ——大学日记两则

李新风

### 一、迎新会203室集体朗诵诗（1978年3月22日）

迎新会203室集体朗诵诗，203室全体同学：李本达、张力、顾太、温玉杰、冯铁民、许建国、邹进、张中良、王启平、李新风、张晶、杨冬。

在3月22日下午中文系的“迎新会”上，我们寝室的全体同学朗诵了这首集体创作的朗诵诗——《把心里的话告诉党》

我们虽然不是歌手，
却有无数支歌在心头碰撞；
我们虽然不是诗人，
却要献上一首粗糙的诗章。
我们是粉碎“四人帮”后的第一批大学生啊，
要把心里的话告诉党！

啊，塞外，三月，
东风，春光，
我们阔步走进大学的门槛，
心里是一片欢腾的海洋。

哨所的晨曦，
披在我肩头；
高炉的钢花，
映红我脸庞；
嘉陵江的号子，
响在我耳边；
山村的泥土味，
香在我心上……
呵！五湖四海汇拢来，
天南地北聚一堂。
我们来了——
带着师傅的嘱托，乡亲的期望；
我们来了——
迎着浩荡的春风，灿烂的阳光；
我们来了——
向着四个现代化金色的早晨，
二〇〇〇年的第一道曙光……

呵，不能忘记——
白卷英雄，小丑跳梁，
教育园地曾一度凋零景象；
呵，不能忘记——
“两个估计”，狼牙大棒，
大学讲坛曾一度尘土飞扬。
最可恨那“四人帮”，

左起：李新风、邹进、王启平、杨冬。吉林大学，1980年

荼毒了多少有为的青春，
摧残了多少国家的栋梁……

呵，大江东去，浩荡入海，
车轮飞转，岂能阻挡？！
逆潮流的，被洪流卷入海底；
开倒车的，被车轮碾断脊梁！
看今朝——
华主席吹送万里东风，
八亿人高歌九天飞扬。
当我们戴上崭新的校徽时——
怎能不卷起激情的思潮？
怎能不抒发肺腑的感想！
当我们接过鲜红的学生证时——

怎能不看到征途的雄关?
怎能不感到肩上的分量!

呵!毛主席在纪念堂正等待着我们的汇报,
周总理在大地上正注目着我们的起航。
热情在我们血管中熊熊燃烧,
意志在我们胸膛中铮铮作响。
让火红的年华作一支彩笔吧,
去书写一首最新最美的诗章!

[附记]记得这首诗主要是我们203宿舍的诗人张晶学兄创作的。在迎新会上,我们宿舍的全体12位老少同学激情洋溢集体朗诵了这首诗,引起全班同学深深的共鸣。当晚,我便把这首诗工工整整抄在了日记本上。这首诗即使是现在读来,仍不免心潮起伏,难以平静。现未征得张晶同学的同意,擅自在班博上发表出来,未知这位阿晶同学会否提出侵权疑义?也期待这位阿晶同学由潜水而浮出水面,给班博再留下精彩华章!

——2011年7月30日

[附记二]在2011年7月29日的班博上,我上传了大学时代记于自己的日记本中的这首集体朗诵的诗歌,得到同学共鸣。整整五年过去了,我们十分敬重的同宿舍的老大哥,当年与我们203宿舍全体同学一起高声朗诵这首诗的李本达学兄已然驾鹤西归;五年前为我上传这首诗而点赞的金亭同学也英年早逝,怎不让人唏嘘伤怀?现抄录这首诗,既是当年大学生活记忆之点滴留痕,也

想籍此聊表对于两位已逝同学的深切怀念。

——2016-05-16新风补记

## 二、欢呼女排首夺世界冠军（1981年11月16日）

中国女排七战七捷，获得冠军！

我们狂喜着，臂挽臂，手拉手，拥向街头，游行庆祝。我们喊啊！叫啊！唱啊！笑啊！多么开心！多么痛快！

“团结起来，振兴中华！”“中国，万岁！”“女排，万岁！”“郎平，万岁！”“孙晋芳，万岁！”“张蓉芳，万岁！”“周晓兰，万岁！”“陈亚琼，万岁！”“陈招娣，万岁！”……这是我们从心底喊出的口号，它得到游行队伍中的人们的热烈响应。

中国女排的胜利多么来之不易！每一场，每一球，都要她们付出多少精力和汗水！中苏、中美、中日几场比赛都很紧张。特别是中美、中日比赛，争夺异常激烈。中国女排往往能够在比分落后、形势险恶的情况下，镇定自若，力转危局，反败为胜。顽强、镇静，韧性，是她们的性格。从她们的身上，我看到中华民族的精神在闪光。她们的胜利，她们的作风，必将成为一把耀眼的火炬，照耀着人们发扬民族精神、克服民族劣根性（保守、自满、惰性等），在振兴中华的伟大事业中不断创造奇迹。

参加这样一次自发的庆祝游行，在我是第一次。狂喜，是发自内心的。在游行队伍里，一切是那么和谐——互不相识者，亲热地挽起臂膀，相互会意地微笑、致意。我也不像平时那样内向，而变得热情奔放、开朗大方起来，在人群里带头喊口号；唱

在203寝室。前左：李新风、许建国、杨冬。后左：王启平、邹进、冯铁民

歌时为大伙起头，等等，毫不觉得难为情。若在平时，真是不可想象。最有趣的是，当我带头喊口号，因嗓子暗哑喊不出来时，引起了周围人们的一阵哄笑。但我感到这种笑是种善意的笑……对此，我只感到一种快乐和满足。

在游行队伍由五商店附近返回学校时，我们班十多名同学排成一队，在后压阵，甚是整齐雄壮！我们时而高喊口号；时而齐声高歌；时而正步前进，踏得街道直颤！有时高喊部队口令："一，二，三，四！""一二三——四！"一直坚持到7舍宿舍楼前。我们心中充满了喜悦和自豪！

女排精神将在我的心中永驻！

[作者附记]

经我刚在百度上搜索，知此次女排夺冠，乃女排首次夺得世界冠军。之前，女排战胜日本获得亚洲冠军，已然让我们兴奋不已。据有关报道：此次中国女排以亚洲冠军的身份，参加了11月在日本举行的第三届世界杯排球赛。比赛采用单循环制，经过了7轮28场激烈比赛，于11月16日，中国队以7战全胜的成绩首次夺得世界杯赛冠军。袁伟民获“最佳教练奖”，孙晋芳获“最佳运动员奖”“最佳二传手奖”“优秀运动员奖”，郎平获“优秀运动员奖”。之后，老女排又一鼓作气，创造了五连冠的奇迹，让多少国人热泪盈眶、彻夜难眠，喊哑了嗓子，拍红了手掌……但是，真正的高潮，不能不说是这一次首夺世界冠军。想一下，新时期以来，有哪一次体育比赛能让举国欢腾、举城沸腾，让青年学子们倾巢而出，游行欢庆，毫不吝惜地把过去只能送给伟大领袖的“万岁”送给女排的每一位姑娘？我甚至现在还认为，当我们把“万岁”送给了郎平、张蓉芳、孙晋芳……的那一刻，我们每一位同学，是否也获得了永恒？我清楚地记得，当我们看完了转播，血脉偾张地冲进宿舍的时候，我们宿舍的热血青春美少年邹进同学干的第一件事，就是拿起一个暖水瓶，举过头顶往地上一摔！这一摔，真比放炮仗的效果强烈一百倍！我想，当时其他同学大约并无丝毫诧异，想的大概是自己咋就没想到如此美妙的创意，首先抢到开水瓶呢？没了开水瓶，便纷纷拿起搪瓷盆子当锣鼓敲，齐刷刷冲上了街头！

真怀念那激情燃烧的岁月。

2011年8月11日，补记于中国艺术研究院藏书楼

# 四年大学两次冶炼
## ——吉大中文系77级精英荟萃的解读

李树文

吉林大学中文系77级，是个光环，是个名片，是个谜团：80人中，出了这么多星级人物，沧海桑田巨变的时代，似乎每个节点都能有那么几个叱咤风云呼应契合，为什么？我以拙思试解读。

回首我们步入“马路大学”的情形，7舍宿舍楼简陋而陈旧，看不到“迎新生”的任何修饰与打扮，宿舍地面大片的水泥破损，老木床上稻草垫子赤裸裸的一碰掉渣，今天，大多工棚里都见不到了。早餐的“老三样”馒头、玉米面糊、咸菜常常让我整天吐酸水，米饭炒蒜苔便是最美味，每周吃上一两次。不过，说句良心话，我是享受一等助学金每月21元，当时不觉得怎么苦，只是后来才知道，处对象第一眼给人家的印象——满脸葱心绿。

师资力量与吉大的名气是不相称的，好像有的老师被我们巧妙地给“辞”了，我是怜悯心重的人，当时真为我们班的同学不那么慈善下手太重而摇头。

就是这么一片不那么肥沃的土壤为何就长出一片茂密的森林，有这么多在不同领域可以秀一秀的大咖？我常常追溯自己四年大学浴火重生的心路历程，多少可以解开这个方程——那就是在那个特殊的时代，我们这群特殊的人们，在吉大中文系这个特殊的文化场中冶炼成钢。

时代的特殊使全民的疯狂极左戛然而止；社会转向，价值观重构，伤痕性的反思，新路的迷茫；没有了阶级，没有了斗争，没有了灵魂深处的革命，亿万人的头高傲地抬了起来；多少年来领袖至上，一句顶一万句，突然变成一万句也不顶一句，自由、民主、异化、人道等等一切新思潮甚嚣尘上。狄更斯《双城记》那段精彩开篇，极形象地反映了这个时期的中国："这是最好的时代，也是最坏的时代；……这里是信仰的时期，也是怀疑的时期；……人们正在直登天堂，人们正在直下地狱。"大一统的生活价值观分崩离析，政治偶像纷纷坍塌，每个人都在指点江山……发泄压抑太久的愤怒，质问社会为什么那样……同时，也自不量力地为多难的民族指引方向，开出药方。

我们这些人的特殊是今天微信段子讲50后的那些内容，大可以说明问题：社会迷茫时、疯狂时、沮丧时、抱怨时我们都同频共振了；红卫兵大串联、"破四旧"、停工停产停课、造过反，上山下乡，偷鸡摸狗，三个面向，娶妻生子，几乎什么事都经历过；乘着反思的时代东风坐下来学文学，但丁、莎士比亚、托尔斯泰、巴尔扎克、卢梭、洛克、萨特、叔本华……古今中外的划时代人物及他们穿越时空的伟大思想滴滴渗入到我们贫瘠的心田，似乎一夜之间我们登上了高山，俯瞰芸芸众生，对国家的、民族的、社会的、自己的过去、现在和未来有了观念层面的重新结构。自己的头脑开始由自己支配，这是特殊中最大的闪光点！

有人说影响中国的文化场有三个：苏俄文化场折射来了马列，日本文化场折射来了资本主义，印度文化场折射来了佛教，中国成为今天这个样子此为至关重要。吉林大学中文系77级这个特殊的文化场，是我们这些人多少个偶然和努力无意中创造的，我们没有班主任，是一群大家自己当家作主的一群你不服我、我看不起你的怪人，个性张扬，自由任性，风流倜傥，潇潇洒洒，骂天骂地骂人，为一个社会现象，为一个哪怕不是什么问题的问题也会争来论去，面红耳赤。起早贪黑，在书海中遨游。有的居高自傲，舍我其谁；有的故弄玄虚，张牙舞爪；有的随波逐流，优哉游哉；有的东奔西走，企望一夜成名；有的怜香惜玉，左拥右抱；有的无声无息，孤岛一样……来无影去无踪。罢课上街给邓小平、中央拍电报，雄赳赳气昂昂地去省委大院上访，因为女排赢球竟然能连夜上街游行，围殴窜进7舍的小流氓几乎出人命，警察朝天开枪也无济于事，反而下了他的枪，哇！那枪声我终生不忘！爽！我们在这个环境里去研究社会和人生，这个环境也在冶炼改变着我们。这个文化场有理性，也有盲从；有超越，也有蛮劲；有古今，也有中外；有政治，更有人文。睁开眼睛看西方，看先进的欧美，检视吾国上上下下里里外外的缺点毛病，几乎是百花齐放，百家争鸣，这个文化场多么好哇！与今天大学生比较一下，感触太多了！不出几个名人，天理不容！

矿石是精选的，社会冶炼的同时，班级的文化场又一次冶炼，虽未百炼，业已成钢。我为你们点赞，为和你们同行自豪！

2016年3月于海南定安

# 大学的味道
## ——2016年5月30日@李蔚霞与@霍用灵的微信对话录

李蔚霞

@李蔚霞——小霍，你好。我是蔚霞。祝好并致以问候！今早一起床，突然就想对大学说几句话，知道你们一直为我们写大学的书辛苦劳作和征稿，我很感动也很内疚，好像一直对此“事不关己”，其实对同学始终心怀至深友情，只是性格所致，不习惯过"集体生活"，呵呵！要不要把几句话写给你呢？

@霍用灵——好啊，就期待你写几句话啊[微笑]等你发给我邮箱，也可以发微信上。

@李蔚霞——好的，我发你邮箱，很短很短，大概不符合要求，一点感受而已，随意处置。

@霍用灵——其实今年我编文集，是希望给大家留下未来可资回味的依凭。人生已过大半，往日浮华多已烟消，打捞一点曾经的纯真。已经收到的文字也是各种各样，也不局限于回忆学校生活，也有其他自己觉得可以说说的事情。期待你的一点感受[呲牙]

@李蔚霞——谢谢小霍，已发你邮箱。你说得对，人生大半，往昔皆云烟，唯有大学学来的那一份寂寞一直相伴，这确是真实的感受。

@霍用灵——［咖啡］

@李蔚霞——小霍：不合调子一定不要用，别破坏了全书的风格和主调。

@霍用灵——很好。我想把你我前面两段微信加上，你看可以吗？

@李蔚霞——可以吗？我觉得大家一定写得都很正面，我太低调了，是不是？你说把我的话放微信里？随意喽！顺便问大家好！

@霍用灵——等书出来可以看到，应该说是各种调子都有。书名《陆离》，其中一个意思就是色彩多元，班杂不一。名字是我起的[呲牙]

@李蔚霞——名字真好！光怪陆离，也正是这姿态，对的！

前排左起：周志怀、张丹、李蔚霞；
后排左起：霍用灵、尚晓汀、徐安。
1981年冬，吉大鸣放宫礼堂前。

# 大学的味道

李蔚霞

我咀嚼大学的时光，满嘴寂寞的味道。

若说四年勤勉学习，日日与书为伴，究竟收获了什么？对我来说，最大的获益是学会了寂寞。

我们这一代没有更多自豪的本钱，成长于一个混乱喧嚣的年代，很像走一个戏间过场，人长大了，从里到外却空着。

背着一个空囊走进大学的校门，满眼的炫目不知如何拾掇。且学着读书人的样子，潜心去学习阅读，也不过是人说的“恶补”。东拾一簸，西拾一箩，却拼不出完整的架构。徒然面对一摊杂乱的堆积，从此行囊里坠上无边无际的寂寞……

这就是我的大学的味道。

# 毕业35年感怀

张中良

35年，对于悠长的历史来说不过是白驹过隙，可是对于我们来说，却从青年走过中年再走向老年。我们见证了沧桑巨变。有一年回乡探亲路过长春，想回母校看看，对出租司机说去“斯大林大街”，司机愣了一下说“斯大林大街没了”。我不禁诧异，长春最宽阔的马路怎么会说没就没了呢。待到车子上了我要找的路，才发现“斯大林大街”变成了“人民大街”。司机说：“斯大林早就完犊子了，哪能还给他留个名！”也许司机不知道斯大林“肃反”究竟滥杀了多少功臣与仁人志士，也不知道斯大林治下到底饿死了、虐杀了多少黎民百姓，但口耳相传的民间记忆一定是让他大概知道斯大林干了不少坏事。写历史的人说斯大林领导苏联人民打败了德国法西斯，可在创造历史的人民看来，斯大林差不多把反法西斯战争的元帅将军都灭了，这样的人还不该“完犊子”吗？

我们曾经豪情满怀地走在解放大道上，思想解放的时代烙印刻进生命的年轮。运动场边叫卖杂志的诗人，携着春风走向京城，走向南国，走进了中国当代文学史。曾经对重拍《雷锋》以红与黑二色背心标识人物表示不屑的同学，经过曼谷雨季的洗礼，在荧屏绽放出绚丽的花朵。曾经为流行病而焦虑难耐、激愤不已、赴省府请愿、通电教育部的班级群体，后来涌现出一位又

左起：张忠良、张晶、许建国、王启平、李新风

一位高官，肩负起人民赋予的重任。痴迷于书斋的书生，无论是雕刻理论的象牙塔，还是探寻历史的幽邃，总是能给老师一点后生可畏的感慨。让老师没有想到、让同学没有想到，或许自己也没有想到的，是中文学子竟然成为银行家、企业家，为社会创造巨量财富。无论是在机关、学校、媒体，还是自主创业、海外谋生，都能风生水起，有声有色，因为改革开放的时代赋予我们以自由飞翔的翅膀。

我们曾经以为四年同窗，朝夕相处，彼此深知，其实未必。多年以后，我们才知道镜片透射出深邃幽默的“莎士比亚博士”，曾经遭受过怎样扭曲的政治迫害。伤到深处，难以言表，况且经过“文革”，谁都在内心深处装上一道屏障。80个同学，出身不同，境遇有别，但创伤性记忆为大家所共有，永生难忘的饥饿，荒谬绝伦的混乱，莫须有罪名的打击，形形色色的屈辱，如此等等，言语岂能道尽。无论我们今天身份怎样，生活如何，但历经浩劫、欣逢盛世的共同经历使我们有了一个难以撼动的共识——“文革”决不能重演，中国万不可再乱！

母校扩大了，地质学、汽车制造、医学、兽医学师生都成为我们的校友；母校搬家了，7舍、牡丹园、鸣放宫、解放大道、冬天大水漫灌的滑冰场已成历史记忆。但无论何时何地，只要听到《八路军进行曲》《英雄赞歌》的雄壮旋律，我们都会想到公木老师。我没有比较过公木老师的《老子校读》与浩如烟海的《老子》研究有哪些不同，但我永远记得公木老师在课堂上的谈笑风生，甚至温和的训诫——“每个月从国家领那么多助学金，不要再说你们是穷学生！”公木老师当年只因替丁玲鸣不平就被打成右派，这位延安老干部困窘得在马路边捡烟头，可是对自己的信仰却矢志不渝，这是怎样才能形容的宽广胸襟啊！

35年的风霜雨雪成就了豪情壮志，也消磨掉青春年华，永不消逝的是77级的历史记忆与时代使命。“向前，向前，向前！我们的队伍向太阳……”

# 那些年，我们一起混过的204室

姜亚廷

“混”是一江湖术语，江湖中人初次见面，彼此抱拳相问：兄弟混哪里的？一如其他行当的问在哪里高就？在何处发财？等等。至今如有人问起陈年往事，偶尔也会戏谑地说，兄弟我当年是混在吉林大学中文系77级的204室的。是的，1978年的春天，在农村稀里糊涂滚爬了两年多之后，又懵懵懂懂地来到了长春，在吉大7舍的204室混了四年，在这学到的，不光有知识，也还有各种处事为人的道理，见识了形形色色的人等，也算是在江湖上走了一遭。

## 撩妹高手

那时的204室好生了得，别的先不说，单说到毕业后与本班女同学成就好事的，在这里就有三对。那时全班80名同学，只有十来名女生，人说狼多肉少，何况这些个女同学并非都找了同班同学。204的兄弟们能在仅有的几朵中摘下三朵，撩妹成功率不可谓不高。老徐跟小妮，都是同道中人，自不必说。辅棠跟刘建，当初大伙认定刘建跟刘坚比较般配，因为二人都爱唱歌，经常在各种场合配合男女对唱，唱的多是当时流行的情歌，没成想刘建跟辅棠成了一对，肥水没有流进别家的田地，一代才女最终还是落入204室的“狼”口中，可见辅棠兄何等的深藏不露，整

左起：王启平、冯铁民、霍用灵、姜亚廷。四人都是班里的小字辈

个一外糙内秀，心中有数，算得一个人物。最让人没想到的是，海田与宛平，他俩能走到一块，让若干人大跌眼镜。在我心目中，老魏算得是204第一撩妹高手。

魏同学刚到学校时，歪戴一项破旧的解放帽，帽檐还耷拉着，经常扑闪着两只小眼睛，见谁都一脸坏笑，像极了电影《青松岭》中的“落后分子”钱广，因此有好一阵子204的人都叫他钱广。那时的老魏还不似现在这样倔头巴脑，但也有些小脾气，好与人争论，逮住谁跟谁争，上至国家大事，下至生活琐事，直至争到面红耳赤，方才罢休。这人性格比较复杂，他有时候显露出一身凛然正气，有时候又有点桀骜不驯，有时候又表现得尖酸刻薄。有一次偶尔也见识了他童趣纯真的一面，那时我俩在校园散步，突然一场倾盆大雨不期而至，只见他一下子兴奋得不行，又惊又喜，还不时对天大吼几声，要不是被我拉住，他真要冲进大雨中淋个痛快。说起来我才知道，他来自鄂尔多斯草原上的达拉特旗，那里很少下雨，特别是这种淋漓酣畅的暴雨，难怪他有这种孩子气十足的表现。

老魏最让我佩服的是学科考试，大一、大二时，经常考试，每次当我们还在对着试卷冥思苦想，抓耳挠腮时，人家已经起身离座，第一个交卷了，而且每次都是优秀，有一次走得太快，连监考老师都看不下去，主动提醒他答完了要多检查几次，老魏爱搭不理地说，已经检查过好多遍，然后昂首挺胸走了，走了……老师抓过试卷看着，一副欲言又止的凌乱，至今还记忆犹新。

大三还是大四时，课程少了，同学们有的在寻思着查资料准备论文，年纪大一些还单身的忙着相亲找对象。只记得老魏突然行踪诡秘起来，经常早出晚归，颇有些神龙见首不见尾的劲头。有知情的说是在处对象，而且对方是宛平。王同学当时给人的感觉有点高冷，不太爱搭理男生，显得深不可测。老魏同学“勾搭”上王同学后，也不与人面红耳赤地争论了，也不发牢骚了，偶尔还与同屋的过来人交流一下恋爱的心得。似乎一下子变得成熟起来。

老魏撩妹成功，在204室显然是一匹黑马横空出世，著名段子手老徐少不得又说了一个射大雕的段子，好像说草原上一只美丽的金雕被一技不出众，貌不惊人的家伙射中，说时听者都能闻到一股子酸溜溜的味道，感觉他颇有点愤愤不平的意思。后来私底下曾向老魏讨教撩妹技巧，说起第一次搭讪，王同学因为什么事情绪低落，满腹的冤屈正不知与谁人诉说，老魏一主动，正好一拍即合。虽学了一招，始终觉得老魏纯属乘人之危、乘虚而入，有点胜之不武。

204的三位老兄撩妹是高手，目光也准确，三位女生都非等闲之人：小妮同学日后成了著名诗人，刘建不仅成了海南知名报人，且甘心当好贤内助，使辅棠兄在仕途上进退自如。而宛平则成为国内著名的金牌编剧。这是后话。

### 吃货的境界

时光同学算不上严格意义上的吃货，但是一次吃包子的壮举，实在是吃出了一代吃货的最高境界。上学那会子，大家刚经历过精神物质双重匮乏的年代，迈进校园除如饥似渴地吸收知识的养分之外，一日三餐，少不得还须填饱肚子。那时粮食还是定量供应，食堂里主食也是粗细搭配，好像每月只有几斤细粮，经常吃的主食就是高粱米饭与苞米饭。高粱南方少种，来自南方的同学基本上没吃过，初来乍到，感觉味道还不错，时间长了就不行了，尤其是下饭菜总是白菜萝卜烩粉条，千篇一律，心中不免生出厌烦。

细粮就不一样了，南方人习惯吃米饭，东北的大米又特别好吃，一般吃米饭总要等食堂偶尔改变菜谱，换了花样时才舍得吃，特别珍惜和享受。7舍食堂每月两次的肉包子，那就算是过节了，同学们总惦记着吃包子的日子。肉包子到底是什么馅，忘了，只记得味道那叫一个绝。（关于吃包子的盛况，本室老宫同学在班博上有过一段记载，诸位可查阅参考。）肉包子基本是在周末才有，凭当日当顿细粮票供应，每人两个，没有多的，食量大的同学显然不够，经常还要打一点高粱米饭帮补一下。

时光同学家在公主岭市，离学校不远，在长春也有不少亲朋好友，所以周末很少在学校吃饭。偶尔有一次,没回家，也没去会亲友，正赶上食堂吃肉包子，由此引出了以下故事。

时同学那时是校、系篮球队的队员兼校冰球队队员，身高体壮，平时训练比赛消耗大，这么美味的肉包子两个肯定是不够的，再来一份？不可能，那是凭票供应的；高粱米饭？不想吃，怕破坏食欲；找别人要？也不灵，谁也不会当这个雷锋；怎么办？也不知怎么地让他想到，再补领一份，理由就是当天的细粮票弄丢了。因为包子数量有限，也许是按人头定数的，真弄丢了申请补领好像还挺麻烦的，但时光同学不厌其烦，找了班长证明，再找生活委员签字，是否还要找班里的辅导老师，不记得了，总之是要走一大圈程序，最后才从食堂管理员那里补领了当天的四两细粮票，终于在我们羡慕嫉妒恨的眼光中，心满意足地吃起了第二份包子。

也许吃货的最高境界就是不按套路出牌，吃货的世界我们真的不懂。试问：谁能想到饭票丢了这样冠冕堂皇的理由？就算能想到，谁又会心安理得地去走一大圈程序，找这么多人证明，签字？在网上收了一堆关于吃货的说法什么的，比如吃货的思路是：好吃你就多吃点，不好吃多少也要吃点；吃货的格言：今天吃喝不努力，明天努力找吃喝；吃货匹克精神：吃得更多、吃得更饱、吃得更好！时光同学多年以前就深谙吃货真谛，并付诸行动，在7舍近千号人中，我想总不该会有第二个吧，算得千里挑一。

**带头大哥**

大学四年，吉大中文系77级的“带头大哥”始终出自204寝室。初期是刘振东大哥，刘大哥是班上年龄最大的，入学时已年届32岁，来自农村，当过兵，进过工厂，阅历丰富，可能因为这个原因，第一年开学选班长，大家伙就推举他当了第一任班长。

又是全班的老大，又是班长，刘大哥起初名副其实是全班的“带头大哥”。刘班长入学前在工厂保卫部门工作，当班长后一如保卫干部般认真，严格甚至于苛刻，可能职业习惯使然吧。

接任老刘当班长的是黄国柱同学，老黄在同学中年龄不算最大，来自沈阳军区政治部，在班里的几位部队学员中年龄最大，军衔最高，又是从部队大机关来的，系里成立学生会时，当选为系学生会主席，后来又接任了班长一职。

有一年的冬天，7舍酝酿着闹罢课，原因是肝炎流行，同学们要求提前放假。之前因为食堂伙食不好，宿舍管理差也闹过几次。总之记得204室好像是罢课的策源地，其他系的不同人等在204室开了好几次会，商议着要到省委去请愿，还要给中央发电报。

在商议好起事的头天晚上，不知谁透露了消息，各系各班的领导和辅导员紧急行动起来，连夜深入到各个寝室去做工作，唯独中文系77级的老师没有来。事后大家推测有几种可能：一种是班上的辅导员家里有事，与女朋友约会去了（老师年轻，比班上好多同学还小）；另一种可能是觉得这班上党员干部多，校、系学生会有好几个主要角色都在这里，估计不会真有所动作，所以就忽视了。

第二天一大早，罢课行动开始，由于别系别班已经做了工作，他们没有来，只有中文77级一个班，且并非全体，有的人认为没什么意思，没有兴趣。来的也各怀心思，有跟着起哄闹腾的，有心中不情愿随大流的，还有觉得新鲜跟着长见识的。如所商定的，参加罢课的同学们集合在一块，在刘班长的带领下，在校园内跑了一圈，边跑还边喊口号，这是为了扩大影响，表示虽然只有中文系77大半个班，我们也要闹腾点动静出来。然后分为三伙，有去校部的，有去发电报的，我参加的这伙是前往省委请愿，递交罢课宣言。那一个清晨，在系学生会主席黄国柱的率领下，我们几十名同学列队整齐，冒着凛冽的寒风，踏着一路残雪，向省委进发。

各队回到教室后，大伙意犹未尽，有人建议把罢课宣言拿出来，再宣读一遍，这宣言是老温写的，写的什么内容有点模糊了，只记得那文章写得是慷慨激昂，气势磅礴，只听得老温用他那富有磁性的男中音宣读得铿锵有力，字字如铁锤般敲打着教室四周上空，颇有骆宾王《讨武氏檄》的风骨，听得我们是热血沸腾，心潮起伏，仿佛这世界真要由我们来主宰沉浮了。不知老温当年的宣言还留存否。

记于2016年4月

# 大学碎记

唐志宏

迄今为止，在我的人生中，大学四年，是最没有自信的四年，最放任的四年。

好像是1977年的9月的一天。班主任突然找我，说是全国恢复统一高考了，在校生也可以参加，这可是千载难逢的机会！老师说的时候，眼睛都放着光，声音也在微微颤动，但那时，我满脑袋转悠的都是电影《决裂》里手上的老茧，不为所动。于是，老师一个劲儿地劝，终于，考上大学就能不下乡的诱惑打动了我。然后，两个月里，马不停蹄，考过了学校的选拔考试，考过了区里的选拔考试，考过了市里的选拔考试，最后，混入了省里出题的全国统考。

我是1968年9月在辽宁省抚顺市东风铝厂学校入的小学，那时的学制是十年一贯制，当时正是十年级上学期。从入学开始，就当班级学习委员，后来，又做了班长，校学生会学习部长。一路走来，学习、考试，对我从来不算什么。七年级之前，语文、数学考试几乎每次都是百分。曾经休学两次，期末去参加考试也是同样的成绩。还偶尔在厂报上发表些“东风吹，战鼓擂”之类的“诗”，作文更是班里甚至年级的当然范文。据说，当年抚顺市只选拔了两名在校生参加全国统考，我是其中之一。我在的学校，高考时已经改名为抚顺铝厂中学，是非著名学校。那个同学

206学习小组同学在南湖公园。右二为唐志宏

是抚顺市第二中学的，为抚顺市著名学校。吉林大学的录取通知书来到时，我们学校，我们老师，我们同学，都着实地自豪了。我的父母本来在厂里就有名，这下更是骄傲。我，也很风光，正是冬天，走起路来，雪在脚下都嘎嘎地叫唤。临行前，学校还开了一个大会，让我介绍学习感想，披红戴花。

但是，这种自信，一上大学，就戛然而止了。

开学不久，大学语文课，老师第一次展示同学的范文。听了以后，心里立刻拔凉拔凉的。这是作文吗？这就是我膜拜的文学作品呀！这是同学吗？这就是我向往的作家和诗人呀！与他们相比，我……所以，到现在，也回忆不起来，第一次作文的题目，也回忆不起来，宣读的是谁的范文。

从此，也挺好，这四年，倒是过得轻松。我是班级最小的之一，乡，也没下过；军，也没参过；厂，也没进过；我不打狼谁打狼！

什么挑灯夜读，与我是不沾边儿的，绝对遵守作息纪律，一到熄灯时间，立即倒头大睡。当然，也有睡不着的时候。第一学期，我们在308寝室，那一层都是女生，惟独我们一个党代表寝室。夏天，虽然有门帘，但女生们的小腿一闪而过时，总是让人想象再往上的部分。可惜，好景不长，我们到了206寝室。什么早起晨习，与我就更不搭界。兄弟们晨习回来了，我还赖在床上呢。李禄明睡在我下铺，他总是要叫我，还真亏了这当兵的弟兄，否则，总会上课迟到。只有要到考试了，才会紧张几天，背背复习题，混个60分万岁。多亏了记忆力奇好，背题就是小菜一碟儿。什么谈朋友处对象，还是没我的份儿。全班80人，只有十几个女同学，还全比我大，都把我当小孩子看，没有拿正眼儿瞧过我的，我当然也就心如止水了。现在还在想，那时怎么就不时兴姐弟恋呢？

还好，我这人不讨人嫌，和谁都能处得来，大家都带着我玩儿。我也就像小跟班似的，在后面默默地看着同学们，体会着同学们。赵闯、易青、王晋闻、武静波、孙景贵、邓学新、马端忠、李禄明，我们这些最早308的九兄弟就不用说了，还有陆续加入206的王振坤、陈晓明、兰亚明、姚力，我们组的王小妮、李蔚霞、鲁晓琨，亲如兄弟姐妹。毕业后，一次去北京，那时穷，李蔚霞就把我带到她独居的家里做客，欣赏她的圆床，也就是小弟弟才能有这待遇。班里的老夫子们，张力、李本达、顾太、温玉杰、宫瑞华、杨冬，那都是崇拜得不得了，尤其张力、李本达、杨冬眼镜后的眼睛让我看到的全是学问。《赤子心》诗社的徐敬亚、吕贵品、王小妮、白光、兰亚明、邹进，那是可望不可即，让人羡慕嫉妒恨。黄国柱、刘振东、陈晓明、徐安这些班级大佬们，在我眼里那可是老高大上了，除了在一个寝室住过的陈晓明，谁要和我说句话，心里老激动了，遗憾的是，四年就没说过几句。曹虹冰、李东东如大姐姐一般，还有大大咧咧的刘晶、王宛平，活跃的孙歌、张丹，冷美人似的孙丽华，小巧精致的刘建、冷月娥、张北冰、于舸，哎，我只能看看背影。那个时候，我们206寝室的和207寝室的邻居接触多一些，记得有大嗓门儿的曾宪斌、霍卫东、周志怀，不吱声的廖雪芳，总是笑眯眯的吕贵品，稳重的丁临一，比我还小一岁的霍用灵。我这小跟班，究竟看到了什么？体会到了什么？毕业以来，我总会和别人吹牛。我们班，一半儿是共产党员，一半儿是共青团员，十几个科长，五六个处长，三个总司令，名闻天下的诗人、教授、作家十几个，最大的比我大16岁，孩子最多的已经仨了。数字肯定不准，只是想说：这是一个令我引以为荣的集体。我在1978年，18岁还不满的时候，就能懵懵懂懂地进入到这样一个明明白白的集体，是我的幸运。

四年，实在找不出什么可书可写可记可忆的事。我听到的，在同学口中传诵的我的故事，只有一件。赵闯大哥和别人下了一天棋，我一动不动，一声不吱地看了一天棋。自己感到最兴奋的事，也只有一件。大三吧，学校兴起了交谊舞。班里首次舞会，无人先下场，系学生会文艺委员，杨校花，邀请我跳了第一支曲子，带起了全场。自那以后，感觉自己的舞姿天下无敌，终于找回了些许自信。还有一件事，是我最感兴趣的，好像也是大三那年，为了文科楼的黄疸型肝炎蔓延而罢课。至今，文科楼宣传站播出的罢课宣言与复课声明，还可以在耳边亢奋地回响。

一直到准备毕业论文时，我才突然开了窍。整天蹲在图书

唐志宏在长春南湖公园

馆，读原著，查资料，分析别人的评论，提炼自己的观点。感谢上帝，一篇《试析稼轩词的文字特色》，在喻朝刚老师那得了个优，算是为大学生涯画了个句号。在准备这篇论文时，几年的感悟似乎一下子被唤醒了：激情与理性，追求与现实，自觉与约束，复杂与纯净，狡黠与实在，正直与圆融，悲悯与善良，交织，浑然，奔突。喻老师说，看得出来，这篇文字完全是你自己下的功夫。当时，激动得差点儿就报了他的研究生。

悠悠四载，就这么嘻嘻哈哈地过去了。“闻道有先后，术业无专攻”，之后，混入了银行。毕业两年后，有一天，我们行长找我谈话，说是提拔我做副处长。当时，就蒙了。只记得他说，你虽然毕业时间不长，也才24岁，但大家都认为你不像三门干部。32年后，琢磨这句话，这哪是夸我，是我们班呀！家门，校门，社会门。自打我踏入吉大，踏入中文系77级，就已经迈进了社会大门，植入了它的优秀基因。

人生的每一个段落，都有它独特的意义。吉大，中文系，77级，80个同学那时的人生，在我最没有自信、最放任的时候，开启了我一直走到今天的路。

2016年3月29日

# 陆军生涯在吉大

曾宪斌

上苍对我的人生经历安排与很多人有所不同。不仅工、农、兵、学、商、公务员等大类齐备，就是每个行业也在不同的“市场细分”之行当厮混。以军旅生涯为例，竟在海、陆、空军均先后服役几年，其中陆军4年，正好是重叠吉林大学中文系学习的4年。

1976年参军，距今整40年矣。考大学之前，我是海军航空兵，歼6的特种设备员。歼击机6型飞机也称米格19，是当时航空兵的主要战斗机型。我主要负责战斗机的特种电子设备维护。

1977年初，部队依然按照惯例推荐工农兵学员。我所在的部队是个军级单位。已经确定推荐一位海军部长的高干子弟倪军上大学。恢复高考制度之后，倪军依然信心满满，认为非他莫属。我们集中复习了一个月，倪军则有教师专为他辅导。这一年这个军级单位一共录取5个人，我的成绩高居榜首，倪军则名落孙山。关系还真的不管用。没有高考，的确没有我们平民子弟的今天。

我其实报考的专业是政治、哲学，不清楚为什么会被吉林大学中文系录取。当然这是全军统一调配。上大学后，得知这是全国著名的重点大学，其实心里有点疑惑，觉得会不会是部队考生有优势，分数不一定够。直到前些年有机会看到自己的档案，里

曾宪斌在吉林大学7舍楼前留影

面保存了我的考试成绩单，成绩完全在吉林大学的录取分数线之上，心里才长嘘了一口气。

上大学第一个学期穿的还是从部队带来的海军水兵服。但是换装时，却全部换上陆军军装。原来我们的供给从上学之后都归长春警备区管了。从编制上来说，大学4年，我们所有部队生的建制都归属于陆军的沈阳军区长春警备区。

虽然是归长春警备区建制，身穿陆军装，但是除了每年两季换服装，领津贴，几乎与警备区毫无联系。就是换新军服，也是早已报好尺寸，由学校统一从警备区领来。然而不管怎么说，这4年我和当年所有班里的8名部队生，全校42名部队生，都归属长春警备区。因此说当4年陆军那是毫无疑问的。班里类似情况的应当还有空军来的丁临一。

班里部队同学中，我印象黄国柱是正连级，李奇福是副连级，丁临一是正排职。其他张黎、王晋闻、李新风、李禄明和我都是战士。军官有工资，我们只有二十多元的津贴。但是当时在班里还算是有钱的，起码不用家里供给。每年还可报销一次探亲的路费。

部队生在学校几乎和其他同学的学习、生活没有什么差别。只是从军装上知道你是部队生。开始军人还比较吃香，穿军装的时候就多。后两年似乎也没什么光荣感了，渐渐就都在穿便服。部队生之间也没有专门的活动或往来。不要说全校，就是班里8名部队生也从未一起聚过。大家都以小组、寝室为单位交往。只有毕业的时候，全班、全校部队生合影才聚在一起。全校共有42名部队生这个数字，我也是从合影中数出来的。有没有没来的就不好说了。

尽管没有人专门管理部队生，我们都有形无形地存在及展示着军人的纪律、作风、形象。当干部的部队生在学生组织做负责人。记得黄国柱是系学生会主席，丁临一是党支部委员。我们当兵的，卫生应当做得多些吧。其他人不知道，我所在的207宿舍，打扫卫生最多的一定是我。集体展现风采的时候大概就是军训了。在地质宫前面的广场上军训，带队的都是部队生。这是我在大学期间唯一当“领导”之时。

班里部队生虽然没有齐聚过，但是关系都很好。其他人不了解，丁临一与我同窗同室4年，床头对床头，像兄长一般关心我。这种战友情、兄弟情一直绵延到今天，38年了。

论基础，多数部队生在人尖子云集的中文系77级可能排不上号。但素质好，都在默默努力。在大学期间不显山显水，毕业后就看出后劲了。如今个个都是翘楚。当将军有之，孔子学院院长有之，文学评论权威有之，博导有之。

大学毕业分配，对于许多同学而言，不啻一场热闹的大戏。然而于我等部队生无涉。因为原则上都是哪里来，回到哪里去。也有例外。大概临毕业前一两个月吧，沈阳军区来了位宫姓的军官，据说代表总政治部的《解放军文艺》来考察。不知道是否挨个谈话，跟我也聊了一下。最后推荐了丁临一。我分析，老丁不仅是军官，与其他两位综合指数同样也较高的干部同学相比较，是在上学期间在《解放军文艺》发表过一篇文艺评论，题目依稀记得是《干部躯干之部》？记不清了。这一条，老丁的砝码就重了。当然这纯属个人瞎猜。我则在航空兵干部部的安排下，在北京良乡军用机场，搭乘一驾运输机，回到青岛航空兵部队。记得这是我第一次坐飞机，而且是专机，因为机舱内只有我一个人。一下飞机，陆军又变成航空兵了。

4年的陆军生涯，重叠4年的大学时代。对我来说是此生最重要的年代。不仅为后来几十年奠定了事业小有成绩的知识储备，价值观，还找到了相依相伴一生的伴侣。可以这么说，我的事业之旅、幸福生活，是从这里出发的。

我的大学生活的“陆军生涯”之话题，或者从一个侧面丰富地反映了当年特殊年代的特别大学。

# 春天的17个瞬间
## ——我的大学生活片段

霍用灵

**缘起（2016年4月29日）**

1978年3月13日早晨7点04分，我从北京坐了一夜火车，到达长春火车站，站前广场很宽敞，天色似乎还没有完全透亮，四周的景物影影绰绰的，因为一种陌生感觉，四周的环境看不太真切，觉得地面还有许多残雪。虽然节气已经是早春二月了，南方已经春暖花开，但一出长春站，迎面扑来的凛冽寒气，还是把我冻了一个激灵。空气似乎冻住了，吸气很费劲，半天也吸不进鼻子里。我提着自己的行李，随着人流出了车站，站前广场上有吉林大学迎接新生的帐篷，我走过去，说明自己是吉林大学的新生，来报到。人家叫我等着，一会儿有车拉我们去学校。

那时，我还不满17岁。

将近40年过去了，那时的景象已经模糊不清了，记忆里留存下来的碎片，经过岁月和意识的过滤，都已经是走了样的场景和人物。今年是大学毕业35周年，班里同学动议编辑一册以回忆大学生活为主题的纪念文集，要我来编辑，同时也写一两篇文字。但多番起意，竟不能成篇。

于是，我翻箱倒柜，搜罗出当年断断续续写下的日记，试图从中寻找一些值得成文的内容。重读那时的日记，许多时候忍俊不禁，更多的是遗憾。因为，那个刚过16周岁的少年，以今天的眼光看，知识与信息都极度贫乏，不仅幼稚，更且因为时代和成长环境的限制，思想意识和精神面目都处于发育不良的扭曲状态。而我进入的77级大学时代，又是一个百废待举、日新月异的思想大解放、大冲撞的时代。我从小学到中学，童年和少年一直都是好孩子，而且在学校是班干部，是受到当时革命意识形态完全熏染的好青年。但当我进入吉林大学中文系时，我之前所建立的思想框架，开始迅速瓦解和崩塌，我与解放思想、改革开放的时代大潮同步，开始了身心急速蜕变的四年大学生活，同时，我还要作为一个几乎没有知识储备基础的文学青年，大跨度地追赶课程以及文学和思想发展的要求。我清楚记得四年间的内在经历，几乎都是在挣扎重建自己基本精神世界的崩溃与迷茫中，如同不谙水性的小孩子，突然进入大海的波涛中，连生存的技能都不具备，却还要参与一场激情奋发的长距离游泳竞赛。我的日记里，从一个只有空洞宏大意识形态话语概念的转述者，努力朝向建立自己独立思想意识的人格蜕变，也从对文学的幼稚梦幻中，一点一点清醒过来，从最基本的常识开始补课。我的同学里，多有时代的弄潮儿，以及成熟的思考者，而我是在后面努力跟随的"小孩儿"。那时的我，连自己都不知道是处于这样狼狈不堪的境地，只是不断地怀疑自己，但又不知道方向在哪里。

我之所以报考吉林大学中文系，完全是因为一个梦，一个对从来没有到过的东北林海雪原以及白桦树意象深怀憧憬的少年梦，一个迷迷糊糊的文学梦，引导我走向了吉林大学中文系。

回望38年前，即使把日记都原样呈现出来，也无法还原当时的我。因为我自己都不清楚当时处于什么样的状态。我所写下的文字，现在看来，既真实又虚幻。

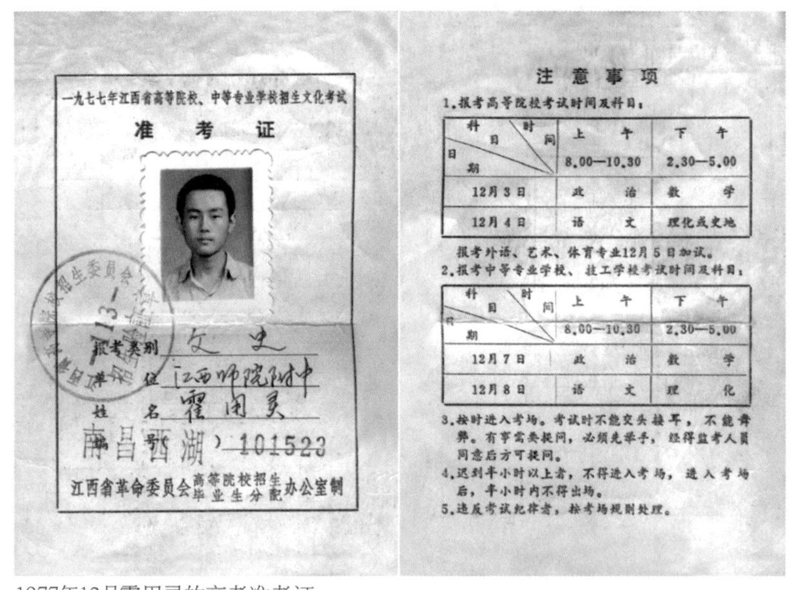

一九七七年江西省高等院校、中等专业学校招生文化考试

准考证

报考类别 文史

单位 江西师院附中

姓名 霍用灵

编号 南昌西湖 101523

江西省革命委员会高等院校招生毕业生分配办公室制

注意事项

1.报考高等院校考试时间及科目：

| 科目 时间 日期 | 上午 8.00—10.30 | 下午 2.30—5.00 |
| --- | --- | --- |
| 12月3日 | 政治 | 数学 |
| 12月4日 | 语文 | 理化或史地 |

报考外语、艺术、体育专业12月5日加试。

2.报考中等专业学校、技工学校考试时间及科目：

| 科目 时间 日期 | 上午 8.00—10.30 | 下午 2.30—5.00 |
| --- | --- | --- |
| 12月7日 | 政治 | 数学 |
| 12月8日 | 语文 | 理化 |

3.按时进入考场。考试时不能交头接耳，不能舞弊。有事需要提问，必须先举手，经得监考人员同意后方可提问。

4.迟到半小时以上者，不得进入考场，进入考场后，半小时内不得出场。

5.违反考试纪律者，按考场规则处理。

1977年12月霍用灵的高考准考证

二十多年前，有一部苏联的电视连续剧热播，名字是《春天的17个瞬间》。我想借用这个名字，从当年的日记里，将那些依然保留着一点灵光的少年时代尾声的片断，剪辑连缀成一幅我的大学时代生活剪影，作为对自己艰难成长青春的纪念。

## 一、我们207寝室（1978年3月16日）

我们宿舍里有10个同学，虽然才几天，但大家已经熟悉得像亲兄弟一般了。

戴眼镜的小佟，21岁，挺喜欢说话，而且很有北京人的特点。他原来在北京郊区延庆插队，也是团员。

老丁，是从部队来的，是个排级干部，比较成熟，也挺快乐。喜欢说些故事、笑话。

小曾，是青岛海军第一航空机务学校来的，很有战士风格，我很喜欢他。他做事利落，说话直爽，有军人风度。

207寝室和同小组的两位女同学在吉大东门留影，霍用灵摄

小尚原来是青海西宁知青，上学前是公社党委副书记。

老周是淮北煤矿来的，人挺豪爽，说话有淮北口音，很有趣，挺会说笑话，还会变魔术。今天文化考查，听说他写作文是“一气呵成”，看样子挺厉害的。

廖雪芳，像他的名字一样，很有些沉静的性格，说话也慢，吃饭也慢，总是不紧不慌。

吕贵品，上学前是通化市知青，人很热情，扫地、打开水，他都抢着干。不过我们大家对宿舍里的事情，也都是互相帮助的，有什么好吃的，大家一起分享。

老陈，是班里的蒙古族同学，很老实，言语不多，心地诚实。

徐安同学家就在长春市，他有二十五六岁，上学前是长春第一汽车制造厂宣传科的。他从家里拿来了一个暖瓶，加上老周带了一个，宿舍里有两个热水瓶，够我们10个人用的了。老徐看到我们洗衣服没有搓衣板就买了一个，其实他完全可以在家里洗衣服的，他是为了大家买的。

刚到这个集体几天，我就感到了同学之间的友爱，在班里我年龄最小，大家都把我当小弟弟看待，让我很感动。

（注：我们207寝室后来又增加了几位同学：霍卫东［后改名霍然］、于力、张未民，一共是13个同学）

## 二、开始上课了但没有教材也缺少本子（1978年3月24日）

今天开始正式上课了，可是教材却还不能很快发下来，我们都得去借参考书，但我们班人又多，哪里借得到。下午我和小佟很早就去图书馆等候，但下午图书馆不开，白跑一趟。

除了缺少教材，还缺本子和纸张。长春市的商店里，本子和纸都很缺乏。明天上写作课，现在还没有作文本。正发愁，吕贵品给了我一叠方格稿纸，可以对付用一下。但以后还需要很多，怎么办？过两天给家里写信求援吧。

我刚从中学大门出来，马上就跨进大学之门，在学习上很不适应，尤其现在，摸不到学习规律，拿起这本书，又想起那门课要复习，不知道怎样学才好。听老生说，要尽快找出自己学习的路子，要有一套自己的学习方法，像如何记笔记，老师讲课后自己如何温习，另外自己应该在哪一方面下功夫，等等，都要自己摸索。但我现在还没有一点想法。

我只知道四年中，应该很好地打基础，至于将来干什么，还没有考虑好。我的基础太差，得尽快适应这种大学的学习，培养自己自学的习惯。

### 三、结社（1978年9月26日）

最近同学中兴起了结社，其他寝室的同学陆续成立各种研究小组，先是203室的四位老夫子杨冬、张力、李本达和温玉杰公布了他们的学术计划，他们成立了一个文学作品欣赏和评论小组，并准备每月出一本刊物，取名《探索者》；接着208室成立了“百步谈诗社”，女生成立了一个“女神研究会”。我们寝室也在讨论，应该成立一个什么社。今天晚上大家都没出去，吃过晚饭，就围着桌子讨论起来。

讨论了半天，大家决定成立一个研究评论新作品的小组，还要编辑一本刊物。但刊物起个什么名字呢？一开始有人提出叫“新人新作”，因为我们研究和评论的作品都是新的，如果我们自己写的评论，也是新的。但又觉得这名字太熟了。又有人提议“新芽”“蓓蕾”，等等，大家都不满意。想来想去，想到一本书名《春晖寸草》，觉得寸草这个名字很新颖，小吕说有个诗人写过一首诗，里面有“寸草”两个字。后来一查，是唐朝诗人孟郊写的《游子吟》：

慈母手中线，
游子身上衣。
临行密密缝，
意恐迟迟归。
谁言寸草心，
报得三春晖。

大家都觉得用“寸草”两字作刊名很好。寸草虽小，不显眼，但寸草成片却能妆点大地一派春意盎然。

定了刊名，又讨论选哪些作品来作评论。最近有许多作品大家都关注。我们选了其中一篇《爱情的位置》，作者是刘心武，准备过了国庆节着手研究，写稿子。

大家还推选老徐作社长，老丁担任秘书长。

**四、听李泽厚讲座（1978年10月14日）**

最近，中国社会科学院有一些专家学者来长春参加历史科学讨论会，吉林省社联、文联、长影、《社会科学战线》联合举办报告会，聘请几位著名学者讲学。今天下午，是中国社科院哲学研究所的李泽厚作关于“形象思维”的报告，系里搞了一部分票，我们班每个寝室分到5张票。我和老丁、老周、老徐、老于一起去听李泽厚的报告。

李大约四十五六岁，戴着眼镜，有南方口音，大概是湖南或四川人。

他的观点比较独到，我听了很有收获。

他认为形象思维是个美学问题，而不只是个认识论问题，它包含了认识论，但不等于认识论。

**五、读刘心武的小说（1978年10月22日）**

《中国青年》杂志第二期刊登了一篇刘心武的小说《醒来吧弟弟！》，如同他的《班主任》和《爱情的位置》一样，抓住了一个深刻的、人们所关心的、并且是当前普遍存在的问题。作者的视角十分敏锐，这一次又突出表现出来。

“弟弟”是个概括了的形象，代表一部分不觉醒的青年，他们由于十多年来受毒害很深，对于人世间被歪曲的面貌，各种社会关系，人与人的关系看得多了，以为这便是我们这个世界的本来面貌，自以为看破红尘，以为一切的一切都不过是“假的”，“没意思”，产生了厌世心理，对于生活和前途失去信心，抱着“混”的态度对付时光。

这样的人为数不少。

但这些人确实是睡过去了，他们吃了安眠药，当然这药是别人给的。我们必须唤醒他们，让他们振作起来，不要坠入那个“红尘”以外的“桃花源”，还是回到“红尘”里来，把一切虚伪的都撕去，露出真正的本来面目；把一切丑恶的统统打扫干净，描绘出美丽；前面的路上如果有雾，也要让“弟弟”们醒来后大家合力拨开，让光辉的道路在太阳的光耀下展现在我们面前。

我们的国家和民族，在今天的世界上确确实实落后了。晚上，我们看了电视《今日日本》，这是我们在十多年之后第一次把目光投射在我们以外的世界，我们太惊奇了。我自己是不知惊叹了多少声的。先进的是那样先进——日本全国平均每4个人就拥有1辆小汽车，洗衣机百分之百普及，电视机97%普及，学生免费从小学到初中毕业，一个普通工人的月工资相当于两千多人民币！

落后的是我们！然而就在前两年，我们还自我陶醉，认为我们好得很，真是“阿Q精神”。

我们不也是睡去了吗？现在，是该醒来的时候了。粉碎“四人帮”已经两年了，虽然有不少人已经醒来，但“弟弟”一类人

1980年9月23日，南湖划船，左起：霍用灵、周志怀、丁临一

还不少。

醒来吧弟弟！醒来吧一切还没有醒来、仍然在呼呼大睡的我们的同胞！

## 六、形势变化真快（1978年11月18日）

现在形势发展很快，真可谓急转直下。这两天收音机里报纸上都有很多新的消息，很振奋人心。过去有很多问题我是想都没有想到的，特别是对“文化大革命”以来这十几年的一系列现象，以及如何认识和评价这些年来的功过，另外对于别的一些重大的社会问题，都有了一些了解，但还没有认识清楚，特别是还有很多问题在自己的脑子里显得很混乱，搞不清楚，也解释不清。但总的来说，这半年，使我在政治思想上懂得了很多，看问题不再那么简单了。

## 七、和魏海田聊天（1978年11月26日）

今天很冷。

一天几乎什么也没干。写作课布置的作文——写一篇评论《伤痕》的文章，我还没有写出来。

晚上，到204寝室串门，只有小魏一人在屋里。我们随便闲扯起来。小魏在翻看一本以前抄的笔记，上面什么都有，物理题、扩音器的知识等等。小魏入学前是公社广播站的。

话题转到将来想干什么。小魏说：我的理想太多了，我想当老师，参军，到地质队，给随便哪个全国性的报刊当记者，或者去西藏。

我是最怕当老师的，填报高考志愿时，一个师范院校都没有填。所以我问小魏，为什么想当老师？小魏说：当老师能够帮助我锻炼口才，练讲。

原来如此。

小魏接着说：你看我们屋里有不少人当过老师，敬亚、老宫、刘坚、树文，他们都当过老师。当老师很有好处。不过，我也不打算干到底，多则5年，少则2年。就可以了。

停了一会儿，他又说：我们真是赶上了一个好时代，说实在的，我们这些人真是时代的骄子。一想到这儿，我就记起贺敬之的一句诗：命运女神一转眼就爱上了我们。我现在有一股对生活的渴望，只要能有工作，什么都行。

我被他的这番话感染了。每个人都是有理想的，但这理想有时候很模糊，甚至会被忘记，我好像就是这样。入学快一年了，稀里糊涂地忙着，但学习并不刻苦，也不知干了些啥，这正是忘了对生活的憧憬，忘了理想。因此没有一股动力在推动我。我心里暗暗感激小魏一席话对我的启示。

207寝室的几位同学在长春南湖公园

**八、帮老师搬家（1980年4月5日）**

下午打扫卫生。老徐、小廖、张未民留下打扫寝室，其他人都去教室了。我午觉睡过头了，也留下来打扫寝室卫生。过了一会儿，小尚回来了，让我和他换一下，去给系主任刘老师搬家。

班里一共来了八个同学，老范、老周、老丁、于力、老霍、小曾、小吕和我。刘老师家六口人，三个儿子，大儿子已经结婚了，原来只有两间房，这次搬家换新房，是四大间一套，外加厨房，比较宽敞了。

刘老师家里的东西挺多，从精巧的大衣柜、弹簧床到腌咸菜泡菜的坛子，还有很多木料。最后还搬了一堆砖头，老太太还舍不得一块大青石，说是要腌酸菜使，也让我们给搬到新家了。

看来过日子真是够麻烦的，乱七八糟的小东西，什么都有，要是放在我身上，可真受不了。将来要成家，可不能要这么些小玩意儿。我把这意思跟老丁说了，他说那也不行，架不住长年累月啊，日积月累东西就多了。

搬完家，老太太热情招呼大家进屋喝水，大伙儿都笑笑，拍拍身上的灰土，回宿舍了。

### 九、再次决心练习毛笔字（1980年4月6日）

听小曾说，小魏开始练习毛笔字了。寒假时他回家，过春节，农村里的风俗，家家都要贴对联，他便拿了纸笔去请邻居给写，邻居对他说，你一个大学中文系的大学生，竟然连对联都要别人来帮着写啊？小魏听了很惭愧，回学校后他去书店买了一本柳公权的大楷字帖，决心要练字了。

听小曾这么一说，我也挺惭愧的。小曾也有点不好意思。因为一年前，他也曾心血来潮地练过一阵子大字，但是，还不到百日，毛笔就冻在水盆里，成了一根冰棍了。

我自己也是，小学时写了一段时间毛笔字，后来也没坚持下来。

我们又一次下决心，要互相监督，好好练毛笔字。中午我就去同志街书店，买了两本字帖。

### 十、五一节前宿舍里聚餐（1980年4月30日）

三两天里，柳树和青草都长得有些模糊的绿色了，天也暖了。连自来水也奇迹般地在几天里提高了温度。冬日里沉闷的心情，浑身的不自在劲儿都消失了，浑身轻松。这些，都发生在几天里，快得人们都意识不到。

下午去人民公园，里面有一个儿童娱乐场，我们去栽树。目前那里还是一片空荡荡的，昔日热闹的儿童娱乐场，只留下一个水泥做的大象滑梯，滑梯的铁架子都露出来了，但仍有不少孩子兴奋地爬上爬下，他们一点也没觉得简陋。

明天就是五一节了。吃过午饭，老徐、于力、老霍都回长春的家了。张未民也回家了，他家在舒兰，离长春不远。留下我们几个。下午栽树的时候，老丁、小尚和老陈买了一瓶白酒。晚饭的时候，大家在寝室里聚餐。小吕却不喝了，他要去约会，怕女朋友闻到酒味。他女朋友是白求恩医大的，他们从小就在一起，是真正的青梅竹马，叫孙燕芝，是个好姑娘。

陈平这个老实人，今天喝了点酒，乘着酒兴把肚子里的话都倒出来了。真没想到，他是个很有心的人。他说自己观察力很细致，他说你们当中谁的事情我不知道啊？别看我平时老实，不言不语，我的眼睛可厉害，不信，你们问老丁，老徐的事情，我是最先发现的。

老陈平时话很少，今天，在这样一个节日里，大家忽然显得有些感伤，特别是老陈，小尚和老丁也有一些，平时可看不出来。他们一边喝着酒，一边大声地唱起来。唱了两句，又唱不下去了，就笑一阵，互相敬酒，说两句祝福的话，又唱，又喝。

最后，小吕出去，小曾也出去了。我和老丁、小廖去教室下围棋。小尚和老陈要去图书馆跳舞。

## 十一、女同学帮我缝被子（1980年7月15日）

今天把床单、被套都洗了。但我不会缝，只能请楼上的女同学帮忙。张丹和王小妮在，我就上去请她俩给缝。

往常，大家都忙着学习和各人自己的事情，似乎相互间都不需要什么帮助似的。今天，她俩给我缝被子的时候，我在一旁看着，和她俩闲聊着，忽然间感到一种温暖，好像她俩是我的两个姐姐，虽然我没有姐姐，也不知道姐姐应该是什么样子的，但她俩确实让我感到了来自女性的关爱，好像是对一个小弟的关爱吧。

“中间趟上两道线吧，要不，他会蹬开的。他还是个半大孩子呢。”王小妮这么说。

“行。就这样缝吧。好啦，你可以玩儿了，等一会儿缝好了，我给你抱下去。”张丹对我说。

我心里挺感动，但又不知道说什么好。只好假装很不在乎地走了。

张丹是来给大家送电影票的，她是班里的文娱委员。

王小妮过几天要和徐敬亚去北京诗刊杂志社学习了，他们俩是诗坛的两颗新星。

## 十二、读完了《约翰·克里斯朵夫》（1980年7月17日）

今天看完了《约翰·克里斯朵夫》第二卷。这一卷比第一卷显得冗长和琐碎，但是批判的力量却很强。

克里斯朵夫到了法国之后，作者借机让他这个倔强的蛮子把当时法国社会的歪风邪气痛骂了一顿，尖刻地撕去了官场伪君子

1981年夏天 张丹（左）和曹虹冰

的所有假面具，把这些人的丑陋愚蠢嘴脸都亮出来了。克里斯朵夫的性格有了发展，他更成熟了，也更坚强了。

他总是在奋斗，作者也老是把他扔到绝望的海里，让他拼命地挣扎上来，刚刚觉得在大地上站稳了脚跟，不料脚下的沙土一下子陷入水里了。但就在这样的逆境中，培养和发展着克里斯朵夫向社会向人生挑战的坚强性格和真诚的爱人类爱生命的心灵。

我常常被一种情绪感染，时而是郁闷不堪，仿佛我也看到了自己前面的深渊似的；时而又振奋异常，觉得自己是个有力量的强者，能够做出一番大事业来。我好像在听一曲交响乐，音乐里的感情敲响了我的心弦，也跟着一起颤动。

作者描写无形的心理活动、感情变化的手法很高明，往往借助自然景色表现人物细微的感情波动，使读者也站在一个自然环境中，用自己彼时产生的感情去推断人物的感情，因而画面色彩

1981年秋，毕业前夕，张未民、王启平（前排）、姜亚廷、霍用灵（后排）合影

鲜明，而心理描写又有一种形象性，如音乐一般，为人的意识所感知。

## 十三、继续读《约翰·克里斯朵夫》（1980年7月20日）

晚上终于把《约·翰克里斯朵夫》第四卷看完了。

我仿佛卸下了一副重担。并不是说这部小说不好看，而是这部小说教我看到了人生的艰难，看到了生活的沉重。

这本大部头小说，里面的精华很多。最突出的，是它教我把整个人生看了一遍。而我也仿佛亲身领受了似的，有了许多新的感受。

一连七天，我被书中透露出来的情绪所包围，那是一种带着淡淡的感伤情绪，是一种悲壮的搏斗，很容易使人领会到什么叫“人生似幻化，终当归空无”，但书中却并没有直接表达这样的主题。

书的主题是奋斗。作者和克里斯朵夫一样，把人生当作一场奋斗，人们总在希望和绝望之间挣扎，在生存和幻灭中间沉浮。

克里斯朵夫奋斗的结果，是胜利了。但这胜利是精神上的，而不是物质方面的。

这本书，可以算是一部生活的教科书。

**十四、和刘建同学谈心（1980年11月2日）**

晚上和刘建出去谈了很长一段时间。这是我第一次和一个女生谈心。

我感到一种和别人交流情感和思想的舒畅。刘建刚入学时是个很单纯很活泼的人，现在可变得多了。她时时显出一种愤世嫉俗的刻薄来。她说起这一点，有些凄楚地说："我变坏了，我怎么变成这个样子了呢？"她是在一个很枯燥很冷淡的家庭成长起来的，从小几乎没有得到过父母的爱抚，也许这是她父母性格的过错。同时，又因为她父亲有过"历史问题"，在很小的时候就遭受了社会的歧视，她的个性是在压抑中形成的。因此，她是个性格脆弱的人，但是又很单纯。她入学时，仿佛是在一个黑森林的修道院几乎窒息地生活了二十年的小姑娘，突然来到了一个阳光明媚、百花盛开的大花园，她感到第一次心情解放的欢乐。她和我一样，把班里的人看得都是大好人，有时不小心得罪了别人，她就会真诚地谴责自己，感到心灵的悔恨。

可是，自从她母亲今年夏天突然遭车祸不幸去世后，她那浪漫的生活图画一下子粉碎了，她说她的性格来了一个彻底的转变。生活不再是明朗得像太阳光一样了，周围的人也变得陌生起来。她感受到了心灵的孤独，感到我们的大学生活里缺少欢乐，缺乏友情，缺少心与心的交流，虚伪的人是这样多，以至于诚实的面孔很难看见。周围的人为了一些鸡毛蒜皮的小事而争得面红耳赤，为了一些小事而猜疑妒忌。在这样的环境里，她这样一个弱者，也学会了冷嘲热讽，对她好的人，她才还以友情，对她不好的，她则报之以冷漠和嘲笑。

可是，这并不能使她那颗追求友情、追求爱情的心得到安慰，她仍然感到孤独。

我不知道人们传说的她的爱情上的失败是否确有其事，不过，她的这种内心的孤独感觉是很深的。

我比她小好几岁，但同她有不少共同的感受。她中学毕业后没有下乡，在一个中学的校办工厂当工人，那里相对来说还是比较单纯的环境。

我对社会的真正认识，开始于去年。与之俱来的是青春的苦闷和莫名的烦恼，以及儿童和少年时期一切来自家庭、学校、社会给我心灵上的压抑、蒙蔽所产生的痛苦。单调而不自由的家庭生活，压制了我的个性，这种性格给我的痛苦使我难以表达出来。接着是对周围人的认识，对许多社会问题，对人生，对生命的意义，许许多多的问题闯入我的沙漠一般空旷的大脑，那里只有一些海市蜃楼般的观念是明亮的，然而一阵风吹来，都顷刻烟消云散了。空虚，沉重的空虚。“当我沉默的时候，我感到充实；我将开口，同时感到空虚。”羞怯的性格使我不善于同我所钦佩的同学来往，但内心深处埋藏着好动的个性又使我要竭力表现出快乐来。我惊讶地在我身上看到了两重性格，我觉得两个人在我心里狠命地撕杀。

我想使自己按照个性的要求发展，但是那些讨厌的无形枷锁又阻碍着我按心灵的自由意志行动。我常常退却，又常常悔恨，我特别讨厌自己的优柔寡断。

我感到前进的艰难，特别是这时没有友情相伴。我也感到了孤独，周围的人只有表面上的亲热，而不能心与心地交流，心灵的渴望温暖和安慰而不得，是最使人难过的。

孤独吧，我甚至想在孤独中使自己从此自强起来，但也很难。因此，谁能同我讲讲心里话，我就会同谁接近。

## 十五、听哲学系老师邹化正讲座（1980年12月4日）

下午去听哲学系的邹化正老师讲伦理学。

来听讲座的人很多，教室里挤得连一只脚也再不能插进来，大约有150多人，走廊里至少还有20多人，另外，隔壁79级教室也还有不少人隔着门听。

邹老师大约是文科楼里最受学生们钦佩的老师了。他是一个倔强的人，在学术上因为坚持自己的观点和理论，因此二十多年来吃了很多苦头。

你如果在大街上遇见他，一准会以为他是食堂的一位管理员，那黑黄的脸上，露出一种漠然的表情，看上去他是个不太健康的人，脸上有些浮肿，可是他一站在讲台前，仿佛是一位斗牛士进入了竞技场，他完全进入了抽象思维的领域，两眼发出锐利的如利剑一样的目光，可是又从不停留在什么上面，他那两道不很浓的短粗眉毛，急剧地在眼睛上面抖动，随着他那有些含混、短促的山东口音的话语，他的脸色时而严厉得像一位法官，时而天真得如一个孩子。他仿佛忘记了自己，也忘记了底下有一群至少还注意一些仪表的大学生听众，他浑身都是一些肮脏的白灰，手上也是白的，他会随时用沾满白粉的手抠抠鼻子，在脸上挠挠，或者掏出一团早已变得灰不秃噜的手绢，大声地擤鼻涕，这时，下面的学生便悄悄地发出笑声，但又不敢大笑。

可是，他那些锋利的、明晰的逻辑严密的语言，又一下子把你的注意力抓了过去，使你的思维也立刻紧张地飞驰起来。他先是扔给你一条绳索，然后把你拽入一片迷乱的森林；接着，他的目光一射，你立刻看到眼前一条清澈的小溪把你引到了一片阳光灿烂的绿荫草地，一切都光昌流丽，轮廓分明，仿佛是进入桃花源的小舟，在曲折的小溪流里，逶迤了一阵之后，豁然开朗，前面一片明媚的春光。

但是，他讲课远不是娓娓动听的，也非侃侃而谈，而是如一个激动的指挥一样，用全身的力量在表达他的思想。讲到关键的地方，他像一个斗士一样，横眉立目，咬牙切齿地一气说完一句话，然后一笑，绷紧的嘴唇，牙齿在里面左右磨动一下，眼睛瞪得溜圆，凝视前方一个虚空处，不动了。

他板书时，手往往跟不上思想，常常只写半个字就不写了，急促地在黑板上打下一串虚点，代表他要写的东西。

他那一头乱草一样干枯的头发，朝四处支楞着，看上去像个老农民，有一种风尘仆仆的感觉。他讲到停顿处，老是把手插到头发里抓几把，有时候自己没来由地笑一下。

他的话有时是断断续续的，常常是半句，不连贯的。但是这不是关键的。在较劲的地方，他从不含糊，那些原理，他可以一字不差地重复几遍。

有时他也举几个生活中的例子，这时候他就显得很有风趣了。他能扮演角色去表演，说到一些社会问题时，他会不自觉地说出几句粗话，他自己也嗬嗬地笑了，底下的听众常常爆发出一阵能把空气一下子掀出门去的大笑声，那笑声非常畅快。

大家能一下子被他所吸引，他没有一点大学老师的架子，什么注意自己的仪表啦，注意说话的字眼啦，统统没有，他给学生的是一个赤裸裸的自我，是一个活生生的人，每个人都能从他的外表看到他的内心。他是在为自己所信奉的真理作宣传，所以他讲得津津有味。

但是，在他们哲学系，他的日子却不好过，常有人打他的小报告，说他是唯心论者，其实，只不过他敢于真正地阐述自己对真理的见解，而且从根本上把握马克思主义而已。他至今还是副教授，可是如果在哲学系，如果有他的课，从来不会有人溜走，总是有人放弃别的课去听他的课，不少人很崇拜他，但这也无济于事。

他自己倒也不惧。他蔑视那些小人，而坚持走自己的路。在这一点上，他也足以为学生所爱戴。

他的生活是清苦的，从他不修边幅完全可以看得出来，但他的内心和思想是富裕的，他的精神世界是无限宽广的。

### 十六、为了告别的聚会（1981年10月8日）

今天早起下了今年的第一场雪。

起初是雪籽，一粒粒敲在玻璃窗上。后来白色的雪子逐渐大了，在空中急剧地划出混乱的弧线。

树还是绿的呢。

冬天就这么急匆匆地降临了。

203室的全体同学去长春饭店会餐，算是告别的宴会。虽然离毕业还有两三个月，但这种一日少似一日的感觉已经摆脱不开了。对于一段生活向另一段生活转换的界限，由于不断地临近而清晰地看到并感到，这是以前不曾有的。

生命在一种环境中习惯了，对于必然到来的新的形势有一种微微的恐惧，这么说或者有点夸张，有一点轻微的不安，同时伴随着兴奋的猜测和期待。

**十七、女排夺得世界冠军，我们上街去游行庆祝（1981年11月20日）**

前几天，中国女排在第三届世界杯赛中夺得冠军，我们很疯狂地上街游行了几次。

最近一种爱国热情猛然高涨，尤其是大学生。沉闷了半年多，大家都感到不能再这样了。

第一次上街游行，是中国足球队以3:0胜了科威特队，那还是10月初的事。后来，女排一开赛，大家的注意力就盯住了每一场比赛。

中国队以3:0胜了苏联队，恰好是吉林省电视台换设备，看不到实况转播，大家只好在宿舍走廊里听收音机的实况广播。那种关切劲儿，是历年来的第一次。

打饭的时候，人人匆忙，有些同学还拎着收音机，一边去食堂打饭一边听比赛的实况。

一旦中国队获胜，楼里顿时欢声雷动，只听得桌椅板凳砰砰乱响，巴掌声连成一片，楼道里都是手舞足蹈的人影。许多人使劲喊叫，更有不少脸盆在地上被踢得四处乱飞，时不时听见有人兴奋地摔碎玻璃瓶的爆破声。

1981年秋毕业前，和204寝室同学聚餐（霍用灵，后举杯者）

我也把自己的一个小铝盆子扔到了楼道里，加入了疯狂的喊叫中。好像热血凝固得太久了，找到了一个爆发的机会。我的小铝盆被我摔得凹凸不平，兴奋过后我又费了好大一番功夫去修理它，把它敲敲打打，还原成一个脸盆的样子。

16日晚上，中日决战，中国队经过艰苦拼搏，终于以3:2获胜，拿下了冠军，7舍楼里的人顿时蜂涌而出，直奔理化楼。我们宿舍的同学都跑了出去，点起了火把，扯出了校旗，各系的乐队同学自动集合起来，在欢呼声中奏起国歌，黑压压的人群涌向斯大林大街，口号声不绝于耳，轰轰得直震耳鼓。

我在人群里挤撞着，204室的同学举着他们匆忙间在旧报纸上写的“中国女排万岁”标语，高呼着万岁。整个斯大林大街的中心马路都被我们挤满了，来往的车辆都拐到两边的自行车道上了，路上的行人和路边楼里的居民都好奇地看着我们。天上寒星明亮，我们都热得浑身冒汗。有人往人群里扔了一挂鞭炮，学生会的负责人举着手持麦克风在指挥游行的队伍，口号声和歌声互相交织，到处是欢呼的热浪，这浪潮席卷了整条大街。

有一颗鞭炮忽然在我耳朵边炸响，顿时我的右耳嗡的一下子被尖锐的蝉鸣声塞满了，什么别的声音都听不见了。但我也没顾上，只是一个劲儿地跟着大家喊着，跳着。大约有一两千人的队伍在人民广场上绕了两圈，然后一分为二，一路往前去省委，一路掉头回学校了。

我跟着班里十几个同学继续前行，好在前面有个乐队，几百人的队伍热热闹闹，也不显得冷清。

走了一段，我的耳朵嗡嗡声一直没有消失，但我也没当回事情。

终于，大家的热情慢慢平静了一些，兴奋感减退了，这才感觉到了凉意。街道上除了我们这些学生在欢呼，其他的居民都如看客一样，他们没有加入我们的队伍。

**尾声 大学毕业，告别长春（1982年1月10日）**

今天是个晴天。

我要告别长春了。

柳树枝条在浮着阳光的空气里线条十分清晰。这几天到底没有下雪。我很想来一场雪，好增添告别的气氛。四年里，我喜欢上了北国的白雪。

扔掉了许多破烂，寝室里乱得很，地上堆满了垃圾。

门窗依旧，上午的阳光透过南窗在墙上映出一片耀眼的亮块，我的床已经空荡荡了。往日在这个屋子里回荡过的笑声、吵闹声已经沉寂，昔日的欢乐和青春的飞扬是多么令人留恋。

我真不相信我的大学就这样结束了。

我和小魏、王宛平、小佟、郭玉祥、李禄明、老黄、赵闯、王晋闻今天一起坐火车去北京。

老常、刘建、刘坚、老宫、小姜、小尚、贵品和孙燕芝，还有老温、时光、小杜、金亭等同学来送我们。

刘建眼泪汪汪的。跟她握手告别时，我觉得心里很不好过。不知道以后还能不能见到她和辅棠。他俩分配到吉林市了。

许多人眼里都滚着泪珠，但大家都装着很无所谓的样子。有些同学对于离开这里，感到莫大的欢喜。

我还是很留恋的。这里毕竟有很好的同学。而且，四年大学，是我少年时代的结束，青年时代的开始。

# [留真——77影像志之二]

吉林大学中文系77级大学期间图片选辑

206寝室部分同学和同小组的女生合影。前排左起：马端忠、鲁晓琨、李蔚霞、王小妮、唐志宏；后排左起：王晋闻、姚力、李禄明、易清、邓学新、孙景贵。1981年冬，毕业前夕

204寝室同学合影。前排左起：宫瑞华、徐敬亚、魏海田、刘振东；后排左起：李树文、刘坚、张晓刚、姜亚廷、黄国柱、常辅棠、时光、郭玉祥（右上）

202寝室的范文发和温良（右下）

吉林大学

在地质宫前合影。前排左起：张北冰、鲁晓琨、冷月娥、曹虹冰、于舸；后排左起：孙丽华、孙歌、王宛平、张丹

203寝室全体同学在吉大鸣放宫前合影。前排左起：李新风、许建国、张晶、冯铁民、温玉杰。后排左起：李本达、王启平、顾太、邹进、杨冬、张力、张中良

左起：曹虹冰、张北冰、王宛平

吉林大学中文系77级8位军队同学，左起：李新风、李禄明、王晋闻、张黎、黄国柱、丁临一、李奇福、曾宪斌。1981年12月毕业前夕

中文系篮球队获全校比赛第二名。我们班的时光（前左一）、黄国柱（前左四）、陈晓明（前右一）和温玉杰（后右一）、尚晓汀（后右三）、张黎（后左二）是主力

203学习小组的同学：左起：冯铁民、杨冬、于舸、许建国、刘晶、邹进、张北冰、张晶、李新风、顾太、张力

207小组同学毕业前夕在斯大林大街合影。前排左起：霍用灵、张丹、曹虹冰；二排左起：张未民、于力、曾宪斌、陈平、吕贵品；后排左起霍卫东（霍然）、徐安、丁临一、佟昆远、尚晓汀、周志怀、廖雪芳（1981年夏）

前排左起：刘晶、孙歌、孙丽华；后排左起：王小妮、王宛平、曹虹冰。大学期间长春

在南湖公园里。前排：孙景贵、唐志宏；后排：武静波、王小妮、鲁晓琨、马端忠

1979年秋采风途中，左起：孙丽华、曹虹冰、张丹、徐安（左上）

范文发、孙丽华、曹虹冰、张丹、徐安（左起）在采风途中（左下）

邹进在教室读书。后面是张未民

长春南湖公园留影。左起：霍用灵、宫瑞华、姜亚廷。1980年

左起：许建国、冯铁民、顾太、张立在吉林大学7宿舍前的小树林边合影。1978年春夏间

左起：鲁晓琨、刘建、曹虹冰、张丹、孙歌

探索者学社部分同学，左起杨冬、丁临一、李本达、刘建、顾太、孙歌、张中良、张力

同怀

# 同学赋诗悼赵闯

马端忠

赵闯在学校时我们同寝室四年，大哥对我们这些小兄弟十分关心爱护。大四时还托人为我介绍对象，从7舍到省公安厅陪我走个来回。毕业后我们也多有来往，遇事我总是给大哥写信求教，大哥每次都是用毛笔给我写来长长的回信，很多信件我至今还保留着。大哥每次出差到长春，不论时间多紧，一定会找我一起坐坐，聊聊天。我去北京，也一定去看望大哥。记得大哥成家后我去他家里，还特意去看看卧室，看看大哥是否叠被子。在校时一次大哥因没叠被子被班长批评，大哥不服气了好长时间。

大哥毕业分配到国家外经部，后改称外经外贸部、商务部，大哥一路做到司长，2008年转赴澳门，任葡语国家经贸促进会秘书长。大哥到澳门后兴致勃勃地给我打电话，让我去澳门玩，还说现在得闲了，抽空到长春，届时让我给他备台车，他自驾游吉林。但不久噩耗传来，大哥于2008年7月22日因病辞世，年仅58岁。让我悲痛万分。

赵闯大哥是我们全班80名同学中第一个辞世的，闻讯后同学们纷纷提笔赋诗表达悼念之情。当时我属下有一本《长白山诗词》杂志（双月刊），全国公开发行，主发格律诗。我想，将同学们的诗词在此杂志上发一专辑，当是对大哥很好的缅怀。此议得到温玉杰的支持，温兄做了发动收集工作，于9月3日转来了同学的诗作。我马上交给《长白山诗词》杂志副主编，他在韵律上做了一点调整，我于9月11日发给各位同学征求意见。温玉杰、吕贵品等同学当日即做了回复。《长白山诗词》杂志2008年第5期，以“缅怀纪念”专栏，发了《悼赵闯》组诗。

徐敬亚

零八天地倾，赵闯忽先行，

落日逐群子，终究无影踪。

常辅棠

闯兄先我独西行，暮雨晨风隔世听。

从此悲情无断日，遥对高天数寒星。

兰亚明

青天来水水自清，黄河水黄道始成。

命入凡尘俗切骨，心系六欲总关情。

悠悠白云承雨意，浩浩长天任风行。

大梦未了人先了，茫然西顾空对空。

徐安 张丹

病魔肆虐夺君身，噩耗初闻心欲焚。

四载同窗情意切，无言吾辈悼亡魂。

唐志宏

难信大哥去英年，茫然四顾竟无言。

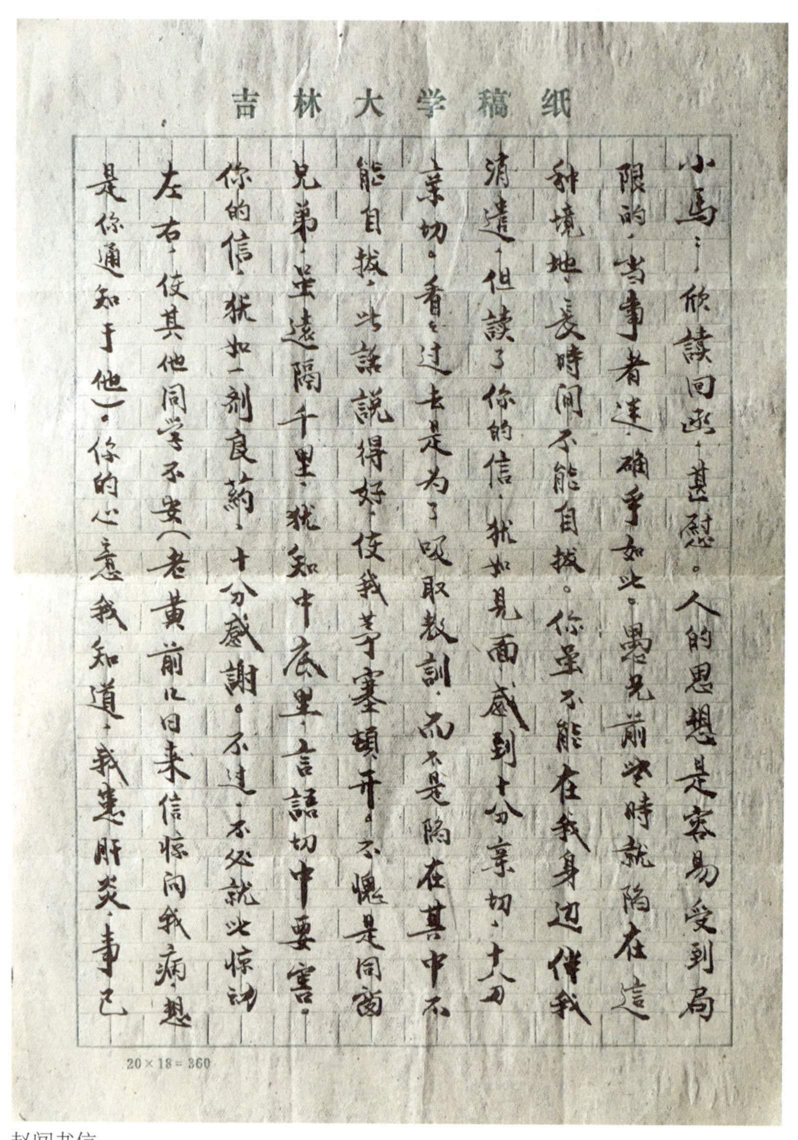
吉林大学稿纸

小馬：欣讀回函，甚慰。人的思想是容易受到局限的，当事者迷，确乎如此。愚兄前些時就陷在這种境地，長時間不能自拔。你雖不能在我身边伴我消遣，但讀了你的信，猶如見面，感到十分亲切，十分亲切。看看过去是为了吸取教訓，而不是陷在其中不能自拔，此話說得好，使我茅塞頓开。不愧是同窗兄弟，雖遠隔千里，猶知中底里，言語切中要害。你的信，猶如一剂良葯，十分感謝。不过，不必就此惊动左右，使其他同学不安（老黄前几日来信惊问我病，想是你通知于他）。你的心意我知道，我患肝炎，事已

20×18=360

赵闯书信

数载烟云心头乱，一场兄弟伴无眠。

回首犹携砥砺路，再望顿失喜怒颜。

从此吾辈登高时，生生不息慰九天。

马端忠

同窗同寝四春秋，相助相知意气投。

本当乐年常聚首，哪堪撒手作仙游。

丁临一

对酒当歌，人生几何?

譬如赵闯，去日渐多。

慨当以慷，赵闯难忘。

何以解忧，惟有杜康。

青青子衿，悠悠我心。

但为同学，沉吟至今。

呦呦鹿鸣，食野之萍。

我哭赵闯，泪雨纷纷。

吕贵品

大暑忽然寒彻魂，闻君噩耗作哀吟。

看花怕见秋无果，种树喜观山有荫。

祈盼扬帆越碧海，何期病骨掩丘尘。

哪堪吾辈重相聚，回首茫然向澳门。

温玉杰

闯兄折翼没烟尘，吾辈尚存应惜身。

一生拼搏岂无绩？半世成败亦有痕。

能守平凡方得意，勿求圆满自安心。

流水落花循天道，笑对人间晴与阴。

冯铁民

闯入天堂，挥别尘世，

了却烦恼，何悲之有？

时光

毕业卅年路，相逢仅一缘。

平时尽忙碌，偶尔问清闲。

深圳定新约，澳洲羁旧舷。

忽闻传噩耗，泪眼竟潸然。

周志怀

赵钱孙李聚长春，

闯北走南吉大人。

安晓今朝成永诀，

息魂七七恸中文。

李伟

去岁京师别，澳门君独行。

今朝闻噩耗，彻夜哭吾兄。

赵闯书信

四载学窗路，一生同道情。

哀思寄无限，永驻我心中。

范文发

卅载常怀学长亲，腾王阁下友情真。

苍天无奈招君早，溽暑觅书还觅魂。

霍用灵

生死一甲子，来去叹匆匆。

曾怀青云志，难逃世故笼。

有情误红颜，无意惹病凶。

一了皆了了，流水自西东。

宦游悲多志，修身枉费功。

失意庙堂客，寄心仙客松。

忽然脱衣履，复归大化中。

许建国

不意力衰卸辔鞍，长因病马驾心辕。

多谋未展鸿鹄志，足智难平舛运艰。

莫道尘缘皆看破，不知凡性哪超然

浮生未必无遗憾，但愿西行有众仙。

杜学全、王金亭写了长联，因为不是诗词，没有刊登，略有遗憾。

杜学全

北国春城何有幸焉八十好友共聚吉大青春倩影依稀最让逝者温馨永远，

南海澳岛竟无情也儒雅闯兄独往天堂笑貌音容犹在徒令我等悲哀无限。

王金亭

生于京华长于北疆最得意成七七学子

率先健身甚惜此身顶伤情为全班先行

转眼间大哥走了快十年了，这之后本达、金亭也相继离世，大哥在天国当不会寂寞。好兄弟，一路走好！

# 忆本达

刘建

海南直接由冬入夏，风来得又热又猛，刚开的茉莉花吹落一地。我本能地想把这莹白的花朵插回枝头，断然已无可能。

本达已经走了。2014年5月，他在青岛因心脏病去世，享年67岁。

李本达是我吉林大学中文系77级的同学。1977年刚恢复高考，招揽“文革”后近十年无大学可上的青年，我们班的80多人年龄相当地不齐，大的30多，小的才16岁。性情当然更有差异：有热烈的诗人，严肃的批评家，附带一大帮个性独立、标新立异的文学爱好者。本达那年刚逾30，但在我们这些20出头的同学眼里，已经老了；偏偏他又庄重不语，严谨内敛，一张紫棠色的脸总是板着——李本达，李老夫子，于我是敬而远之，大学的前三年都没有交集。

我们班曾成立过一个诗社叫“赤子心”，出了许多有名的诗人，诸如王小妮、徐敬亚、吕贵品等。我当时也参加了，后来却苦于写不出什么而退出。关于这件事，敬亚曾询问过我，是否屈服于某种政治压力。没有。我是自己退的，没有任何人找我谈过话。至于别人我就不知道了。

退出诗社，免于绞尽脑汁地去写什么诗，再也不用辛苦地刻

《探索者》部分成员，左起：刘建、李本达、顾太、孙歌

钢板油印小册子，我很是逍遥了一阵。最喜欢去的是校图书馆，那里藏书丰富，空间大又自由。有一次，我在图书馆的阅报栏里看到了张洁发表在《光明日报》副刊上的小说《爱，是不能忘记的》，就很喜欢。我开始寻找张洁的各种新作，被她洒脱浪漫的风格所吸引、率真性情的故事所感动，就随手写了几篇类似文学评论的读后感。当时我们班有一种习惯，就是把作品给同学传看，请求斧正。杨冬、孙歌同学看了我的小文后，很感兴趣，对我说他们几个兴趣相投的同学，准备成立一个文学社，主攻学术研究和文学批评，问我是否参加，我欣然同意了。

学社成立了。成员有：李本达、张利、顾太、杨冬、丁临一、张忠良、孙歌和我。

学社的第一次活动就在本达家。长春市东朝阳路有一批伪满时期日本人建的小别墅，本达家就住在那里，是一幢独立的小楼，前面很空旷。里面走廊深邃，阳光明明灭灭的，房间好像很多。后来又接着活动了好几次，包括去南湖春游，讨论了什么全然不记得了，只是和本达熟了起来。

近看本达的面貌其实是很好的，眉眼都略略上挑，有点丹凤眼的意思，鼻子和唇形都周正，只是嘴唇薄，平时又紧抿着，会给人产生他厉害、刻薄的感觉。

我很愿意听本达讲话。语言的组织自不待言，人家可是当过老师的。我最爱看他说话时的面部，薄嘴唇翻动很快，五官却坚持不动，于是平坦的面部好像只剩下一张嘴。他倒也不是面无表情。我们谈过很多话，大多忘了，记得还清楚的一次是谈鲁迅，本达兄很佩服鲁迅，特别是鲁迅“横眉冷对千夫指”的勇敢和倔强，也试着学习他，不中庸不苟且。这时的本达，面庞上流露出一股英武之气，表情坚毅。另外一次是和我谈杨冬，他说杨冬大意是，功底深厚而不自矜，情趣高雅却淳朴自然，而且骨子里还很浪漫，说到这儿本达笑了，露出两排洁白整齐的牙齿，面部一下子生动起来。

就是那次我从本达家出来，碰到了他的未婚妻小庞。小庞是同校哲学系的学生，个子高高的，脸庞上有两朵红晕，样子朴实。她比本达小九岁，是县城姑娘，本达去她那里支教啊还是工作组之类的，记不清了，总之是类似师生恋那种。我们谈了一会儿，就挥手告辞，小庞身后本达家屋前的一架丝瓜，此时结得正好，少说也有三四十条，碧玉般悬挂枝头，夕阳给它们镀上了一道道金边，随微风轻轻晃动。

毕业了。本达留在长春的出版社，我分配到吉林市一家文学杂志，后来又去了海南。生活繁碎，偶尔才能回到长春。长春的同学是热情的，每次都设宴招待。记得一次我对张利说，浪费大家时间了，张哥回答："别的我们没有，就有时间！"张哥这句话，我记到现在，而且永远也不会忘。

几次都有见到本达。记得我还去过他工作的出版社，他给了我很多他编辑的书，有《施公案》《野叟曝言》等，装点我家书架很多年。我还去过他家，那时他已经和小庞结婚，生了个女儿也有五六岁了，非要打他一下才能吃一口饭。本达就端着个饭碗坐在门槛上，嘿嘿笑着任女儿打，一副慈父的模样。这还是我认识的李本达吗？

我觉得毕业后本达性情大变，本来不轻易说任何人好话的他，偶尔也会冒出一两句中听的了。记得一次他表扬我说："毕业十几年了，刘建的样子没有变，走在街上，一看还是个大学生。”

最后一次见本达，我记得很清楚，是李树文作东，我和杨冬坐同一辆车赴宴，之前顺路去接本达太太小庞。小庞越来越漂亮了，皮肤光洁，面颊上的红晕应该早就消失了。

这次聚会来的同学很多，和每个人都喝了点儿，我有点醉了。本达一直坐在那里，始终面带笑容，最后他说：“刘建是我班女生里，虽然不漂亮但是很可爱的那个！”记得我当时很想抱一抱他，但是小庞在那里，我也就算了。

小庞特别聪明能干，后来去了青岛中国海洋大学，任了不小的领导，把退休的本达也带走了。本达在长春时爱打个麻将，有几个同学是经常的麻将搭子，比如王金亭、兰亚明、于力。他去青岛，是一个完全陌生的地方，不知再找谁打麻将？他孤单吗？

（金亭也走了，是肝上的毛病。他是个不多话但极聪明善良的人。我也常常想念他。）

去年小庞到海南来，给我看本达临终时的照片。本达是心脏的支架倒了，平躺的话支架就会阻塞血管，所以他不能手术，不能躺着，只能靠床头坐着，就这样十几二十几天熬着，很辛苦。但照片上的他很有样子，不胖，不走形，甚至头发都不白。他坐在那里，斯人依旧，只是面部毫无表情，却再也不是故意用冷淡来掩饰火热的心扉，而是无力再做任何表情了。本达兄空了。

本达兄，我的眼泪流下来了，后悔你生前没有抱你一下。

本达兄，你在天堂还好吗？我想念你。

2016年5月13日

# 真情永远

张力

毕业35年在即，遗憾的是有三位同学无法与大家欢聚，想想不仅黯然。

赵闯同学是最早离开我们的。我与赵闯交往不多。在校期间大家忙于学习，我又是学校和家两边跑，加之本性不善交际，不光和赵闯交往少，和同寝室外的其他同学来往也不多。赵闯给我的印象是干练，留下的影像是他在7舍前小河沟边打太极的身影。毕业后天各一方，直到2011年才在深圳见面。饭局设在福田区委附近的老北方，做东的照旧是贵品。赵闯精神矍铄，很兴奋，看不出一点有病的样子。交谈得知，他从商务部的官位上退了下来，经深圳去澳门就任一个和葡语国家有关的协会做秘书长。长期在官场打拼，很累，一下子解脱了，还有很丰厚的收入，兴奋是自然的。饭局进行一半，赵闯因有其他应酬提前离席。没想到这就是永别，几个月后便得到噩耗。

离校后间或听到一些赵闯的信息，大家谈到最多的是他和本系的一位女生的恋爱史。两人交往多年，最后离他而去。此事对他打击很大，不知他后来的肝病是否与此有关。一个重真情的人遇到这样的事是很麻烦的。

本达去世时我在美国的阿拉巴马。太突然了，突然得我惊慌失措，突然得我不敢相信。他有糖尿病，但糖尿病危及生命要有相当过程。他有心脏病，但是已经做了搭桥。反复询问得知是真的，我手捧着ipad，潸然泪下。上楼告诉夫人，我实在忍不住了，大哭。孙女惊慌得躲到奶奶身后。

我和本达交往很多，原因有五。一是住一个寝室，二是同龄，三是后来两家住得近，四是爱好打牌，五是性格相近。尤其是性格，孤傲，鄙视官场，他夫人庞女士说，臭味相投。

结识本达起于两件事。

一是办墙报《探索者》。203的人要办墙报，时间是大一（在中文系和吉林大学肯定是最早的，不知道其他高校有没有，是不是最早，待考）。墙报要起个名，记不得是谁说的了，叫"探索者"吧，大家都说好。本达找到我，说：名字会不会有问题呢？我说怎么了？他说，当年反右派的时候有个叫"探索"的群团。我们俩都是30岁考的大学，黄金十年葬送在黑暗的岁月里，因言获罪的厉害是知道的。我一时没了主意，他沉吟半晌，管他呢，就这样叫吧，探索本身没问题。《探索者》办得很红火，参与的人激情万丈。还记得启平趴在地上，一笔一笔地抄写的姿态，还记得小妮设计版面时左右端详的模样。墙报出刊后，文科楼反响很大，其他系的同学来看新鲜，中文系的老师也来观看。记不得是办了三期还是四期，也记不得是什么原因结束了，也没有留下资料，很遗憾。

二是罢课。7舍有人得了肝炎，为了敦促校方尽早解决食堂问题，我们班罢课了，闹得很大。去新华社要求发内参，去省委请愿。很快，长春的其他高校也有呼应了。事情变大了，学校着急了，系里着急了，程老师更着急，他是总支书记，有责任啊。他找学生干部谈，找党员谈，有问题解决问题，千万别闹事，他是爱护这些精英啊。有人听话了，有人没听话。没听话的有两人我印象深，一是黄国柱，学生会主席，去省委的路上，他最显眼，个子高，还穿军装。二是李本达，党员，父亲又是学校财务处处长。他家离7舍也就10分钟的路程，平时总回家吃饭。闹肝炎了，他开始不回家了，所有的活动一次不落。我就是从那个时候从心里敬重他。什么叫患难与共，什么叫患难见真情。

本达毕业后的第一个单位是省政府办公厅，整天和省长打交道。那是一个多少人惦记的美差啊，可他没干几年就离开了，去了出版社。他说，那不是你我能干的事，整天伺候人，低眉顺眼的，不适合咱们。哈哈，李白呀李白，你一句“安能摧眉折腰事权贵”，太他妈的“坑”人了！

本达本性坦诚，较真，有的时候说话很噎人。他在单位的事情不知道——但你发挥一下想象就可知道，在麻将桌上我是看到了。输钱，从来不欠，欠钱，绝对不行，同学也不行，弄得习惯性欠钱牌技又一般的姚先生经常受他训斥。不过姚先生也有办法，你说你的，我欠我的，能奈我何。有时我想，本来小赌怡情的勾当，何苦急头白脸。转念一想，不那样也就不是李本达了。

本达天性善良，热情。同学的事，朋友的事，就是他自己的事。我和他几十年的交往中，凡是我有一点为难的事情，只要他知道，没有一件不帮你想办法的。1991年是我的倒霉年，先是被人暗算职务挂起，后是被派到（正式名称是下派）吉林市的一个乡村。本达找到我，说，离开吧，来我们出版社，这里缺个副社长。他动员我去做他的领导。此事在树文和金亭的运作下成了，主管的副局长答应了，但我没去。若干年后，我儿子要考本达所在地的一所大学的研究生，因为课程教材的不一致，需要补课，吃住在他家，还要他和夫人帮忙找老师。本达两口子喜欢我儿子，就差搞个仪式认干儿子了，此事长春的同学都知道。后来因儿子的事情而劳动本达的故事太多，不说了。

这几年我常想一个问题。我们班同学，当官的不少，厅局长一群，省部级的也有，但无一人因经济问题落马。原因很多，但一条很重要，我们都是中文系的，向往真善美，有悲天悯人的人文情怀，有视金钱如粪土的名士情结。一句话，他们都有做人的底线。我熟悉的两人先后在一个地区做过组织部长，那是一个想不捞钱比捞钱都难的职位啊，不要说卖官，就是收点礼那也是很容易就致富的。可是据我所知，至今为止，他们想在一个三线城市买一套普通住宅，也是需要反复掂量的大事。去年，一个大老虎进笼子了，我们的一个同学被风传。深圳的同学聚会说起此事，我说，不会有事，他不是见钱眼开的人。果然，不到一个月他就来了，风采依旧地告诉大家，有人惦记我，但我没事。

和本达见最后一面是2010年，我回长春把房子卖了，走前得知他也在长春的妹妹家。我联系上他，叫了金亭，加上我夫人，在地质宫附近的一个饭店喝酒。几年没见，明显苍老了。本达离开长春去青岛，很孤独，没有熟人，自己又不是喜欢搭讪的人，有时就一个人去海边坐，看海，看天。那天话说了很多，上下五千年，扯哪儿算哪儿。趁着两人高谈阔论，我示意夫人去买单。不一会儿她回来，小声告诉我，服务员说买过了，长得胖胖的那个，她悄悄指了指金亭。

金亭病重是学全在微信上发布的，并叮嘱大家，金亭不希望去看他。过了不久，就传来金亭离开人世的消息。

金亭为人处事，就像他的长相，厚道，热心肠，这方面的故事太多，很多同学都能例举若干。除了前面说的我去出版社他从中斡旋外，后来我小儿子高考的时候，他告诉我，如果需要沟通，我认识一个人，76级的老樊，他老婆在招生办。樊我也认识，但没他熟，他们都是出版局的人。金亭替别人想的多，考虑自己的少。他病逝于肝癌，我想，他早就有了肝病，可他仍然照旧喝酒，因为喝酒的都是朋友，他不希望大家扫兴。

金亭聪明、幽默，记忆力超强。我们班大小故事，我很多都是从他那里听来的，时间，地点，人物，起因，经过，结果，娓娓道来。什么张晓洋又给谁起了外号啊，什么为什么叫温良小裤管啊，一串串的，听得我有时眼泪都快笑出来了。

我们班男生5个寝室，我去202多一些，一个原因是离得近，一个就是看看张晓洋、吕明宜、王金亭又在讲谁的故事。学习那么紧张，幽默一下，调侃一下，多么需要啊！

同学是缘，交往多少和感情无关。我和温良在校期间交往也不多，1999年我去贵阳开会路过重庆，他当时在巫溪挂职，得知后嘱咐夫人接待我吃饭。2015年夏，我去重庆玩，他抽时间陪我三天，安排吃，安排住，安排玩，安排去他老家大足看石窟，安排得我有些手足无措。我临别时说了两句感谢的话，他一摆手，这算什么呀，应该的。回来的路上想起亚明说的一件事。若干年前，亚明托温良办一件比较难办的事，温良二话没说，办了。亚明很感慨：还是同学好啊！

我和亚廷在校期间几乎没说过话，在贵阳开会期间，他请了两个能喝酒的哥们儿陪我，四人喝了两瓶贵州醇，30余支啤酒，喝得我夜不归宿，同行的同事差点没报警。假设我和赵闯也有类似的机遇，应该也是这样的吧。

善良，热心，是人文关怀的具象，也是我们班的班风。抛开我自己的事情，就说我大儿子一个人，发生在他身上的故事就一串一串的。考大学，吉林大学是第二志愿，结果，第一志愿没录取。他的分数虽然超过吉大录取线很多，但吉大也是很牛的，第二志愿很少考虑。恰在此时，晓明夫人张老师来电话了，原来她在招生现场。结果就是后来那样。你没找人家帮忙，人家主动找到你，非要给你帮忙。大学期间实习到北京，文龙安排到他的公司，还要管吃饭。到深圳招聘，时间来不及了，温玉杰开车送，为了赶时间，把车开上了人行道，还是逆行，被警察逮了个正着。招聘过后离上班还有很长时间，干什么？贵品说，去我公司，有住处，还可以打工锻炼，适应市场……不一而足，挂一漏万，算了，不絮叨了。所以，我告诫儿子，将来你有出息也好，没出息也罢，别忘了吉大中文77级，别忘了你爸爸的同学，别忘了你的老校友，要做正直、善良、热心的人。

陈年往事，芝麻谷子，记忆的洞穴打开，挡不住的就流了出来。说的多是三位早我们而去的同学，其实意在后面。

人活世上，要面对很多关系。除了有血缘的亲人关系外，老乡，战友，同学，同事，合作伙伴，再细分的话还有很多。据我的体会，同事是最不靠谱的群体。今天你和他是同事，还可能是朋友，明天你离开了，他可能就视你为路人。原因很简单，利益关系结束了。所以，人走茶凉是再正常不过的事情。由此是不是可以推断，利益关系越少的群体，感情会越持久呢？

同学是缘，有恩无怨，今生今世，真情永远。

# 金亭最后的日子

杜学全

## 笑着，最后还笑着的金亭

2014年11月18日，金亭爱人来电话，说金亭病情加重，本人说想同学了，要见见平时经常泡在一起的几位，我马上通知了杨冬、亚明、树文三位（建国小恙没有通知）。

我第一个赶到了医院，一进病房，金亭爱人问他："你看谁来了？"

整整50天没有见过的金亭仰卧在病床上，瘦削的脸上露出了笑容："呵呵（还是哈哈？），学全！"

我坐在他床头的凳子上，拉过他的手问"怎么样？难受吗？"他笑着说"还行"。我说"你怎么就不让大家来看？想死我了！"金亭露出有点羞涩和略带歉意的笑容。我逐一转达八月中旬以来多位同学对他的深切关怀和问候（他知道病情前担心他警觉没有及时转达）：

"范大哥知道你病了，多次电话和短信询问病情，还说要尽量安排时间专程来看你；文龙前段时间已经买票要来，怕你想的多，他就把票退了，他说过几天就来看你，还给你写了一幅字呢；奇福要来你不让他来，他急得不行，还坚持这两天就来；明宜也说要来长春看看你；晓洋在英国给我发的电邮对你深情问候

大学期间王金亭在吉大图书馆前留影

啊，说他的笔记本里还有你当年抄写的十余首古诗词呢；张力大哥通过微信问我你怎么样了；晓琨同学也让转达她对你的问候；于力在澳大利亚也惦记你的病情……还有很多知道你病了的同学，通过老杨、兰哥、树文、建国等问候你呀！”

他盯着我一边仔细地听，一边“啊，啊”地应答，很欣慰地笑着，连说“谢谢，谢谢”。我说“市内和外地的同学谁要来看你就让来吧，大家与你见面聊一聊，你心情会好的，行不？”他明确说“行，行”。

前段时间因为有病心燥，他有时会与爱人发脾气，我指着她爱人说：“嫂子这段时间起早贪黑地照料你，累坏了，跟你过大半辈子了，这是多大的缘分呢？可不许再跟嫂子发脾气啦。”他对爱人笑着应道：“呵呵，不发了，不发了。”我又指他女儿英娜说：“女儿是你的骄傲，是心肝儿，对吧？”他依然笑着看着女儿说“对，对”。我说：“你还记不记得去年英娜在澳洲读博获奖，你得悉后在我面前高兴得眉飞色舞的，非要请我吃饭？”他说“对，记得”。

病情实在没法子与他聊，我就说：“老兄啊，你现在遇到了一道坎儿，一道难关，咱得挺住，得闯过去，咱们不说好退休后一起玩吗？”他还是笑着说“是，是，要闯啊”。

杨兄、兰兄来后，他多数时间也是笑着看我们，聊了很多，都是我们说，他听，偶尔应答。

一直不说难受的他，在女儿喂他吃粥时，他艰难地吞咽着，中间禁不住冒出一句“哎呀，遭老罪了！”

点滴过后一段时间，应该排尿了，但屋里有人他就不排，爱人反复问他“有尿没？”他反复回答“没有”，爱人盯着他眼睛问“到底有没有？”他像个调皮的孩子似的抿嘴儿笑着说“没有，真没有”。爱人对我们说“这是屋里有人，他是不会让我接尿的，你们先到外面去一下吧”。我们离开屋子后，果然接到了尿。

回到屋来，兰兄看他腹水非常严重的肚子，说：“金亭，你得有屁就放，有尿就撒，不能憋着，要不身体更不舒服了，知道不？”他笑着应道“对，不憋着”。

用于抗肝昏迷的兴奋药，使他一天一宿没有合眼，我们看他眼睛闭上了，就又到外边走廊，想让他好好睡一觉。也就几分钟，英娜从屋里出来说：“我爸睁开眼睛就问‘我同学呢？’你们快进来吧。”

进屋又聊了一会儿，因为金亭单位领导和同事要来看望，我们就说要走，兰兄跟他开了个玩笑：“金亭，你这肚子像怀孕了，再生个胖小子吧，你说这像几个月了？”金亭满脸绽笑地说“五个月吧。”说完他与大家一起哈哈大笑起来。

我们起身与他告别，他仰卧在床上，笑着看着我们，举起右手跟我们再见。谁知这一笑容和再见竟是永别！于是，这笑容和举起的右手就永远定格在了我们的脑海里！

我们走后，晚上树文又去看望，树文说他俩聊了许多，但金亭还是说的少，没有力气，很危险了。

就在我们看望他的第二天晚上八点多，噩耗传来，他永远地离开了我们！

## 但愿诗情随他去——与病中金亭的几次短信来往

金亭文学修养深厚，特别是对中国古典文学更见力道，对唐诗宋词，信口说来，一直令我十分佩服。而我不会写律诗，只是感兴趣在金亭病中，我与他多有短信联系，也写了三首发给他，他都及时给我回评了。

2014年9月24日，我下班回到家门口，走到一个叫做“亿家亲”的饺子馆前，想进去吃饭，想到平时与金亭、老杨等多次在这吃过，特别是那个虾馅儿饺子金亭最爱吃，如今金亭病倒了，再很难相聚，就没了进去的心情，回到家有感而发，连八句都没有凑成，只写了六句发给他：

**亿家亲前有感**

夜幕降临回家转，

亿家亲前举步艰。

当初兄弟品香饺，

今我一人独不馋。

待君康复常相聚，

共品百味淡与咸。

金亭回到："好！好诗啊！催人奋进！学全，过几天我联系你。"

9月28日，我们陪他到北湖公园玩了一圈儿，这是陪金亭最后一次到户外游玩，他很高兴，多次问他累不累，他都笑着说"不累""没事儿"。晚上我给他发了一首：

**游北湖有感**

北湖湿地风光好，

同窗秋游乐陶陶。

水岸花香沁心脾，

路边雕塑意深奥。

秋去冬来仍可盼，

素装北国白雪飘。

待我亭兄身康复，

携手再入春怀抱！

金亭回到："好！不必都讲究对仗，古风就不要求对仗。似这样清新可喜就好！多谢学全！"

"十一"后，金亭知道病情后谎称去外地诊治，不再与大家见面。10月14日，已经半个多月没有见面，着实惦记，半夜醒来睡不着，就再写了一首发给了他：

**夜望——致金亭兄**

夜半窗前望星空，
万般色彩尽朣朦。
阔地静谧万户酣，
高天空寂数雁鸣。
纵有风吹秋黄落，
还见雪压松柏挺。
盼得冬去春来日，
康健如初是亭兄！

金亭回到："好诗！第四句尤好：清新脱俗，情真意切。全诗给我以莫大宽慰和温暖，多谢学全！"

我只是想用诗与情感鼓励他，给他点力量与温暖，让他知道我们大家有多么关心他，他则用过高的评价鼓励了我极不成熟的诗作。再后来，我也写不出什么来了，就给他发了几组笑话，想让他乐一下，他回到："学全，幽默笑话都很好，哈哈哈，很开心哪！多谢兄弟！感谢兄弟挂念！"

金亭爱人说，他最后几次收到别人的短信，都是家人念给他听，需要回复的，家人按照他说的原话回复。他收到我发的笑话段子，听爱人和女儿念给他听后，哈哈大笑，让爱人马上给我回复。

唉，斯人已去，虽然人间的情线已断，但愿我几首小诗所传递的真情随他而去，使他在另一个世界感到温暖与快乐！

# 为了告别的见面

常辅棠

2014年“十一”我休假到长春，同学聚在一起聊起金亭的病情。我说，能不能拉他出来见见面，大家说可能不行，他的肝癌已到腹水晚期，走动都有困难，医院也认为没有治疗价值，现已在家。我说，那就先见见面再说。

我心想，这次见不到，可能永远都见不到了，那将会多么遗憾。

杨冬和建国与我一起来到他家。金亭平躺在床上，见我们来了，一下子坐起来，疲惫的脸上露出熟悉的笑容，拉着我的手紧紧不放。但我已明显感到，他的眼里已没有了以往的光芒，有些浑浊，也很暗淡。

以往的金亭非常诚实和善，一双不大的眼睛里闪着睿智的光。每次聚会，他总是坐在角落里，除了偶尔说说笑话，从不主动说什么大的话题。别人说话后，他有时补充一下，很有尺度也很有见地，总让人感觉既和善又受用。

眼前的金亭已不复以往了。

我们天南地北胡扯了一通，又言不由衷地说病也没什么好怕之类的话，他只是笑笑。我知道这都是面对病人的老套路，掩饰的是无奈。

临走前，金亭一定要请我吃饭，没办法，我们只好把他拉到聚会的地方。

饭吃了一个多小时，大家说家国大事也说身边小事，都刻意回避生病的话题。他和以往一样还是安安静静坐在那里，只是白酒换成了白开水。后来，他还站起来一个一个同学敬起了白开水。

我怕他太疲劳，提出要先送他回去，他很坚决地说不用，再坐一会儿。

就这样，他一直和我们吃到最后，然后送他回家。

路上星光闪闪，但觉得初秋的长春很寒凉。这可能就是“感时花溅泪，恨别鸟惊心吧”。

果然，不久就传来金亭故去的消息，临别也没能再见一面。

回想起来，那次聚会，就是一次为了告别的见面。我们都在变老，对这些，心知肚明。

2016年4月14日

# 往事

# 林园杂记

王宛平

今天想起来，那么大的一个林园，竟然曾经是那个叫林森的国民党四川省主席的私人别墅，我的童年和少年的大部分时光都是在那里度过的。那时候，林园是一所军队院校，不过那时我太小，不懂什么园林建筑，但想必，那些楼宇和花园都是有讲究的。

进入90年代，林园渐渐有一些名气了，因为在几部关于毛泽东和蒋介石重庆谈判的电影中出现过林园，当然只是一角，毛、蒋谈判坐过的那个石桌，几个石头凳子等，“文革”前，那地方一直保持原样，“文革”中，几个石凳子少了，电影里的石凳子想必是后来仿造的。

毛、蒋重庆谈判时的石桌石凳所在的假山，是童年时代的我和院里孩子们最爱玩的地方。假山顶上有一个仿明清式大屋顶的房子，是学院的小会议厅，而当年是著名的宋美龄跳舞厅，我不知道宋美龄当年是不是真的曾在这里跳舞，但60年代初学院的人倒是常在这里跳舞。我对那里最深的印象是有一次某个人在那里举行婚礼，我父亲带我参加，记得那个厅很大，那天却挤满了人，那是我童年参加过的最热闹的集体活动。但在一年中的大多数时候，那里的门是锁着的，窗户上挂着白色的窗帘，那些桌啊椅啊，都静静地，一动不动，很难让人想象，曾经有过的繁华和

王宛平（前左）和父母、弟弟合影（大约1960）

热闹的场面。一生中，我到过许多陌生的地方，总是看见类似的锁着门的房间，心中便有一种莫名的空旷之感。童年时代，我们一遍一遍从那些无人的房间旁走过，总想探知内中的隐秘。

那座假山上生着一种藤树，我至今不知叫什么名字，那些树高而且长出长而粗的树藤，一棵树到另一棵树，藤子非常粗，而且极有韧性，院里的孩子们喜欢坐在上面荡秋千，几个孩子一起坐上去都没有关系。在童年记忆中，那些树藤虽然粗大但长得很齐整，走进那个山，有一种枝叶繁茂的感觉。

60年代前期，“文革”前，是我童年最后的日子，今天回想起来，整个林园，那时可能也是最好的日子。

假山东边就是林森墓。在童年的记忆中，林森墓非常之大，它不是高大，而是一种平面的宽阔和广大，人们沿着石阶拾级而上，并没有一种在坟地上的感觉，那地方一直是学院的孩子玩耍和年轻人谈情说爱的一个好去处。传说林森在许多地方都有墓，而真正的尸体并不知在何处。这个悬案在“文革”中被证实。1968年，学院造反派用了不知多少吨的炸药，炸开了林森墓，那一年我不在重庆，据说炸飞的石头一直崩到西边山上我们住的地方。林森真正的棺木竟然就在这个林森墓中，时隔二三十年，林森的尸体依然保存完好，那些看见的孩子们说，林森原来是一个瘦小的老头，尸体旁边堆满灯蕊草，人们说，就是因为这些草，林森的尸体才保存完好。这具尸体肯定是烧掉了。造反派在林森墓上建起一座造反派烈士纪念碑，那是一座仿北京英雄纪念碑似的建筑，高高树立着，但也只立了两年，“文革”后期被炸掉，炸起的石头仍然崩得很远。

1970年夏天，我们家离开重庆，搬到北京。1971年1月，重庆最冷的月份，我参军后从新兵连分配到重庆，又回到了林园，那时候，我刚满15岁。相隔半年，在15岁的军人眼里，林园变了。

我在林园当了4年兵，整个少女时代，我住的地方是老林园东边的新院，当然，只几步之隔，但4年中，我极少到老林园这边来，偶尔的经过，我也再找不到当年那种树藤繁茂的感觉，那些假山，变得秃败，那些藤树好像稀少了，短粗了，再没有孩子坐在上面玩，好像，孩子们也少了。

造反派的纪念碑被炸掉后，那地方就成了一片废墟，那些巨大的石头乱七八糟躺在地上。林森墓是林园的主建筑，林森墓被毁，整个林园也就败落了。直到我退伍离开林园，林森墓一片萧条。

1987年，我重返林园，林园最大的变化是重修了林森墓。据说因为林森侄女要来扫墓。林森似乎并没有自己的一儿半女，这个侄女是比较重要的亲戚。新的林森墓就是为了这次扫墓而重建的。

重建的林森墓与我童年记忆中的林森墓比较吻合，依然是中国古典帝王式墓穴样式，平面而庞大，不像从前的造反派纪念碑笔直地高高耸立，唯一的区别是新林森墓镶了一个石雕的非常巨大的青天白日国民党徽章。记忆中的林森墓是没有这个徽章的，但那是共产党接管后拆除的，还是从来就没有呢，我不知道。这个徽章把我童年的记忆完全破坏了。据说林森的侄女并不知林森墓曾经被破坏的事，对这个新建的墓也没有什么不满，扫墓仪式一定非常郑重其事，各级党政要人陪同前往。而那一次扫墓后，不断有海外游子来这里观光和扫墓，那个青天白日国民党徽章就

王宛平在重庆林园留影

在这个共产党培养军官的军事院校留下来了，不管多么奇特，它确是“文革”后中国独特的一景。1987年的林森墓前是一个小花园，有花架子，有长椅，我去的那天是礼拜天，花园里坐着一些年轻的军人和一些穿便装的姑娘。陪我的同学告诉我，那是学院跟地方某技校组织的一种交流活动，旨在促进军民关系，据说两校经常在一起举行跳舞之类的联欢活动。80年代末的中国青年喜欢跳交谊舞，许多爱情故事在跳舞的音乐和旋律中发生。

那些年轻的军人和年轻的姑娘们在交谈，边谈边笑，笑得有些扭怩，那个巨大的青天白日国民党党徽，高高地俯视下来。多少年后，我见到一个父亲是国民党军人的台湾商人，我对他说起林森墓和国民党党徽，他静静地听着，不置一词。90年代，已经没有关心这些事了，可能只有我们这些林森墓下长大的人，才会对此耿耿于怀。

**法国梧桐**

从我家搬到林园，那里就已经是军事院校，在我们这个院校之前，是另一个地方的步兵院校，总之，这个地方从国民党手中接过来，就是共产党培养军官的地方。因此，一进学院大门就是一个非常大的用于未来的军官们训练用的操场，而我一直不明白，这么大的操场，林森别墅时代是做什么的？

操场旁是一条长长的笔直的林荫道，道两旁是排列整齐的法国梧桐，花工们每年都要修剪树叶，这些梧桐树不往上长，只往宽长，渐渐伸展，长长的秀气的枝条，从道的两旁挨近着，漂亮的可入画的大叶子，将那条柏油道遮得严严实实，在北方，似乎也有法国梧桐，但我再没见那么美丽的了。

那条道是有人打扫的，在我童年时代，那条道似乎包含着某种命运的象征，我们那个学院许许多多著名人物都打扫过那条道，那些秋天落下的树叶，斑斓的黄色，大而丰满，非常漂亮地洒满一地，那些有名的人轻轻地扫着这些美丽的叶子，躬着背，弯着腰，那些黄叶堆积成松软而宠大的一个小山，当地人会拣了去烧火。

那已经是“文革”时代的事情了，更早以前，那条道上除了匆匆而行的军人，也有慢慢地走，散步的非军人。

闭上眼睛眼前会出现一幕非常鲜明的画面：一个中年男子，面容苍老，表情麻木，穿一身旧了的中山装，背着手，用电影上演员那样做作的方步，非常缓慢地走过，那条路上洒满着落叶，有时候，他身边会走着一个神情忧郁的秀气的小女孩……

这幅画面留在脑子里已经三十几年了。

他姓毕，父亲是我们那个学院的副院长。一般军事院校的领导都是军队干部，不是打仗的就是军队政工干部出身，而我们这个学院是一个技术学院，院领导中，只有毕副院长是技术专家，一位真正的专家，从国民党那里保留下来的。

因为他父亲的缘故，他在我们院里才变得引人注目，在我漫长的童年和少年时代，他的故事是我们百听不厌的精彩故事之一。

辨认他非常容易，在一个军人世界，穿便装的人是很扎眼的。他穿一身藏蓝的中山装（为什么是藏蓝？也许是灰色的？藏蓝可能跟那些落叶的颜色比较相配），是有文化的人，曾经的清华高材生，他一定知道颜色的搭配。

从我知道他那天起，他就是疯了的，但印象中的他和常人的区别并不大，他不像有些疯了的人，怕人，喜欢躲在阴暗背人的角落，他是经常出现在众人面前的。那条林荫道，离他家很远，而且是本院的主干线，上下班人和放学的孩子们都会从那里经过，而他则在这样密集的人群中，从从容容走自己的路。

“文革”前，人们知道他是疯子，但没有人敢当面这样说他。“文革”前，他的父亲——毕副院长是非常有威信的，各级军官们教自己的孩子尊重副院长的独生子。院里的孩子见到他会

王宛平和母亲的合影

感到好奇，但不害怕，他从来没有露出和正常人的差别，除了不爱说话和不理人。

他的疯据说是因为情感问题，那些爱传闲话的家庭妇女们把他的故事编得有声有色。据说他爱上了一个漂亮而风流的女孩，女孩不爱他，当然是爱别人，他因为失恋就疯了。

一个简单的故事，一个过去时代的故事。只是，出现在我儿时记忆中的他显得非常老、至少有40岁了，这样一个浪漫的悲情故事和他非常不合适，而且，当我们知道他的故事的时候，他已经有了老婆，既而有了女儿。

学院各级官员们的宿舍按照等级分布于学院不同的位置，我父亲那个级别的宿舍在学院西边的山上，山上砌了一道砖墙，墙外边就是当地农村，用我们的话说，就是老乡们住的地方。儿时，院里的孩子管老乡的孩子叫野孩子，那种叫法也不是一种鄙称，就是一种概念的划分。

“文革”期间那道墙塌了一大块，老乡的孩子很方便地出出入入，和院里的孩子成了朋友。

有一个叫毛狗的小伙子和我们那排房子的男孩成了朋友。他家就住在墙那一边，他经常走过那道墙，到这边跟我们这里的男孩子玩。

毛狗是一个秀气，有些内向的孩子，不太像农民，当地农民的孩子脾气很暴，爱骂人，但我从未听见毛狗骂人，院里的大人也都喜欢他。他们一家人都不太像农民，后来人们说，毛狗父亲曾经是国民党军官，或者是什么地主一类，总之，毛狗家的成分是很高的。

毛狗在我们院是有些名气的，因为他有一个有名气的姐姐，他的姐姐叫碧秀或碧珍，就是毕副院长的独生子——也就是疯子的老婆。她走路的姿式显得很笨，脚步很重地走路，见到人的时候显得很戒备。她是一个明白人，她知道自己的身份和地位。她的长相是很地道的四川女人模样，眼睛很大，胖，圆盘脸，个子也高，她没有她弟弟长得秀气，或许是她年纪已经大了，在我儿时的眼中，她至少也有30几岁了，家庭成分高和年纪大，使她做为一个共产党高级干部疯儿子的儿媳妇，是可以理解的。疯子虽然疯，但并不打骂人，而且还有生育能力，从我知道这个女人的那天起，就看见她带着她和疯子的女儿，那个名字叫小秋的女孩。

小秋有着疯子家的特点，毛狗家的四川人特点是五官大，脸也大，小秋则是秀气的，五官中隐约可见毕家那种知识分子家庭的聪慧灵秀。这些在疯子脸上也是能看到的，只是蒙着一层厚重的晦气呆气。

小秋和他父亲另一相像之处是不爱说话，也很少笑，那么小的孩子正是笑和闹的年纪，但她显得非常老成，和父亲或母亲走在一起，沉默无语，奇异的是，她小小年纪就有些驼背，疯子也有些驼，她那些特点像极了疯子，令人看着有几分心惊。

我已记不得疯子娶媳妇是“文革”前还是“文革”后了，想必是“文革”前，因为“文革”开始，毕副院长就倒霉了。“文革”初期，军事院校也无可避免地卷入运动中，毕副院长做为反动学术权威和国民党遗留下的专家是当然的打倒对象。毕副院长被造反派抓走，不久就传来消息，毕副院长的老伴自杀了。那是我们院“文革”中唯一自杀的人。

毕副院长夫人是一个家庭妇女，印象中是一个小脚老太太。

王宛平在重庆当兵时留影。1972年

也许就在毕副院长被关起来的那些日子，疯子参加到扫马路的队伍中。

奇怪的是，扫马路的似乎都是些穿便衣的男人和女人。我记得有一个有着奇怪名字的老头，穿一身厚厚的蓝制服，他性格非常懦弱，怕所有的人，孩子们最爱欺负他，见他扫马路，就拿石头往他身上砸，把那些扫好了的树叶弄乱了，盖住他的脚面。他只是生气，跺脚，但不会骂人，不会发火。

他叫卢祖谋，是一位专家教授。“文革”后，不知所终。

还有一位姓朱的老教授，他喜欢穿不佩戴领章帽徽的军装，也是一个性格非常温和的老好人，我当兵后，他已经恢复工作，和我们一起安装机器，我们叫他老朱，从前他是教授，而我当孩子的时候，他在扫马路。我在和他同事的过

王宛平在中科院物理所时留影

程中，一直没有很好地尊重他，那时我15岁，骨子里还是一个顽劣的没有是非感的野孩子。

疯子似乎也扫过马路吧，那时候，疯子的地位再无可保障，孩子们见他就会追着打和骂。疯子很快就消失了，据说，住进的歌乐山精神病院。

那时，歌乐山在我们心目中是一个非常恐怖和神秘的地方，历史上残忍地杀害共产党人的中美合作所渣滓洞、白公馆就在那里，现实中的精神病院也在那里。疯子在精神病院住上一段，又会回来，然后再住进去。

疯子女人和她们的孩子频繁出现在我们周围，是在毕老太太死了之后的事。疯子的女人据说上过高中，但她身上没有知识分子味道，她显得世故和俗气，在她身上，反倒不如她那总是打赤脚的弟弟毛狗更有些大家气质。但她的女儿则是个异类，有着超凡脱俗的气质，小小年纪的她，身上就笼罩着一种悲剧感，使年长的人们看到她心里就会有些暗暗的。

80年代初，我弟弟的同学在南京通信学院上学，毕副院长已经调到那个学院做了院长。在我记忆中，毕副院长一直是一个白发老人，他却一直工作到至少80年代中期，我弟弟的同学并不知道疯子的事，当然，也不知道疯子媳妇和小秋的事。

毕副院长若活着，该有90岁了吧，小秋若活着，也应该是年近40的成年女人了。

疯子呢，好像是死了，死在精神病院，他的死，最伤心的可能是他年迈的父亲，这个父亲从他变疯那天起，就白了头吧，唯一的儿子，聪明的儿子，上了清华，却为了一个女人，成了废人。他使他的父亲失去了壮年时代的豪情，使他的母亲失去活下去的动力。他还给这个世界增添了一个秀气却显然并不愉快的女孩。

这个女孩现在过得怎么样呢？

注：这是我在1999年底写下的文字，距今已整整17年。

# 忆晓洋

王金亭

## 一

老范大哥在《唠了一宿嗑》（收入《斑驳——吉林大学中文系77级日志》，南方出版社2011年）一文里生动描绘了我们202室同学入学时全部到齐之后那天晚上的情形。

我是最后一位进202室报到的。当晚，岁数最小的小杜、金亭热情地帮忙铺床，并指导我这位老大哥要赶在十点前拿着脸盆去洗手间端水以备第二天早晨漱洗之用。我一一照办。

熄灯后，不知最后一位端水回来的是谁，黑灯瞎火地踩翻了地上装水的脸盆，于是惊动了下铺的人，有的取拖把，有的用扫帚，几个人踮起脚步拾着床铺下的鞋子。坐在上铺的晓洋打趣说："你们不是在跳芭蕾吧？"大家说：你不下来帮忙还说闲话，罚你跳舞！晓洋说："这还用罚？看，来现成的。"说着，站在被褥上，露着两腿的毛，脚跟踮起，双手交叉，边抖动身躯边哼着乐曲："咋样？像不像四小天鹅舞？"逗得大家前仰后合拍掌欢呼。

晓洋虽然个子不高，但身材匀称，尽管胡子很重，但总是刮得干干净净泛着青光，没胡子的地方鼻梁附近皮肤白皙，一副黑框眼镜后面，一双不大不小的眼睛明亮而常含笑意，真正笑起来的时候，脸上还会出现两个好看的酒窝儿。因为据说小时候认真练过一段体操，动作格外敏捷利落柔美，跳起“四小天鹅舞”的确有点儿赏心悦目的“舞台效果”。

二

第二天早晨，因为“唠了一宿嗑”，大家实在不愿意起床，但是为了吃早饭，还是勉强起来了。我洗漱完毕，朝上铺看了一眼。这一看不要紧，发现晓洋兄正对着一块厚厚的准三角形穿衣镜残片一丝不苟地刮胡子，禁不住笑出声来。晓洋很快刮完了，笑着对我说：刚到吉林市石井沟联合化工厂工作的时候，我也买过几次标准的小镜子，可都用不了几天，不是丢了，就是打碎了。后来，干脆，我就用起了这家伙，用了七年了，有感情了，不想丢了！

听他这么一讲，在一旁的同学也都禁不住笑了。大家觉得晓洋真是有趣，浑身是戏。

但是，时间一长我们了解到，晓洋平时十分严肃，特别用功，对学业精益求精，怕耽误时间，老是不看电影，也不怎么和人交往，三十来岁的人了，还没有女朋友。

三

为了让他放松一下，以利再学，一次考试过后，我和杜、温二同学到同光电影院看歌剧片《阿诗玛》回来的路上，我们精心地做了一番设计，结果一不小心大获成功：

回到寝室，只见该兄还在紧靠窗户的右上铺用功，看我们回来，只是呲牙一笑，就不再搭理，继续埋头看书。还是老范大哥比较随和，耐心地问三个小弟看的什么电影，电影怎么样。年纪最小、一向不愿涉及男欢女爱一类话题的杜同学，一开腔就有几分按捺不住的愤慨：

这叫啥电影啊？这不是教人学坏吗？也忒黄了！

老范大哥一脸的不解：

阿诗玛，不至于这样吧，怎么会呢？

温同学也气呼呼地说：

不信你自己去看呗！

我也来了一句：

结过婚的人看看还行。

“你们说的是啥电影？哪儿有？”紧靠窗户右上铺的该兄终于放下了手里的书卷，有些急切地问。

得到了确切回答之后，该兄很快就简单收拾一下出去了，也没来得及问范大哥是否一起去。

晚饭的时候，我们从教室回来了，只见该兄又在紧靠窗户的右上铺用功。看我们回来，依旧埋头看书，不理不睬。老范大哥和蔼地向他问道：

怎么样啊？

该兄这才抬起头来，礼貌地看了看范大哥。

当看到温、杜同学和我，该兄就有些气不打一处来，几分克制、几分懊恼地说：

“怎么样？唉，这半下午时间就算……这电影，也没啥耶！”

我和杜同学忽然觉得有些对不起该兄，不好意思看他。

温同学却忽然眼睛一亮，以浓重的四川乡音，说出了一句无比辛辣、令人多年后无法忘记的话：

“你想看煞（啥）？！”

晓洋一时语塞，但不一会儿就有板有眼地答道：“打到‘四人帮’，文艺得解放。我是想看看现在的电影解放到了什么程度。”

“还能解放到什么程度？《大众电影》登了一幅接吻照片，还是外国影片《水晶鞋与玫瑰花》里面的，不是还有人责问吗？”聪明的温同学也打了圆场。

四

大概是到了1980年，有人给晓洋介绍了哲学系78级的女生张青，他俩很快打得火热。据晓洋讲，张青也是出自书香门第，很有才气，也学过体操，插队的时候还学会了针灸（据说晓洋夫妻俩后来在英国弃文从医开医院，创业阶段主要靠的就是张青的针灸技艺），长相也说得过去。后来我们都多次见到张青，知道晓洋说的是真话。

张青到我们寝室来过之后，温同学就说：晓洋净给别人起外号了，我们也给他女友起一个吧。《水浒传》里不有个菜园子张青吗，咱们就叫她“菜园子”吧！于是“菜园子”就叫开了。晓洋知道了，也并不生气。有时温同学告诉他：“菜园子”刚才来找过你。晓洋也只是笑。

说到晓洋起外号，确有其事。但客观地说，他起的诸多外号一是都没有污蔑的意味，当事人知道了也用不着生气；二是所起外号都与我们的学习生活有关。仅举一例：程天祜老师上写作课的时候，让一位同学朗读《谁是最可爱的人》里面的一节文字：

在汉江北岸，我遇到一个青年战士，他今年才二十一岁，名叫马玉祥，是黑龙江青岗县人。他长着一幅微黑透红的脸膛，稍高的个儿，站在那儿，像秋天田野里一株红高粱那样的淳朴可爱。

在那个年代，一位二十多岁的女同学，当众朗读这样一段，可能有点儿不好意思，所以声音有些偏小，引起了一点儿轻微的笑声。课后晓洋就给人家起了个外号叫“红高粱”，以至于后来在202一说起这位女同学原来的名字，大家有时反倒一时想不起来是谁了。现在说起来，都是亲切的回忆啊！

## 五

晓洋除了师从父亲研究莎学有一定成果，英语很精，会弹吉他，有体操功底之外，还会写小说。1978年他写的短篇小说《怀念》受到程天祜老师好评。闲暇时他给同学讲的笑话，也都很有艺术性和独创性，体现着他的小说创作天赋，给我留下的印象尤深。

我在吉林省人事厅工资处工作期间，有一次与同行朋友聚会，主人出了一个题目：讲一个笑话，必须与工资工作有关，必须比较干净，必须能让大家开心一笑，不达标的罚烈性白酒一大杯。结果，没有几个人能讲出来，在讲出来的故事里面，我讲的大家一致公认最符合要求：

打到“四人帮”之后，吉林市石井沟联合化工厂职工20%涨工资，办法是群众评议，领导审定。几轮下来，某车间有两个女工不相上下。领导安排她俩当众比条件，比来比去，还是不相上下。这时，其中一位女工忽然来了一个狠招，当众揭发对方：你搞破鞋！对方女工一时语塞，但很快回过神儿来，不紧不慢地回答：我是业余时间搞，没影响工作。

不用说，这个让大家笑出眼泪的故事，版权属于晓洋。

注：此文为王金亭同学写于2011年秋，刊于林大学中文系77级网易博客

# 怀念226

兰亚明

茫茫人海，熙熙攘攘，我们识得几人？

漫漫人生，所历林林总总，如今，我们记得几件？

能够走进你的记忆，并让你记得一生的人和事，并不多。记住的，不是因为它多么重要，而是你心中早已有了十分的准备与期待。可以说，心在哪里，记忆就在哪里！

大学四年，我的同班同学将是哪些人？新的人生起点，我将与谁同室共寝？这是接到录取通知书的那天起，我心中一直挂记的事儿。

一切都是命运安排。77级吉大中文，全系竟然只有一个班，一个班竟有80人，大得稀溜一片。报到那天，天南地北的同学们，千里万里赶来，一个个背包罗伞，乱糊糊一片。我稀里糊涂地被领进了吉大7舍226寝室。一脚迈进，这里便成为我一生的记忆。我们10个陌生人，怀着各自的忐忑与期待，在这里相逢相聚，在这里结下情谊，在这里相互间留下了相伴一生的记忆。

226寝室的10个人，每个人都很可爱。

顾太是寝室长，是位老大哥，大家都叫他老顾。老顾长得周正，一看长相就有正事儿，像个当官的，又是仨孩子的爹，做寝室长，理所当然。老顾很会，把寝室的氛围弄得很好，兄弟们同呼吸，共命运，心连心，融洽和谐，各类小红旗儿也没少得。

2011年毕业30年聚会，左起：李奇福、兰亚明、李伟、郭玉祥

老顾入学前，是农安县文工团编剧，耳濡目染，很能唱两口黄龙戏，班级第一次联欢，他就唱了，掌声还挺热烈。老顾学习很用功，就是不管放假不放假，总往家跑，说是家里活多，忙不开。当时真信，现在想来，也真理解：二十七八岁，结了婚的大男人，杠杠的，离家时间一长，谁受得了，想老婆，正常！

姚力也是老大哥，年龄比老顾还大，但他不像官儿，所以啥角色也没混上。老姚是城里人，下过乡，当过推纱工，还在《吉林文艺》上发表过小说，不仅有阅历，人也好，性格极温和，很让兄弟们感到亲切，大家都称他姚哥儿。姚哥儿也是个结了婚的人，家又在长春，所以晚上很少在寝室混。每天晚上归寝，这些光棍儿们，一发现姚哥儿不在，话题便集中在他身上，想象力竞相展开，羡慕嫉妒恨全上来了。姚哥儿夫人长得也确实无愧，见过的人，没有一个不惊艳的。姚哥儿贼牛，不管谁咋夸，他一句话不说，嘻嘻嘻，只是笑。

霍卫东是延边来的，长得白白胖胖，一天到晚乐呵呵的，贼可爱。我、李伟、霍卫东，我们仨同岁，霍卫东长得最嫩，就是有点儿胖，腰上一圈赘肉，像套个救生圈，走起路来，一步三颤。不管谁说他胖，他即刻便来一句：是吧？像猪似的！霍卫东一口京腔，至今也不知其出生何地，家境何如，只知道他姐姐叫霍瑞芬，是当时吉林人民广播电台文艺部编剧兼导演，曾创作《响铃公主》，誉满吉林，很在我们心中占有一份位置。霍卫东喜欢讨论问题，可寝室里的讨论，论来论去，最后都成了拔犟眼子。霍卫东性格好，无论谁说什么，深了浅了，没事儿。

郭玉祥来自内蒙，是个很安静的人。他心态平和，话语沉稳，无论对谁，无论啥时啥事儿，总是那么认真，那么温和，那么慢条斯理。大学四年，没见过他吵吵巴火、连喊带叫过一次。郭玉祥很能读书，大学期间，他似乎是我熟悉的同学中，所读中外经典最多的一位。默默做人，默默做事，默默地自我充实与发展，是郭玉祥四年里留给我最深的一个印象。用现在的活说，那叫低调。

张黎是部队学员，长春人，很少回家，总在寝室和兄弟们混。张黎年纪小，可是城里人儿，见多识广，我们很多城市生活常识，都是他教的，尤其对班级十几朵金花的点评，令已婚的老大哥们都叹服。张黎对现代汉语情有独钟，深得孙维璋教授之赏识。张犁对日语下的功夫更大，整天平假名，片假名，哇啦哇啦的，大家都叫他翻译官，果不其然，翻去了日本。

李伟是高干子弟，父亲是省军区首长，大校军衔。那时候，不知啥叫“官二代”“高富帅”，只知李伟不错，长得白白净净，人也善良，不装不假，对谁都好，是那种为你指道儿能走出很远的那种人。我去过李伟家，还见过他的准小姨子呢！那是我从长岭走进长春，第一次跨进城市私家宅院，自认为很开眼界。李伟特爱讲卫生，他的床铺，总那么板板正正，他的穿戴，总那么干干净净，小白鞋总那么白，小白领总那么白，小白牙总那么白。李伟热心，讲话有始有终，有时，他没讲完，你想走，没门儿，他拽着你的胳膊，笑嘻嘻的，非让你听完不可。

张晓刚来自内蒙，父亲是位领导干部。晓刚细心严谨，处事认真，寝室里的事儿，他很上心，打水拖地，任劳任怨。晓刚对“文化大革命”恨之入骨，他讲过“文革”时期“内人党”的事儿，那印象，让我刻骨铭心：一批受害者，不分男女，剥光衣服，一个个弯腰蹶腚，等待处罚。施暴者将烧红的炉盖子，依次放上他们的后背，直烙得血肉模糊，吱吱冒烟，嚎叫声如狼如鬼，撕心裂肺。晓刚咬着牙，使劲儿学习，尤其是外语，那功夫，了得！现在明白，他早就想出国。

张未民是本寝年龄最小的，1959年生，家是吉林舒兰的，父亲是当地很有影响的一位中学语文教师。未民属于大智若愚型，表面看，好像三杠子压不出一个响儿，其实心里贼有数。寝室里无论讨论什么，激烈到什么程度，未民发表个见解，大家都能悉心地听，因为他总能有根有据、有枝有蔓地说出个一二三来。未民贼绝，讲话语速迟缓，却不吞吞吐吐：情绪多么激动，语气却一直平和；行为动作呆滞，却不烦人，反倒常常被赏以持重。人，就是这么绝！

邹进是本寝室“精灵”，他年龄小，身上又有着一种永远的孩子气，深得同寝室兄弟们的喜爱。邹进做事认真，讨论问题较真儿，认准的事儿，肯投入心血与精力。一是学习（写诗），二是追女人，那是真用心啊！邹进是“夜猫子”，睡得极晚，起得极早，白天困了，就用冷水浇头。那学习的劲头，真是要把“四人帮”耽误的时间夺回来。邹进追女人，那种真诚与投入，真叫是蚀骨溶心。被邹进追过的女人，即使一时，也值得回味一生。

兰亚明来自吉林长岭，下过乡，念过中专，教过书，上学前是县百货公司政工干事。这人真诚，善良，也勤奋，就是死心眼儿，有点儿倔。为人处事，对上号，咋都行；对不上号，咋都不行。毕业前夕，系党总支书记程永亮找他谈话，说有反映，他写的诗《给上帝》是影射毛主席，并对其所谓资产阶级自由化思想倾向进行引导教育。亚明倔劲儿上来了，情绪激愤，直言相辩，不屈不服。程老先生虽老谋深算，履职尽责，却也无奈这不浸油盐之人，一下午，口干舌燥，无功而返，报于校方。第二天下午，校党委副书记张德中约谈。又是一个下午，又是口干舌燥，又是无功而返。最后校方决定：此人不宜去政府机关及新闻单位工作，分配去吉林省煤炭管理局湾沟矿务局。湾沟矿务局在浑江市三岔子区湾沟镇，纯山沟。当时亚明已婚，妻在长春，分他去山沟，情理不容。亚明拒不报到，与校方据理力争，半年后，改派至省民政厅。此间，又一倔事，让亚明一生都有欠敬亚。等待重新分配期间，敬亚已在吉林省群众艺术馆上班，知道亚明很难，便寄去20元。当时这20元，几近敬亚半月薪水。可接到汇单，亚明竟将汇单退回，并附言：我不需要同情，我不需要理解，即使面对10万吨寒冷，拍拍胸膛：我，还是我！纯粹有病！可这就是兰亚明，这就是那个真真实实，赤赤裸裸，倔得一塌糊涂的兰亚明。

这样的10个人，混在一起，无遮无掩，无拘无束，心与心，赤裸相见，友善对接。大家在一起，天天都有故事，天天都有快乐，天天都在生长记忆。只可惜，226寝室仅存一年，1979年便因寝室合并而分解。如此鲜活且无以更新的记忆，可收可藏，可珍可惜。

弹指一挥，毕业至今，已35年了。35年中，我曾去过7舍，看过226，可那已不再是226，只一房间而已。室内所有，物尽其非，所忆种种，无可依附，令人顿生一份感慨。35年里，世事沧桑，风雨交集，10兄弟各奔前程，各谋生计，雨打风吹，雾染霜浸，每个人都已人老珠黄，面目皆非。但我相信，即使30余年未曾谋面，一旦相见，三言五语过去，亦可互见初心。因为庐山之真面目一经识得，无论过往多么久远，再临峰峻时，即使云里雾里，远近高低，横看侧看，我们都会跨越时空，重拾起一瞬即已留下永远的真实与美丽。我也一直坚信，谁也变不到哪儿去。变了的，都是具象，都是皮毛，远了心灵，近了功利，多了皱纹，少了青丝，而已而已。不变的才是根本，才通血达脉，刻骨铭心。因为那魂那魄那灵那气，源自前生，修于现世，法度自然，凌空贯世，大道由衷，万象归一！道可道，心在哪里，记忆就在哪里！

家珍细数，是人生的一大享受。偶尔把226的兄弟们，翻将出来，晒上心灵的阳台，让人生陡然也增添了几分温馨与光彩！

# 向往沿海

冯铁民

上个世纪80年代中期，我国沿海开放的大潮不断冲击我的心扉。我向往奔腾不息的海浪，向往洒满阳光的金色海滩。我和我的同事刘广军在一个初冬的夜晚怀揣学历证书、新闻作品剪报踏上了开往大连的列车，然后在大连港挤上驶往烟台的客轮。到了烟台，我们马不停蹄找到广播电视局求职。处于改革开放前沿的城市办事效率就是非同一般，几分钟就给我们两个开出了商调函。我们又赶到教育局，为我们都是中学教师的妻子求职，同样是几分钟，我们又拿到了两份商调函。没想到求职如此的顺利，走出烟台市教育局的大楼，我们两个在马路上飞快地跑起来，跑了一会儿，才想问对方现在该去哪儿？该干点什么？威海离烟台不远，也是国务院确定的十四个沿海开放城市之一，我们何不去那儿再看看。说走就走，我们又乘汽车赶往威海。

到达威海天已经黑了，下了汽车听见海涛拍岸的声音就在身边回响，我们沿着路向前走了几十米，眼前果然呈现出一湾沙滩，海水推上来又撤下去，涛声似乎比远处听小了些。我脱了鞋跑进沙滩中，一种美妙的感觉油然而生。这是我有生以来第一次亲近大海，我发觉我真的很喜欢海，我在心里说：来吧，这里是我未来的家。在海边流连一段时间后，我们找了一间小旅馆住下。第二天我们又先后到威海市广播局和教育局联系好了我们和太太的工作调动事宜。我们怀揣决定我们命运的四张商调函，信步走在威海的大街上。威海城市不大，但却非常整洁，有一条大街架着葡萄长廊。已是初冬时节，葡萄架上看不到葡萄，但我的眼前一直有葡萄在晃动。我想象着金秋时分，紫红色的葡萄缀满葡萄架，人们徜徉在葡萄架下，悠然自得，这不是现代桃花源吗？我一直向往的人间仙境就在眼前啊！

威海市中心有个公园，公园里有个凉亭，记得好像叫叠翠亭。我和刘广军坐在亭子中，望着远方的大海，憧憬着美好的未来。谈到工作调动手续办理的有关问题，我们从想象回到了现实，激昂的情绪也平缓下来。那时人才归单位所有，单位的领导不同意你调动，你插翅难飞。我们深知，要求我们单位的领导放我们走，那将是一场恶战。为了不过分刺激“求贤若渴”的单位领导，我们策划先由一人提出调动申请，另一人暂时按兵不动，第一人的申请获得批准，第二人乘势再提出调动申请。否则，两人的调动都将被扼杀。刘广军提议，因为我是新闻部负责人，调动的难度大，回去后由他先向局领导提出，我静观事态发展。我认为他的分析有道理，同意了他的提议。我们击掌为盟，并称之为“叠翠亭之盟”。

从威海回到四平，刘广军向局领导递交了请调报告。为了对付局领导的拖延战术，刘广军采取了“黏”的战术，每天搬个椅子到局长办公室的门口，坐着等局领导的批复。一天晚上，我们知道局党组会要研究刘广军的调转申请，刘坐在会议室的门口等，我坐在办公室等。六点多钟，天完全黑下来了，我不想引人注意就没有开灯。突然，走廊的那头传来咚咚的跑步声，我想出去看看怎么回事，还没等我从椅子上站起来，刘已推门进来，上

冯铁民在宿舍里读书

气不接下气："成功了！"刘广军的"黏"招果然奏效，局领导屈服了，批准他调往山东省烟台市广播局。

接着该轮到我了。过了两天我也向局领导递交了请调报告，并到局长家里软磨硬泡。老局长根本不与我谈调转的事，而是环顾左右而言他，大谈他的心态如何年轻，他的精力多么旺盛，他多么爱与年轻人共事。我看出来，他是要用打太极拳的方式对付我的软磨硬泡。他拖得起，我等不起。这样一拖再拖，我调转的事就搁浅了。

之后不久，我被破格从新闻部副主任直接提拔为副台长，单位还给我分配住房。我从租住的农民土平房搬进了集中供暖的新大楼住宅，有一种受之有愧却之不恭的感觉，我不再提调转工作的事，像这个中等城市绝大多数的财政供养人员一样，平静地工作，平静地生活。

就这样，许多个日日夜夜在我生命的长河中慢慢地流淌过去。

终于有一天，中央政府宣布将海南岛规划为经济特区，并从广东省独立出来，组建海南省。那一夜，我失眠了。第二天，我召集四平人民广播电台的几个不安定分子，商议“投身海南，参与建设中国最大特区”，得到了热烈响应。

当晚我与文艺部主任宋木铎就购买火车票前往海南。在北京中转时，拜访了宋木铎的哥哥——国家新闻出版署署长宋木文先生，他支持我们去海南闯一闯。到达海口后，我们联系了《特区时报》的创建者武思俊，他欢迎我们加盟特区时报社。

从海口回到四平，我又开始了申请调转工作的攻坚战。但是请调攻坚战进展十分不顺利，久攻不下。没办法，我只能采取请长假的战术，暂时把工作关系放在原单位，去海南工作了。

再次去海南是与四平人民广播电台总编室主任马威同去的。特区时报社社长武思俊任命我为经济信息部主任，任命马威为经济信息部副主任。那时的海南聚集着来自全国各地的千千万万个特区弄潮儿，他们狂热着，他们憧憬着，他们奋斗着。有的在奋斗拼搏中体验到了成功的喜悦，有的在狂热躁动后竹篮打水一场空。

作为特区弄潮儿中的一员，我被大特区火热氛围裹挟着，在特区时报社的工作、生活充实而浪漫。当时，我大学的同班同学李树文在海南省监察厅工作，常辅棠、刘建在海南日报社工作，范文发在四通公司海南分公司工作，还有多位新闻出版广播电视系统的同事朋友在海南打拼，我们经常聚会，探讨大特区辉煌的未来，描绘我们自己灿烂的明天。

1989年，我从海南特区时报社返回四平人民广播电台工作。我的同学李树文回到吉林省工作，先后担任白城地委常委、组织部长，吉林司法警官学院党委书记、院长，吉林省直机关党委书记等职。我的同学范文发回到珠海工作，在珠海机场担任高级管理人员，后来又去了一家中国最有影响力的房地产开发公司担任高级管理人员。我的同学常辅棠、刘建选择留下来，后来成为海南省宣传系统知名人士，常辅棠先后任海南日报社总编辑、海南省委宣传部常务副部长。

我虽返回内地工作，但向往沿海之心不死。1990年，我转到广州经济技术开发区工作。1991年，广州市创建广播电台，我被选去参与创建工作。广州人民广播电台正式成立后，任党委委员、新闻部主任。2005年，被广州市委组织部派往中国人民大学和英国牛津大学进修。2007年，被广州市人民政府任命为广州电视台副台长。2010年，被广州市人民政府任命为广州广电传媒集团总裁，兼任广州广播电视台党委副书记。

向往沿海，热爱沿海，一生不变。为了离海更近，1999年，我把家安在了深圳。直到今天，我还是在广州与深圳两地间奔波，工作日在广州，周末节假日回深圳，在海边陪伴家人享受美好时光。

初稿写于2003年，补写于2016年5月21日

# 我们还有讲述往事的激情

刘坚

近一段时间，我一直在看两种片子：一种是上个世纪50年代到70年代拍摄的，反映我们童年、少年和青年时社会生活的影片；一种是21世纪以后拍摄的，也是反映我们童年、少年、青年、中年时社会生活的影片和电视片。

人们说，当现实的参与能力减退时，便会产生回忆往事的冲动，心力是不会消退的，它只能转换。

我们从那个年代走过来，因此我们理解那个年代的人所体验和展示的那个年代。我们生活在这个时代，因此我们理解这个时代的人所认识和表现的那个年代。

我们就夹在往事和往事的叙说之间。

因此，我们还有讲述往事的激情。

一次与朋友闲谈，随便聊到他的家乡，我想起大学二年级时和同学们去做民间文学调查，恰好在他的家乡停留过，那里有一条江给我印象极深。朋友听了我的一番感慨，便建议我写点东西。回家的路上，脑海里忽然跳出一句话："多年以后，站在坡沿下，面对静静流淌的江水，我仍然会想起那个黄昏，江中浮动着的那片小船，江边窝棚中飘出的那段歌声。"

这句话是从马尔克斯小说《百年孤独》的那段经典的开头模

大学期间的一次新年联欢会，刘坚（右）在姜亚廷吉他伴奏下表演男高音独唱

仿来的，我们至今无法拒绝那个开头：

“很多年以后，奥雷连诺上校站在行刑队面前，准会想起父亲带他去参观冰块的那个遥远的下午。当时，马孔多是个二十户人家的村庄，一座座土房都盖在河岸上，河水清澈，沿着遍布石头的河床流去，河里的石头光滑、洁白，活像史前的巨蛋。”

三十多年前，马尔克斯搅起中国文坛的魔幻现实主义热情，中国的作家们在神秘的记忆联想中晕得一塌糊涂。尽管也有清醒之人大声呼喊：“弟兄们，反了吧！从马尔克斯身边绕过去。”但时至今日，把久远的忆想置换为神秘的怀旧体验，仍然是许多人的刻意追求。几个月前，一位博士生在复试时做学术研究设想陈述，本来应该把30年前一片模糊的马尔克斯讲的很清楚，他却把今天已经很清楚的马尔克斯讲得一片模糊。这群在《百年孤独》进入中国后才出生的年轻人，还不真正具备讲述往事的资源和条件。

面对《百年孤独》，当年我们无法拒绝的原因，是马尔克斯讲述百年往事的智慧与方式；今天我们无法拒绝的原因，是我们还有讲述往事的激情。当然，我们并不一定都在马尔克斯式的“孤独”中游弋，但无论是否意识到，我们几乎都能够像马尔克斯那样，用“很多年以后”的积累和心境，去讲述“我们”的往事。

精神生产和传播的本质，是赋予生产和传播对象以特定的意义。讲述往事的过程就是符号化往事的过程，同时也是意义化往事的过程，意义化往事的结果，就是往事在我们心中的神圣化和诗化。因而我们才有对往事的怀恋和神往。无论是宣泄愉快还是抚摸痛苦，我们都在自己的往事中整理和升华自己。

我们还有讲述往事的激情，不是因为我们在往事中，而是因为我们的讲述使往事有了新的意蕴。

还是回到37年前的那个黄昏。

那天下午我们同公社文化站站长沟通了民间文学调查的情况后，我和同组的同学在大风中走了十几里路，快到傍晚时停在了江边。一位老人把我们领进他临江搭起的小窝棚，窝棚很简陋，只有一个炉子和几张旧被褥铺成的地铺。老人让我们在地铺上休息，然后悄悄走出窝棚。

只睡了几分钟我便醒来，听说窝棚后面的坡上，就是九年前随父母下放的那个县的地界，于是爬起来登到坡顶，望着暮色中的旷野，想起来当年的房东一家。

那是一个虽然贫穷却过得有规有矩的人家，房东爷爷60多岁了，每天起早揣着几块干粮，拉着吱嘎吱嘎响的小车去树林边和荒地上搂柴禾，那些碎草点着了只冒烟不起火，而且也不经烧，但他仍是天天晨出，日日暮归，每当黄昏院子里响起吱嘎吱嘎的车轮声时，我就知道该吃晚饭了。房东奶奶总是在我家点火做饭之后才开始做饭，每次都是小心翼翼地从我家的灶坑中取出火来塞进她家的灶坑，而舍不得划一根火柴。

住进房东家两个月后，房东奶奶给了我母亲几个鸡崽，于是就养了起来。下放的“五七战士”仍然享受国家供应粮待遇，因此我家的鸡也是用粮食喂的，长得很大很胖，房东家的鸡只能喂糠和草籽，长得又瘦又小。秋天的时候，鸡们就能下蛋了。房东奶奶每天起早堵在鸡窝口一只一只地摸蛋包，然后告诉母亲我们家今天会有几只鸡下蛋。有时家里没人，房东奶奶会把刚下的鸡蛋如数放在我家的灶台上。

一天，我家的一只母鸡趴在屋里不出来，房东奶奶说它要抱窝了，拿几个鸡蛋来让它孵吧，于是母亲拿了几个鸡蛋，房东奶奶也拿了几个鸡蛋，在蛋壳上画了标记。大半个月后，房东奶奶对母亲说：“你家鸡吃粮食，蛋实，小鸡能自己叨破蛋壳出来。我家鸡吃草籽，蛋空，小鸡叨不到蛋壳，就得闷死。”半夜时，我从梦中醒来，见房东奶奶和母亲坐在炕梢，房东奶奶用头髻上的簪子轻轻划破蛋壳，从蛋洞里抓住小鸡嘴，熟练地绕一圈，就把小鸡拽出了蛋壳。那一刻，在昏暗的灯光下，房东奶奶捧着湿

宫瑞华（右）和刘坚在南湖划船（1980）

漉漉的小鸡，眼睛微眯，目光透着慈祥，嘴角微抿，露出欣慰和满足。我那时还小，还读不懂那目光和神态所隐含的东西。几年之后站在暮色中遥望房东家的方向，我能体会到艰辛中平静、从容和乐观的可贵。

从坡顶下来，回到窝棚前，就见江面上一只小船在暮霭中飘荡，老人的身影随船晃动，他不停地用小渔网在水里兜来兜去。深灰色的江面上，小船像一片叶子，老人像一根叶梗，在晚风中摇曳。

天色渐渐暗下来时，老人回到了窝棚。他面带愧疚地念叨着："这几年不行了，江里鱼很少，只捞到这么一点小鱼儿。"他从网兜里掏出一团灰乎乎的东西，用水涮了涮，扔到了锅里。

一会儿，一锅小米饭，一大碗白菜叶、小鱼和红辣椒搅和在一起的糊糊菜端上来了，我们早已饥肠辘辘，操起碗来狼吞虎咽。这是我吃得最香的一顿饭，后来回到城里，也曾经到市场买回小鱼、白菜和红辣椒，捣碎了放在一起炖，但再也没有吃出那种味道。

老人喝了几口烧酒，脸上慢慢泛出红色。问起他的身世，老人孑然一身，没有儿女，也不愿意多说。队里考虑他年纪较大不适宜干重体力活，安排他偶尔接送过江人，他便住到了江边窝棚里。

一盏油灯顶着黄豆般的火粒，把老人的身影投在棚顶。老人有些微醉，倚靠在被垛上，慢慢唱起一首听起来年头很久的歌：

渔翁乐陶然，驾小船，身上蓑衣穿。
手持钓鱼杆，船头站，捉鱼在竹篮。
金色鲤鱼对对鲜，河上波浪蛟龙翻。
两岸垂杨柳，柳含烟；人唱夕阳残。
长街卖鱼闲。
沽一杯美酒儿，好把鱼来煎；
夜晚宿在芦苇边。
酒醉后歌一曲，明月照满船。
渔翁乐陶然。

在这样一个黄昏，这样一个江边，这样一座窝棚，小油灯的光影里飘出浑朴的歌声，有点孤寂，有点苍凉，但也有点超脱，有点欣然。这是一个江边老人困顿中的平静和从容。在灯影和歌声中，我眼前浮现出房东奶奶捧着湿漉漉小鸡的那种目光，那种神情。

我把那首歌的词和谱都记录下来，一直保存着。前几天，构思这篇文章时，到网上查了一下，果然有这首歌的资料，有的说是一首古曲，有的说是上世纪30年代的学堂歌曲，歌词版本也不同。本文中的歌词是较短的版本，标点符号是当时记录时根据旋律的节奏与停顿关系标注的，和网上流传的不尽相同。

我曾经困惑，这个并没有什么特别内容的往事，凭什么会让我如此怀念。我是不是书房里坐久了，见识不多，只能在无波无澜的小事中慨叹。不管是不是这样，其实对于往事来说，“事”究竟是怎样的并不重要，重要的是，在“许多年之后”，你仍然能够有讲述那件往事的愿望，仍然能够在讲述中发现和寄寓新的情感和意义。

我们正在渐渐地老去，尽管不再会忧心房东奶奶的那种贫困，但在精神层面上，我们终将走进江边老人的那个窝棚。我觉得，窝棚老人的本质不是孤寂，而是在孤独中歌唱，就像房东奶奶面对新生命的欣慰与乐观。我们还有讲述往事的激情，我们还有在往事的讲述中生发意义的智慧，我们还有在往事的意义中印证和激发自己的力量。

用歌唱去释放我们讲述往事的激情，从这个意义上讲，我们又在走向年轻。

# 老照片杂记

吕明宜

我到北京工作后，范兄是第一个来访的同学。范兄是我在大学读书时的室友，也是我很尊敬的兄长，尽管分开只有半年多的时间，但还是让我充满了故友重逢的兴奋。饭前，范兄的哥哥给我们拍了这张照片。当时彩色照片还很少见，这张照片也是我的第一张彩色照片。

那时，我刚刚参加工作，还很拮据，到饭店招待客人是连想都不能想的事，来了客人都是自己做饭。从桌子上的菜看看：糖拌西红柿、炒鸡蛋、西红柿炒鸡蛋、木耳炒白菜、黄瓜粉皮凉菜、油炸花生米和几片香肠、青椒肉片，连凉带热七八个，但原材料没几样，肉三四两，酒是2元3毛一瓶的二锅头。那时我不喝酒，也没有酒杯，临时用碗代替。筷子还算考究，是我为这次吃饭现买了两双给客人用。水果是范兄带来的，拍照时，想做个点缀，临时摆上的。

照片中的饭桌是我购买的第一件家具，在西四家具店买的，花了45元钱，一个月的工资买了这个饭桌还剩一元钱。这也是我拥有的第一件家具。当时大一点的家具要票，结婚了才能给一张票，可以选择一个大衣柜或一张写字台。这张桌子是现在我唯一保留下来的当年的东西。1995年我出国时不打算回来了，处理了家中所有的东西，这张饭桌送给了在北京的一个远亲。后来回国

范文发（右）1982年和吕明宜在北京聚餐

不打算出去了，又拿了回来，不是需要，而是纪念。

这套两室一厅的房子住了4个单身，和我住同一个房间的是与我同一届毕业的一位南方人。这位室友娶了位京籍女友，十八年前，其妻到国外继承亲戚的遗产，举家到新西兰了。照片中我身后的床就是室友的。住单身时，如果有一位室友来了亲戚朋友，另一位就会主动离开，为别人提供方便。

我床上那个黄白相间的床单是我用过的第二个床单。这个床单伴我走过了我的工人生涯和大学时代，从前郭尔罗斯、辽源、延边、长春，一直到北京。第一个床单是下乡插队时买的，1975年10月25日清晨，我扔掉破烂不堪的床单，把其余的铺盖用草绳捆成一个卷，背在身上，离开集体户到公社乘车回吉林市，到工厂报到。一个多月后，买了这个床单。

照片上我的穿着是此后很多年我夏季的基本着装，照片中我和范兄的肤色写满了阳光，从肢体透进心里，弥漫着青春和活力。

照片中我身后的钢门有道焊缝，那是我的“作品”。入住这个房子不久，有一天，我发现门框开焊了，裂开一道缝。碰巧楼边正建自行车停车棚，有电焊机，我拉过焊枪，操起了当年当电焊工时的看家本事，熟练地焊起来。那天是周末，飞舞的焊花吸引了不少人驻足观看，他们有些惊诧地打量着我这个看上去不是农民工的“手艺人”。

我住的宿舍旁边就是农业部招待所，一到晚上，招待所一扇窗户打开，推出一台20吋电视播放电视节目。窗外的空地上聚集很多周围的居民，常常为看哪个节目发生争执。

万寿路当时还是稍嫌偏远的地区，是上个世纪五六十年代开发建设的，主要是部队的首脑机关。我住的院子对过就是总后勤部。后开发地区没有老城区那么多的掌故。我后来工作过5年的单位地处西四砖塔胡同，很窄，也不长，但有800多年历史。古代的不论，仅就现代而言，鲁迅和他的妻子朱安，兄弟周作人、周建人曾在这里度过了一家人最为其乐融融的时光，名著《祝福》《呐喊》也都是在这里完成的。张恨水晚年一直住在这里直至病故，刘少奇在上个世纪二十年代也曾在这里居住过。在胡同中漫步，可以感受到历史的厚重。

照片中我宿舍所在的复兴路61号院值得一提的是，当年曾是中共中央农村工作部所在地。五六十年代，中国人口绝大多数是农民，工业也要通过工农产品价格剪刀差起步发展，所以中央农村工作部是个举足轻重的部门。后来农村工作部撤销，这里变成了农业部招待所和职工住宅，曾经的副总理邓子恢就在这个院子里居住多年，他过世后，他的家人继续居住在此。从这个院子的后门出去，就是中组部招待所，“文革”后许多待平反的、我们都耳熟能详的人曾在这里住过，很多人的回忆录都提及此处。三十多年过去了，我只去过二三次，最近的一次也有六七年了，但在这里经历的许多往事印在心灵深处，终身难忘。

时光飞逝，青春不再。过去经历过的跌宕生活，而今已波澜不惊，步入老年的日子就像晚霞映照下的河水缓缓流淌。生命是一支曲，生活是一首歌，终将随风飘散，唯有老照片把时光定格为永恒。

# 晓洋情事

吕明宜

晓洋是我读大学时的室友,同班同学中只有我们两人来自吉林市。共同经历过的苦难生活,同一地域的风土人情使我们有很多的共同语言,成为无话不谈的朋友。

晓洋入学时已经29岁，在当时属于大龄青年。他没有谈过恋爱。入学后,看同宿舍与他同龄的范兄已婚毕，小他3岁的奇福频频有同在吉大读书的化学系的女同乡来找，心中自是着急。一次在冬天从家中返校，胡子上挂满了霜花，有位小学生礼貌地给“老大爷”让座，更让晓洋痛不欲生。此后，晓洋虽然用功依旧，但不时目光呆滞，似有所思，有人雪里送炭，介绍了哲学系的张青。张青小他5岁，父亲曾受迫害，“文革”后人才短缺，调到北京的社会科学院工作，弟弟在吉林工业大学读书。张青相貌端庄，言语得体，也不失为大家闺秀。两人烈火干柴，晓洋窃喜。

当时没有什么方便的联系手段，只能到宿舍来找。晓洋刮胡子两腮铁青，不刮又有点狰狞，怕惊扰异性，只能张青来找。为减少我们室友瞩目，两人悄定暗号，敲门时一重两轻。此套路渐被我们发现，是晓洋始露端倪。晓洋为提高英语水平，在宿舍的大部分时间都戴着耳机听英语，后来忽然戴耳机时间改为晚10点后。过去很少有人来找晓洋，晓洋埋头学习，心无旁骛。此时晓洋经常东张西望，一有敲门声，浑身一震，遇有规律的敲门声，一翻身，从上层铺翻将下来，速疾冲出门外，那身手猴子般敏捷。

晓洋小时候很专业地练过体操，尽管“文革”时被打成现行反革命，有过坐“老虎凳”“喷气式飞机”的惨痛遭遇，儿时天真欢愉的生活早已觉得是上辈子的事情，但体操的基本技能却从未忘记。上大学后，拨开云雾见蓝天的晓洋经常在宿舍里灵活地跃动长满黑色体毛的双腿，跳“四小天鹅”。结识张青后，晓洋跳得更勤了，舞技也更加纯熟，舞到兴处，竟也婷婷。

此种情景持续几个月后，我们几个同宿舍的好事者审问晓洋，有无“亲密接触”。晓洋从小受家庭熏陶和遗传影响，书卷气十足，有点迂腐，但不说假话。对我们的屡次审问，有点作难,始低头不语，后顾左右而言他，再后做扭捏状。在晓洋几番闪烁其词和我们晓以利害后终于承认己遂，并交待，作案时间：一个月明星稀的夜晚；作案地点：在8舍一个楼梯的拐角处；作案过程描述：乘楼道短暂的无人之际，闪电般地kiss了一下。

大学毕业后,晓洋留校读研究生,张青分配到北京,在青年文摘杂志社工作，我也到北京工作。1984年夏天，有一天我外出办事，挤上公交车后，一眼就看见了已两年多未见的晓洋。在拥挤的车厢里，晓洋一手紧拉着车上的吊环，一手拿一本书在看。我挤到他身后，一拍他肩膀，低声喝道：买票了吗？坦率地说，晓洋就是穿着有些邋遢，洗碗不洗不直接关乎卫生的碗外侧，从不做下作之事，今遭此责难，晓洋愤然。他一把从衣兜里掏出车票，扶了扶眼镜，想和我理论，看清了是我，方释然,继而喜气洋洋地告诉我，他有儿子了。周末，我到他居住的位于东四附近

大学毕业前夕，张晓洋（右）和女朋友张青在吉林大学校门口合影

一个约10平米的小平房里，看到了他才几个月大的儿子，他们一家三口都在。屋子很小，中间有个炉子，长长的铁皮烟筒伸出窗外。大概张青和孩子都要吃水果，屋里的苹果味很浓。房子是张青单位分的或借的，这里大概离他们单位不远。晓洋儿子的模样和他家的具体位置已经没有印象了，只记得一个三口之家的和睦氛围和满屋子的苹果味。

晓洋研究生毕业后到北京语言学院任教，1988年又到英国读博士，我们也就失去了联系。张青的弟弟毕业后分配到林业部工作，后来下海，他在林业部时和我工作的单位在一个大院，他和我断断续续有些联系，我也就断断续续知道了晓洋的一些情况。

晓洋出国后不久，张青也去陪读，后来张青翻出了在知青时当赤脚医生学会的手艺，在伦敦开了家中医针灸诊所，生意渐隆，在伦敦市郊买了房子。晓洋完成学业后，一边在大学教授中国语言文学，一边帮助张青打理诊所，偶尔还教老外打太极拳。

2008年，我忽然接到了晓洋的电话，他回国探亲，来到北京，住在位于石景山的张青父母的家里。第二天，他坐地铁，又换了两路公交车，拿了英国产的巧克力，风尘仆仆地来看我。去国外20年的晓洋基本没有变化，就是稍胖了些。他不善饮酒，那天也喝了少许，酒酣耳热之际，讲述了这些年生活的变化。他告诉我，他儿子在前不久参加英国大学生交响乐团来北京演出，是拉大提琴的。张青的中医针灸诊所规模已扩大。他小妹妹早已去了加拿大，他的父母和她在一起生活。他的大妹妹，几年前辞去了中国传媒大学的工作也去了加拿大。晓洋还在不停地说着，我的思绪已回到30年前的过去，想起当年的晓洋、张青和他们有趣的情事，恍如隔世。

这是一段美满的婚姻。他们昨天的生活就像片片清茶在水中摇曳生姿；他们今天的幸福就是在相互厮守中优雅而淡定地欣赏别样绚丽的夕阳。

# 父亲与上学

吕明宜

儿子上了一年学，很快就要放假了。老师让每位家长写一篇对孩子上学和上学一年来变化的感受。我开始的一段话是这样写的：

去年秋天，儿子上学了。这是收获季节的春播童话。对于早已不年轻的我们，内心的激动不亚于他的出生。儿子稚嫩的脸庞，因为上学了而欢呼雀跃的神态，把我们也带入了已十分遥远的童真。上学了，对于社会，这是一个积蓄发展力量的周而复始；对于个人，这是一个辛苦而幸福旅程的扬帆起航。

儿子的班主任是个年轻的女老师。我怕我的模样让年轻人看了不爽，一年来，我们从未见过面。她反复看了我写的感受，沉吟半晌，问我儿子，你爸爸多大年纪了？儿子据实回答。这位老师此时方知我们父子在年龄上把持了班里的两个第一，家长中我的年龄最大，学生中我儿子的年龄最小。随后老师把我写的感受加了个标题，贴在学校的墙报上。标题是“父亲与上学”。

“父亲与上学”，这是写给老师和学生家长看的标题，这个有点沧桑的标题让我想起了我的父亲和我的上学。

我的祖籍是山东，祖辈清朝末年闯关东，到我父亲是第三代。我父亲1918年出生在吉林省永吉县农村。他6岁时开始读私

70年前我母亲的照片

父亲在日本时留影。父亲在日本的照片都毁于“文革”，只留下这一张

1957年父亲在颐和园留影，中排左3为我父亲，这是他唯一一次到北京

塾，不到10岁就只身一人到吉林市我姨奶家读书。我姨奶没有孩子，对我父亲视同己出，此后我父亲一直在城里学习、工作和生活。

1947年东北土改，我祖父兄弟4人都被定为地主。在汹涌澎湃的斗地主浪潮中，我奶奶惊魂难定，悬梁自尽。我父亲在学习期间曾去过日本。在日本人统治东北时期、国民党统治时期都是政府的公务员。他的这些背景、经历足以使他在解放后频繁的政治运动中不得安生。“文革”中，一段时间日日担心的抄家批斗的事情总算没有发生，但父亲被定为“三开干部”，派去干力工活，后又被下放农村。所谓“三开”是群众组织的一个发明，意为三个朝代都吃得开。我父亲解放后仍然是市政府的公务员，为共产党接管政权后全市留用的6个原国民党时期公务员之一。

以父亲的经历而言，没有遭受太大的磨难已属侥幸。父亲晚年曾对我说，之所以如此，他把握了三条：不加入党派，不攀权附贵，少说话。

父亲36岁时我出生，我们家族有据可查的历史，每代有一个属马的男孩子，而且只有一个，我和我的父亲、祖父都属马，再上溯几代都是如此。

我5岁时，父亲一次骑车在冰面上摔倒，锁骨骨折，右臂动弹不得，在家休养了几个月，我得以天天陪伴父亲。父亲教我认字、读古代诗词。我没有去过幼儿园，这是我最早接受的文化学习方面的教育。小孩子，心无旁骛，百余首诗词很快就可以背下来，尽管很多字都不认识，对内容也并不理解。

我家住在松花江边，步行到江边只要几分钟。江边有个从陆地延伸到江面的茶馆，夜晚聚集了很多人，大多数是老年人。一壶茶，2角5分，可以在那里待上大半夜。我家里8口人，只有我父亲一个人上班，工资是87.5元，一壶茶钱对于我家分量很重。我家有个邻居是我父亲几十年的老同事，他家境要好一些，夏天，他经常邀我父亲去茶馆，茶钱都是由他支付。每次父亲都是牵着我的手，带我一块儿去。茶馆里，除了喝茶，只有两件事，聊天和下象棋。茶馆里只有我一个小孩，没人和我聊天，只有趴在桌边看别人下棋。次数多了，也看出一些招法和路数，开始和老年人下棋，开始负多胜少，后来胜多负少。我下棋时围观的人很多，大概对弈者之间半个世纪的年龄差本身就是个看点，父亲从来都是最热心的观众。

我马的属性和在学习上表现出来的几分灵性，使父亲对我很偏爱。

1961年秋天，我入学了。本来我月份不够入学年龄，父亲把户口簿上标明我出生月份的10，两个数字连起来，把0的左侧向下延长，改成了4。入学的第一天是父亲送我去的，我是我们家所有孩子中唯一一个入学时由我父亲亲自送到学校的。

父亲早出晚归上班养家糊口，很少主动过问过几个孩子的学习，只是偶尔我们有不明白的地方问问他。但对我有点例外，有时他会拿起我的作文看看，改一改，并告诉我为什么这样更好。

我小学五年级的时候，“文化大革命”开始了，停课闹革命，我也不能上学了。那时除了“毛选”，几乎所有社会文化方面的书籍都成了禁书，家里没有藏书，也借不到书。我生性喜静，不愿意像其他男孩子一样出去疯玩。在实在没事可干的时候，我喜欢上了数学，而且越来越痴迷，把它当成了游戏。在停

父亲与同学留影，站立者为我父亲，他们穿的是校服

课一年半的时间里，我学完了从初中到高中的所有数学课程。学习基本是自学，教材是我姐姐的课本，方式是先看例题，再做课本上的和我姐姐留下来的习题集，偶尔会问问我父亲或姐姐。在那个特殊的历史时期，阴差阳错，无意间，我为日后在非常困难的情况下延续学业打下了很好的基础。

1968年秋天，学校又开始复课，我按片划分到了吉林市毓文中学。这是一所有百年历史的学校。郭沫若、楚图南等都在这所学校任过教，金日成也是在这里完成了中学学业。正因为如此，学校历史面貌得到了很好的保存。我父亲当年也是这所学校的学生，在我之后，我的外甥和外甥女也都在这里就读，不过，三代人之间每代都相差了几十年。

毓文中学“文革”前就是重点中学，师资力量很强，但我在学校不到一年多的时间里，用于文化课学习的时间很少。学校的一把手是军代表，在部队是个营长。在“文革”特殊的氛围中，教师对这位放牛娃出身、战争中留下伤疤的军代表毕恭毕敬。有一次他作为全国学“毛选”的积极分子到北京开会，受到了毛泽东的接见。他风尘仆仆地赶回学校，召开全校大会，高举右手，激动地宣布，我和毛主席握手后就没洗过，一千多名师生潮水般地涌上去和他握手。半个小时后，我的一位同学汗流浃背地挤出来，兴奋地告诉我，他握了两次。

那时中国和苏联的战争一触即发，东北又处于交战的前沿，我们挖地道，往窗户上贴防震的纸条，拿个木头棍子练刺杀。俄语学了一点，全是战场用语和政治口号，比如：缴枪不杀；打胜仗靠的不是飞机、大炮、原子弹，而是毛泽东思想。文化课也学了点，但除了课时很少的物理、化学，其他课程对我意义不大。

记得期末的时候，考过一次试，那时全社会都对学习不重视，当然也没什么排名。只记得我们年级12个班700多学生，数学因为有道比较难的附加题，全年级满分的只有2个，我是其中的一个。

1970年1月3日，我们一家被从城里赶到了农村，父亲的身份是“五七战士”。1月是一年中最冷的时候，那天吉林市的气温是零下37摄氏度。凌晨4点多，天还黝黑的时候，一辆解放牌货车拉着我们一家和被褥、锅碗瓢盆、土豆萝卜等基本生活用品去火车站。我不知道我们要去的那个深山沟里等待我们的是什么，只是感到今后会比眼下更差，但我没有一点力量改变这一切，我和我的家人只能像一群柔弱羔羊等待命运的宰割，像一叶扁舟在惊涛骇浪中被抛上抛下。汽车路过毓文中学，在黎明前的黑暗中，我睁大了眼睛紧紧地盯住由远渐近的教学楼，天气的寒冷加上内心升腾的寒意使我的身子不住发抖。父亲显然看到了这些，他扳过我肩膀，看江边被雪压弯的柳树。我知道父亲的心里比我还难受，就一直没有回头，但眼泪一直在眼睛里打转。过了好一会儿，父亲才缓缓地说，今年好大的雪。

我家下乡的地方是个深山沟，似乎是个与世隔绝的地方，两条大山之间直径不到一公里，除了鸡鸣狗吠，没有一点生气。当时正值冬天，屯子两边的山又高，亮天很晚，日落很早，又没有电灯，似乎一天中大部分时间都是黑天，如同我们的心境。

在安顿好家之后，我和父亲去大队部去看报纸，那时已经有一个月不知道外面世界的任何消息了。大队部有《人民日报》《吉林日报》，还有《参考消息》。那时《参考消息》只到公社这一级，不知什么原因竟在这里见到了。大队部没有一个人，报纸一沓沓罗列很整齐，显然很长时间没有人翻动过。我和父亲一老一小静静地坐在那里整整看了一上午的报。现在想，那是一个美丽的画面，几十年后，我还在梦里出现过那个场景。

在我家下乡两个多月后，学校开学了。开学的前一天，父亲和我拉着载着粮食的爬犁，踏着遍地的积雪，又往深山里走了15里，到公社中学报到。

学校处于一座山的半山腰，这座山叫九顶莲花山。校舍原来是座寺庙，在方圆数百里还有些名气。“文革”中，寺庙里的泥像被捣毁，变成了教师办公室和男生宿舍，另有一排砖房是教室，几间土坯房是食堂和女生宿舍，男生宿舍在寺庙的后殿，木板搭的大通铺，一个通铺住20多人，一个后殿共住了100多人。吃的粮食自己带，交给学校，换成饭票。吃的永远是玉米面窝窝头和高粱米饭，烧一大锅开水，切几根大葱，放一把盐，就是下饭的汤。

就上文化课的氛围而言，当时农村中学强于城市中学，没有太多的跟学习不搭边的事。但师资力量很弱，教师都是本地的高中毕业生，只有一位语文老师，据说是大专肄业。这位老师有次给我们讲授古文《黔驴技穷》，其中有句“驴不胜怒”，他解释说驴没怒。

在这所中学学习一年后，我和其他几个“五七战士”的孩子一起转到了一所比较正规的中学——舒兰四中。这是所纳入县里中学系列的农村中学，在我们临近的一个公社。我住校，每周回家一次，往返要走70里的山路。

就硬件来说，这里和我以前就读的那所中学相差无几，住木板搭起来的大通铺，教室和宿舍都是土坯房，所谓的桌椅就是木头橛子夯在地上，上面放一块木板。但学习比较正规，师资也好一些，我在这里开始真正学习了一些文化知识。

差不多一年后，我经历了一件事，让我第一次感到了政治风云的诡异、可怕。有一次，政治课老师给我们讲生产力和生产关系，说革命就是解放生产力。下课后，我和几个同学一起和老师交流课堂讲的内容，我问老师，革命解放生产力，“文化大革命”也是革命，但怎么没有解放了生产力？老师无言以对。事后，有个同学把我说的话报告了学校。在阶级斗争弦绷得很紧的年代，校领导认为这是抹黑“文化大革命”，是阶级斗争新动向，旋即召开全校师生大会批斗我，与地富反坏右分子不同的是没让我站在台上弯腰接受批斗。学校书记亲自讲话，其中有一句是“要警惕我们身边大大小小的阶级异己分子”。教师、学生代表做批判发言，会场里不时有人自发地喊一些当时在社会上很流行的口号，有些口号内容的温度明显已超出这本已不当的批斗会本身，比如，打倒地主子弟吕明宜；敌人不投降，就叫他灭亡。

批斗会后，我回家没有说，怕给父亲添堵，但父亲很快就知道了这件事，一个十几岁的少年就被全校批斗，他感到震惊。他神情十分严肃地问我怎么回事，我把事情的原委讲了。他听后，脸上的表情顿时舒缓下来，怜爱地摸了摸我的头，什么话也没有说。

此事过后没多久，就放暑假了。那时，我母亲去世一年多了，家里只有我父亲和年龄尚小的弟弟妹妹，我要忙着上山打柴和干农活。再要开学的时候，学校传出消息，要在本学期把我们年级的3个班缩减成2个班，具体时间根据上级要求决定。想到我刚被学校批判没多久，铁定属于被削减之列，为避免难堪，我决定不去学校上学了。在开学那天，我早早就上山干活了，到了山上一个人呆坐了许久也无法抚平心中的苦痛。过了几周，同学又来通知我，班级不缩减了，学校让我回去上课。回去上课两周后，期中考试，我仍得了年级第一，所有考试科目都是第一。在一个农村中学只有100多人的年级，得了第一，也不算什么，但任课老师显然很高兴，数学和语文老师见到我后，不约而同地用了同一个动作，笑着拍了拍我的肩膀。

林彪事件后，中央开始有限度地纠偏。到了1972年，开始有“五七战士”陆续回城。这年9月，我父亲也接到了回原单位的调令。由于还有一些杂事要处理，家搬回去还要一段时间，这样，我就提前回到市里读书。去的学校是吉林市第九中学，这是按户籍所在地划分的学校。去了学校才知道转学需要学籍和学校鉴定等材料，这样我就写信让我父亲到我原来的学校去开。时值10月，吉林的山区已被大雪覆盖。父亲折了根干树枝当拐杖，翻山越岭在雪地里走了30多里到学校。那时没有教务组，转学这类事由政工组办，听说是给我办，办事人员态度很冷漠。父亲怕影响人家办公，在办公室外的雪地里站等了一个多小时，总算办完了。给我的鉴定本来应该一笔带过的缺点占了三分之二，中心内容说的是，政治思想有问题，需要好好改造。

收到父亲寄来材料第二天，我到吉林九中政工组，把材料交给了一位40多岁的女士，当她看到我的出身和对我的鉴定时，脸色马上变了，还用冷峻目光扫视了我一下。那时，我还不满18岁，已经对这种眼光不再陌生，我一句话也没说，转身推开房门走了。

几个月后，我又下乡了，当知识青年。去农村的那天是1973年2月17日，在学校统一乘大客车出发，父亲没有像其他学生的家长一样去学校送我，说是身体不适，在家里躺了一整天。

此后，我当了3年的知青，3年的工人，至于再延续学业是连想都没有想过的事。

1977年春天，我到延边一个叫榆树川的山沟里的一个小型火力发电厂里干活。这年深秋，传来了要恢复高考的消息，此时距离高考只有一个月零几天，我决计参加高考。

我所在的省火电工程公司，在当时是个没人愿意来的单位。在计划经济时期，所有单位职工工资都是一样的，没有效益好坏之说，而这个单位大本营在市内，但工人却要常年在外地施工，地点都是在荒郊野外，照顾不了家，也很辛苦。女职工极少，一等小伙只能找三等媳妇，其他的只能找等外品。在这种情况下，单位对已经进来的工人卡得很死，要想调出是极其困难的。恢复高考是国家政策，单位没法干涉，但设置了种种障碍。最大的障碍是不许请假，不能影响工作，而且没有正常休息日，每月只放假一天。

这样，我只能在宿舍里拉过一个灯头，用报纸做灯罩，白天干活，每天晚饭后开始复习到午夜。当时没有任何高考复习资料，我的复习资料就是家里寄来的我姐姐当年的初中和高中课本。开始时，我想报考的是理科，但一周后，又觉得不行，物理和化学学得太少了，在可以预见的竞争会十分激烈的情况下，不能有短板的科目，这样我又决定改考文科。语文不是一时之功，

父亲晚年在吉林市松花江边留影

也没法复习，历史、地理、政治同语文有比较密切的联系，过去也有一定的基础，重点浏览一下也就算了。我把大部分时间花在了数学上。尽管离开学校已经有6年了，但10年前打下的底子此时派上了用场，数学复习很顺利。

复习期间，父亲争取了一次到延边出差的机会，特地中途下车到榆树川看我，并住了一夜。那夜我们聊得很晚，也是父亲跟我说话最多的一次，关于高考的话题，他的主要意思是说，只要努力了就行了，参加高考的人太多，不要报太大的希望。其实，我明白他是想让我放松心态。他在此时专程来看我，寄予希望是不言自明的。

高考的时间是11月底，室外已是冰天雪地。我怀里揣了两支钢笔，骑了40分钟的自行车到了考场。每间教室里都坐了50多名考生，年龄大的30多岁，小的不到20岁。这是中断了10多年后的首次高考，有12届学生参加，按这年吉林省的录取率，一个教室里的考生平均只能有二三个人考上大学，一个人考入重点大学。

久违了的考试像场遭遇战，每个考生心里都没有底。就当时自身水平而言，我对考试的情况还是满意的。考试中，我觉得答得最好的是数学卷和语文卷中的作文。作文是个命题作文，题目是“难忘的十月”，“十月”指的是粉碎“四人帮”的1976年10月。

这是个我很有感触，也有很多话要说的题目，1500多字的作文一气呵成。在作文的最后一个自然段我这样写道：“十月，难忘的十月。你曾回荡着阿芙乐尔巡洋舰上社会主义的第一声炮响，你也曾汇聚着开国大典天安门广场上人的洪流，鲜花的海洋，红旗的巨浪。1976年的10月又为你添就了新的辉煌。你将带着鲜红的颜色载入史册，你将带着历史的丰碑矗立人民心怀，你将带着前进的呐喊激励我们紧跟华主席勇往直前。”现在看，尽管文笔青涩，带有鲜明的时代印记，但激情四溢。多年后，当我对这个历史事件的意义有了更为清晰的理解和更为准确的把握，给我充裕的时间，但我写不出当年在几十分钟内写的这些有感染力的文字。

高考结束一个多月后，单位就放假了。单位平时基本没有假期，但过春节的假期很长，达一个半月左右。在整个假期，我都在忐忑不安地等待着。2月底的一天，邮递员敲门，高声喊：挂号信。我马上意识到了什么，一下子从炕上跳起来，冲出门外，一把抢过挂号信，看了落款，眼泪夺眶而出。此时，我心中涌出的第一个念头就是：我真的扼住了命运的喉咙。

我马上向父亲的单位跑去，一路上能感受到路人诧异的目光。父亲正在开会，父亲的同事在会议室外喊父亲，高声说，你儿子考上大学了。父亲迅疾从会议室出来，脸上满是喜悦。父亲一生少言寡语，也很少笑，现实生活也没给一点让他舒心一笑的理由。这一次，是我见到的父亲最灿烂的笑容。他掏花镜的手都在抖。那一刻，我深切地感受到，其实，这一天，父亲比我等待得更苦。

3月初，我到榆树川办理手续，单位领导破天荒地请我一个学徒工吃了顿饭。这个月，我属于单位职工的时间只有几天，也破例给了我半个月的工资17元钱，大概是想表示歉意。离开榆树川那天，施工工地自发停工，所有的工友都来给我送行。有很多我并不熟识甚至还不认识。一个四等小站人头攒动。火车开走的那一刻，泪眼迷离中，我最后望了一眼榆树川，眼中是金达莱含苞待放的泛绿山野，心中是一片乌云散去的晴朗天空。

感情不外露的父亲一直是很记挂我的。在我大学期间，他有次出差来长春，特地到我宿舍来看看并坐了很久。我放寒暑假回家，走的时候，不说送我，而是说今天可以晚点上班，陪我一块走到离火车站很近的他的单位。有次，到了他单位后，我走出很远，回头一看，父亲还站在那里望着我的身影。

我工作后，有次父亲随离退休干部参观团到了天津，在天津给我打了电话，我邀父亲到北京住几天，父亲说以后有时间再说吧。其实他知道我当时住在单身宿舍，每月工资46元，来了会让我为难。最后，父亲最终也没能来北京。在父亲健在的时候，我没有能力让他过得好一点，而我可以让他过得好一点的时候，父亲又离我而去了，这时常让我有一种负罪感。

养育我的父亲的影子在我心中无处不在。2008年，中国新闻代表团访问日本，在日方举办的欢迎宴会上，我代表中方致答辞时，即席说了这样一段话：中国和日本有很深的渊源，大家熟知的孙中山、鲁迅先生和周恩来总理等一大批当代中国的先驱曾在青年时期来过日本，其实，我们普通的中国人很多也和日本有这样那样的渊源。我的父亲就在70年前作为学生来过日本。今天，踏上东京的土地，想到我今天走过的路或许曾经铺上过我父亲的脚印，心里就特别激动。会场响起热烈掌声，而我有些哽咽。

父亲是1989年5月过世的。父亲已经不能说话，但头脑很清醒。一到晚上7点，一定示意打开电视看新闻联播。他很关心时局的变化，尽管他也很清楚，这对于他已经没有什么意义。

父亲一生都很关心我，父亲的品格也影响了我的一生。在中国的大环境里，在人短促的一生中，不知道这种影响对我好还是坏，但我很感谢我的父亲，我满意这种遗传，我无悔我的人生。

父亲去世时我不在他的身边，10多个小时后我才赶回去。我和我的兄弟姐妹一起，到我家当年下放的乡下，把我父亲的骨灰与早他19年去世的我母亲葬在一起，下葬那天淅淅沥沥下了一天的雨。

父亲已经去世25年了，在他过世这么多年后依然印在我的脑海里，烙印最深的还是父亲与我的上学。父亲和母亲的墓地我去过很多次，近10年，我几乎每年都去。1970年春天，也就是我家下乡几个月后，我母亲以不到51岁的年龄骤然辞世。在生产队的马车把我母亲从60里地外的乡镇卫生院拉回村里时，一排老年村民拦住马车，怕外地亡灵给村里带来晦气。这样，马车没有进村，拐到一个山坡上草草埋葬。但我很喜欢这个地方，一到春天，这里有烂漫的野花、翠绿的草地和清新的空气。到了那，我只想长时间静静地坐在那里，回想与父母共同生活的时光。

晚上，我常拉着满脸稚气儿子的手到公园散步，一如当年父亲拉着我的手去茶馆，一个时代已经过去。我相信，儿子一定会有一种与我完全不同的生活，上学之路也绝不会如我般的苦涩而艰辛，我们也一定会演绎出新的“父亲与上学”。

（注：文中图片及图注由吕明宜提供）

# 我的两次特别的游泳经历

时光

我有两次很特别的游泳经历，一次是30年前，一次是10年前。一次在长白山天池，一次是在四川岷江。

这两次游泳，给我留下了深刻的印象。通过两次游泳，我深深感受到人的张狂和脆弱就如同两座大山，时刻在压迫着你。

人不能过于张狂，张狂会使自己陷于困境，人也不能过于脆弱，脆弱会使自己蒙受灾难。

人不能认为自己有一技之长，便认为打遍天下无敌手，人不能认为自己有较高智慧，便认为攻无不克战无不胜。

其实，人是很渺小的。人啊，要了解自己，认清自己。

## 一、天池戏水

吉林省的长白山天池人们并不陌生，天池水怪的传说更是令人着迷。

长白山天池又称白头山天池，坐落在吉林省东南部，是中国和朝鲜的界湖，湖的北部在吉林省境内。长白山天池为1702年火山喷发后的火口积水而成，高踞于海拔2691米长白山主峰白头山之巅。长白山天池是火山喷发自然形成的中国最大的火山口湖，也是松花江、图们江、鸭绿江这三江之源。因为它所处的位置高，水面海拔达2150米，所以被称为“天池”。长白山原是一

1978年2月24日，时光接到大学录取通知书，特意在照相馆拍了一张拉手风琴的照片留念

座火山，自16世纪以来它曾爆发了3次，当火山爆发喷射出大量熔岩之后，火山口处形成盆状，时间一长，积水成湖，便成了现在的天池。而火山喷发出来的熔岩物质则堆积在火山口周围，成了屹立在四周的16座山峰，其中7座在朝鲜境内，9座在我国境内。这9座山峰各具特点，形成奇异的景观。长白山天池呈椭圆形，南北长4.85千米，东西宽3.35千米，面积9.82平方千米，周长13.1千米。平均深度为204米，最深处373米，是中国最深的湖

泊。在天池周围16个山峰的环绕下，天池犹如是镶在群峰之中的一块碧玉。这里气候多变，常有蒸气弥漫，瞬间风雨雾霭，宛若缥缈仙境。晴朗时，峰影云朵倒映碧池之中，色彩缤纷，景色诱人。天池北侧有一个出口，湖水由此流出，经过了1200多米的蜿蜒流程，从70多米的绝壁倾泻而下，形成了著名的长白山瀑布。激流跌落，一泻千丈，浪花飞溅，如雨似霰，数里之外能闻其轰鸣之音如雷贯耳，不过，听说这般景色现在好像已经看不到了。天池不仅有着独特的自然风光，更以天池怪兽的传说吸引着众多的探寻者。

我去天池，并不是为了探秘，只是借工作之际，观山看湖而已。可没成想，我至今为止唯一的天池之游，竟然成就了我在天池中游泳的壮举。

那是1987年8月，我当时在新华社吉林分社当记者，有机会到延吉市参加全国第一次人口普查的会议，会议结束后，好客的延吉市政府组织与会人员到长白山天池游览。那天的天气很好，我们沿山路而上，快到天池的时候，在并不很多的游人之中，我看到了一个熟悉的身影——霍用灵。哎呀，这不是小霍吗！只见小霍长发垂肩，身背旅行包，独自一人往山下走去。同学相见，我们都很兴奋，好像小霍还拿出相机请人帮我们拍了照，因我要随队伍前行，我们攀谈了几句，便匆匆告别，这次巧遇，倒是留下了一个深刻的记忆。

我们走到了天池边，那时的长白山天池景区，还没有完全开发，呈现着原生态的特点。只有一块石碑上写着“天池”二字。天池湖水澄澈静谧，站在湖边，一眼就能望见很多硬币散落在靠岸边的水下，湖面平静得如同铺满着一片绸缎，不时会有几只飞鸟鸣叫着掠过。我大声喊道："天池，我来了！"声音没有想象中的激荡回响，也没有想象中的雄浑辽阔，只是在山谷中轻轻应和，像似怕惊扰了天池的宁静。此刻，我忽然有些兴奋，有些心血来潮，向陪同我们来的当地人问道：有没有人在这里游过泳？似乎我的问题很莫名其妙，他眨了眨眼睛，晃着头连声说道：没听说没听说。接着他又说道：你不要看眼前的水好像很浅，其实很深很深，有二三百米，谁敢在这里游泳？何况据说还有水怪，那可真是不要命了。我愣了愣神，又问道：真不能游泳？他说：不能。此刻，年轻气盛的我却要敢为天下先，决意要下湖一游，戏水天池。大家看阻止不了我，就千叮咛万嘱咐地说，你就在这边上泡一泡，千万不能往里游。陪同的人又叫来附近的工作人员，找来一艘小橡皮船，以防万一。

我几下便脱掉衣裤，只穿一条平时穿的裤衩，走进了水中。哇，水真凉，那叫透心凉啊。岸上的人问道：水凉不凉？我一边撩起水洗了洗脸，又用水拍了拍胸口，逞能地回答：还好。

我在水中向前走了几步，脚便不能踩到底了，水一下子就没了头，我只好展开双臂游了起来。偌大的天池水面，悄无声息，水都似乎静止不动，我在划水，涟漪微微，从我身边向四外漫延。天池的水，清澈静谧，纯粹得几乎没有杂质。刚开始，虽说水的确很凉，但还能忍受，我在离岸边不远处游了几下，便忽然发力向湖中的方向游去。这时岸上的人大声呼叫：快回来快回来！我向他们挥了挥手，继续向前游着。其实，我游的距离并不远，大约50米。不过，我很快就感到了一种恐惧，这种心理的恐惧迅速漫延开来，因为我感到湖水已经冰透了全身，整个身体就如同有万千蚂蚁在啃食，四肢已经开始僵硬，动作已有些不能自主。好在头脑此刻十分清醒，我心里默默念叨着，赶快往回游往回游，不能停不能停，如果腿抽筋了，就是再疼也要坚持游回去。我开始恨自己了：“叫你嘚瑟，叫你逞强，这下知道不能游戏大自然了，更不能游戏人生了。”

五十几米，这在平常，根本不叫游泳。可这五十几米，此刻对我来说，就如同望不到边的遥遥征程。恐惧镇压着我，难受胁迫着我，大脑几乎出现空白，只留下一个念头，就是坚持、再坚持，不能把自己留在天池里。岸上的人们还没感觉到我已经遇到的困难，他们还把我当作英雄般欢呼着：小时，好样的，好样的。我手划脚蹬，觉得过了很长很长时间，双脚终于踩在水底站了起来。我被人连拖带拽，终于上了岸。回头向湖里看了看，感到浑身疲软乏力，心脑皆空。个中滋味，那种感受，30年过去，我也不曾忘记。

## 二、漂在岷江

2005年至2007年，我在四川乐山一家企业工作了近3年时间。时光荏苒，一晃过去了10年，那个时候工作的苦与乐、好与坏、成与败，印象都已淡漠了，甚至连所住的公寓小区名字都忘记了，但是有一件事我却忘不了，那就是在岷江漂流了。

2006年的8月，乐山市体委组织一次漂流岷江的活动，我们企业组织起一个有53人的漂流队伍。到了漂流活动的那天，天公有些不作美，淅淅沥沥下起了小雨。乐山到了8月份，天气总的来说还是不错的，但是要遇上阴天下雨，那就有点凉了。出发地点是距著名的乐山大佛不远的上游一个码头，上岸地点在大佛下游10公里处的一个码头。到了出发地以后，看到各单位参加活动的人有三四百之多，我们企业漂流队被安排在倒数第二的位置出发。大家换好泳装，戴好腰间防护带，走下码头的台阶，刚刚把脚踏进水里，就觉得一股凉彻周身的感觉，据当时组委会通告的消息，水温在22℃～24℃。这一凉不要紧，我们原来53人的漂流队伍，立马减员到8个人。大家劝我不要游了，说水太凉，我这个人好胜心强，拒绝了劝阻。当我站在水里，才感到周身冷得直打颤，我向远处看去，朦朦雨雾，江水茫茫，湍流荡荡，由北向南，遥遥10公里，我能游完全程吗？

乐山境内流淌着三大江河，有岷江、青衣江、大渡河。

岷江，长江上游的重要支流。岷江发源于四川松潘县岷山南麓，有东西二源。东源出自海拔高3727米的弓杠岭，西源出自海拔高4610米的朗架岭，一般以东源为正源，两源汇合于虹桥关上游川主寺后，自北向南流经茂汶、汶川、都江堰，穿过成都平原的新津、彭山、眉山，再经青神、乐山、犍为，于宜宾市注入长江，全长711公里，流域面积135,881平方公里，其中四川126,280平方公里。

青衣江，长江支流岷江支流大渡河支流，主源为宝兴河，发源于海拔高为4930米的邛崃山脉巴朗山与夹金山之间的蜀西营，流经宝兴在飞仙关处与天全河、荥经河汇合后，始称青衣江。青衣江在魏晋南北朝以前名叫青衣水，以青衣羌国而得名。

大渡河是岷江最大支流，是长江的二级支流，古称沫水。大渡河为高山峡谷型河流，地势险峻，水流汹涌，自古有“大渡天险”之说。大渡河发源于青海省，干流全长1062公里，流域面积77,400平方公里。

也许是乐山大佛的神力感召，这三大江河竟在大佛的脚下顺服归合，都汇入了岷江的水脉之中。

在岷江中漂流，是我人生中第一次在大江中游泳，也算得上是一次挑战和考验。

凉风横扫，冷雨抽身，我击水向前。出发不久，我们很快就游到了乐山大佛的脚下。乐山大佛，我曾多次上去瞻仰，凭高俯瞰，能够感到大佛胸怀宏阔，眼界辽远。但当我第一次从水中仰视大佛，却深深地被大佛的雄伟壮观而震撼。

乐山大佛也被称为凌云大佛，位于乐山市南，岷江东岸凌云寺侧，濒大渡河、青衣江和岷江三江汇流处。大佛头与山齐，足踏大江，双手抚膝，为弥勒佛坐像，体态匀称，神势肃穆，依山建成，大佛通高71米，头高14.7米，头宽10米，发髻1051个，耳长6.7米，鼻和眉长5.6米，嘴巴和眼长3.3米，颈高3米，肩宽24米，手指长8.3米，从膝盖到脚背28米，脚背宽9米，脚面可围坐百人以上。大佛开始凿于唐玄宗开元初年(公元713年)，有“山是一尊佛，佛是一座山”之称，是世界上最大的石刻大佛。据说大佛是海通禅师为减少水患，普渡众生而发起修凿的。海通禅师圆寂以后，工程被迫停止。多年后，先后由剑南西川节度使章仇兼琼和韦皋续建，直至唐德宗贞元十九年（公元803年）完工，历时90余年。在大佛左右两侧沿江崖壁上，还有两尊身高超过16米的护法天王石刻，与大佛一起形成了一佛二天王的格局。与天王共存的还有数百上千尊石刻塑像，汇集成庞大的佛教石刻艺术群。

千百年来大佛安静地端坐于此，看江水奔流，看世事变迁。有关大佛最著名的传说有三次。第一次，那是三年困难时期的时候，大佛闭过一次眼。当时天地荒芜，疾病横行，死尸遍野，惨不忍睹，有“人相食”之记载。当地人穷，人死了就拿草席一卷扔进江中。而大佛临江而坐，每天都有成群饿死的尸体顺江而下漂过大佛，大佛便在一夜间突然闭眼。当地的人们传说是大佛不忍看到惨景才闭眼的。第二次，1963年大佛看到民生涂炭，又流出了眼泪。第三次，到了2002年，那时风调雨顺，百业兴旺，这次大佛竟然难得一见地呈现“神秘光环”，人称佛光普照。5月7日上午9时43分，在乌云还未褪去的大佛上空，突然出现日晕现象，刚刚升起的太阳四周闪现出一个直径约300米、内红外紫的五彩光环，色彩时明时暗。11时许光环开始散发出耀眼强光，中午时分佛光慢慢淡化、散去。整个佛光现象持续了3个多小时。

难道大佛真有神灵吗？但愿天地间真有神灵在护佑苍生。

在江水之中仰视大佛，的确感到心灵被冲刷洗涤，周身发热，如同被赋予了巨大能量。我和同伴们双手合十，高高举过头顶，向大佛虔诚地顶礼膜拜。当时，人们几乎都屏住呼吸默默祈祷，只听到江水滚涌，浪花拍岸的声音。

说来也怪，在水中礼拜大佛之后，原来沉迷灰蒙的天空竟然放晴，冰冷的雨水也不再肆意抽打，太阳从密布的阴云中射出道道光芒，江水也似乎变得温暖柔贴。我们向大佛致以注目礼后，又继续向前游去。

岷江浪急涌大，大家奋力前行。我的水性还可以，一边游着一边招呼着没有跟上队伍的同伴，我想既然我们只剩下8个人参加漂流，那就要保证我们这支队伍的完整，不能丢下一个人，按当下的话，就是要有团队精神。游着游着，当动作已经变得有些机械的时候，脑子却开始活跃起来，思绪纷杂地冒出很多想法。从插队下乡到大学读书，从娶妻生子到父亲去世，从大学毕业当

1982年1月10日，毕业前夕，四位同学合影留念。前左起：时光、黄国柱，后左起：温玉杰、欧阳晓晴（79级同学）

记者到做企业，从举家南迁到移民国外，一幕一幕从脑海掠过。人生真如同翻滚的浪花，在涌浪的裹挟下，竟然让你不由自主地在属于自己的历史河流中游过。在这翻滚的涌浪中，你也像浪花一样，有时跳跃出来，彰显一下，但随即便会沉没下去，无声无息；在这翻滚的涌浪中，有时一条小鱼会撞入你的胸怀，使你感到收获在即，但随即小鱼却又滑落而去，让你体会到得而复失的感受。江水滔滔，不时会有各种东西贴近你，靠近你，有的是不期而遇，有的是你自己伸手拉来，而不期而遇的可能是有用之物，自己拉来的却是一个废品。在人生的长河中，你也会遇到各种想要和不想要的东西，想要的不一定能用，不想要的也许会有用。江水浩浩，你只能随波逐流，容不得去抗争去挑衅；在人生的长河中，你更多的时候只能屈从命运的安排，很难去做命运的斗士。江水滚滚，时有惊涛拍岸，但那要聚集多大的能量，要有多少助推的力量；在人生的长河中，也有功成名就，但那除了自我奋争，更多的时候也要有命运的垂青。江水荡荡，你能保持不被淹没，说明你还具备击水的能力；在人生的长河中，你能保持不被淘汰，说明你还具备拼斗的精神。就像在岷江漂流一样，你面对的是很多的未知，你也很难知道将会遇到什么，只能靠自己的意志力，掌握自己，不被浪涛淹没。脑海翻腾，思绪绵绵，如果不是在岷江中漂流，恐怕脑子里也不会涌现这么多稀奇古怪的想法。

在岷江漂流，还是有意思的，虽说也遇到浪涌呛人，也要躲避漩涡，但最终没有经受惊涛骇浪，更缺少惊心动魄的抗争。

岷江遥遥迢迢，我们奋力前行，已经超过前边的多支队伍，看着游弋在江面的救生船，我们没有一个人被拉落后或上船。历时一小时四十几分钟，我们在登陆的码头上岸，我们从出发的排位倒数第二名变成了正数第二名，完成了岷江十公里的漂流。

岷江，我挑战了你，虽然只是短短的十公里。

岷江，我拥抱了你，虽然只是短短的十公里。

# 回音

杜学全

我的世界，到今年为止，时间的纵向不过57年，但一路上别人说给我或者我说给别人的，包括在我生命之初别人说给我听而在后来又通过别人转述给我的一些话，虽然很久远，但我依稀听得清楚。

这是历史的回音，这回音，只在我的回音壁里回旋。

## 一

“是个小子，挺好看，怪招人稀罕的。”这不是母亲，是接生婆的声音，母亲的声音是有味道的，刚离开母体的我能分辨得出来。

“他大[①]，你上供销社买块红布吧，第一块褯子得用红的，有这说道。”这才是已经生过七个孩子而已经夭折了四个的母亲，我想她此时是面带疲惫和欣喜在对父亲说，脸上应该是留着汗水的。

“买两尺扯错了给扯了三尺，没那些钱，卖货的老刘说这么地吧，不要了。要说这孩子还有点福气呀！”我看见一个年轻的男人笑盈盈地说着，是父亲。读过私塾，能写会算的父亲，自从从新政权的太平山大区政府被母亲硬生生地给拽回来后，一般是没有笑容的，见到初生的儿子，他笑了。

二

“老李大夫，这孩子还有救没救？你要说没救，我好准备席子包他。”已经多次亲手埋掉自己孩子的父亲，是能禁得住再次打击的。

“不好说，这羊杆儿风治好的少。我呢用这草药水儿熏熏，救得过来当然好，救不过来你们公母俩②也别怪我。”李二先生是方圆几十里有名的土中医了，是我见过的第一个戴眼镜的人。

那草药水儿把个刚满周岁的我熏得，愣从昏迷中醒过来了，母亲的泪水滴在了我的嘴上，又酸又涩的。

没有奶水的母亲，喂了我一口没糖可加的玉米面稀粥，大人吃的是用玉米面、玉米叶子粉、玉米瓤子粉和在一起做成的稀粥。

三

春天，我和父亲在种园子，长得慈祥而端庄的中心校栾老师来了，拿着笔和本子。

“老杜啊，你家老二几岁了，该上学了吧？”

“属猪，七岁，上呗！”

“他叫啥名字呀？我给登记上。”

“没大号，小名叫石头，你给起个吧。”

“他哥叫啥？”

“学会。”

“那叫学全吧。”

“行，登吧。”

我在一旁就是个听，不发声，也不需要发声。

1974年10月，杜学全（中排左二）初中时参加县“红代会”

从此我有了一个专属于我的符号。

## 四

第一堂课，讲“毛主席万岁”。这边老师讲，窗外从公社大院里人工喇叭③传来基干民兵营长邢家老二铿锵有力的声音。

“贫下中农同志们，社员同志们，现在向大家传达伟大领袖毛主席最新指示。毛主席教导我们说……”

“凡是敌人反对的我们就要拥护，凡是敌人拥护的我们就要反对！”

中心校运动场的批斗大会上，我的一位老师，左手举着“红宝书”，右手高举着握紧的拳头，站在台上声嘶力竭地发言，批判我的另外一位老师。

“地主分子于自清，他仇恨新中国，仇恨共产党，妄想复辟资本主义，好去过他花花公子的生活，重新骑在我们劳动人民头上作威作福，我们一千个不答应，一万个不答应！”

2002年10月在居庸关长城，想体验下横看成岭侧成峰的感觉，实际上“横”不是指人体横过来，而是指映入眼帘的山的长面

“打死他！”下边有人喊道。

于老师背部被木棍、皮条、铁条打得皮开肉绽，昏死过去，抬进了棺材。

“不能埋！不能埋！我兄弟还有气儿，还没死！”于自清老师的姐姐哭天抢地地趴在棺材边上，伸出胳臂挡住，不让人们把棺材抬走。

于老师活了下来，我们这些一年级“小豆包”们都被吓坏了。

## 五

“新阳公社广播站，现在是农业学大寨、建设大寨社专题节目！”

“农安县人民广播站，现在播送特大喜讯，以华国锋同志为首的党中央，代表党和人民的意志，一举粉碎了‘四人帮’反党集团！”

从初中，到高中，和高中毕业后的几个月，在公社、县广播站、武装部做了编播员、板报员和干事，都是临时的，给记工分。

初二时公社小刘书记找到我父亲说“老杜头，你家老二别念书了，到广播站来吧”。父亲问我“去不去?”，鬼使神差地，我说“我不去，我要读书”。

## 六

1977年的春天，和父亲、姐弟们在自留地栽土豆。

父亲一脸沉重。

“石头，大跟你说，那个临时的别干了，不是个办法，书也别念了，赶快下队上干活吧。”

霎时间，好像一块重石砸在了我心头，天地都是昏黄的，简直末日来临一样。

“石头，听姨④的，吃点饭儿，饿坏了身子可不行。咱们走正道，有本事，干庄稼地的活儿也挺好的。”母亲说了一堆在我当时听来无滋无味的话。

那些日子是怎么过来的呢？

## 七

1977年9月，公社农田水利建设工地，编《农建战报》。

“小杜，恢复高考了，你还是赶紧回家复习吧，别在这耽误时间了。”坐在身边一起吃饭的大刘书记说。

我好像未加思索，只“嗯”了一声，便回家复习了。

“杜学全！你报什么理科？你学了多少数理化？你要当什么医生？我跟你说，第一步无论如何先从咱这里考出去，以后才

2009年5月在长春卡伦湖，曾与建国说若永久停留在这盛开的鲜花之前，时间不再前行，该有多好，可转眼又过去了7年

有机会出息人。听我的，上县里改志愿，报文科！”劝我的人是黄成就，我的化学老师，广东人，北师大毕业，因为兄长在海外，被“发配”到了东北农村，刚讲课时，说“发（化）学变发（化）”，一句也听不懂。

于是——

第一志愿吉林大学文学

第二志愿北京广播学院编采

第三志愿长春师范学校中文兜底儿

第一科考的数学，“烤糊”了，反而轻松了，其余各科，考得还行。

## 八

“一人参军，全家光荣！你们是新阳的子弟，是新中国的青年，参加人民解放军，保卫祖国，保卫人民，保卫和平，是你们的光荣，也是家乡无尚的光荣！”

这是1978年2月25日，已经穿上了军装的我正在公社广播站播送欢送新兵的稿件，在邮局工作的邻居倪大姐来电话了：

“广播站吗？那个杜学全在不？让他马上接电话！”

“我是。”

“学全啊，你考上大学了，通知书来了！”

“哪所？”

“吉林大学！”

两个也已经穿上军装的同学陪着我一路跑到邮局，从倪大姐手里接过了通知书。

那时，只有傻笑，还笑出了眼泪。

临走那天，生产队保管员常大爷给了我一套三卷本绿皮人民文学版《水浒传》：“杜家老二啊，这书你能用上吧？拿着吧，评《水浒》都过去了，放着也没用。”上边还有“农安县新阳公社裕民大队第一生产小队”的公章。

现在我还都纳闷儿，一个大字不识，他咋知道这书对我有用呢？

## 九

2000年开始：

“学全今天有事没有，过来玩一会儿呗。”

“兰哥都谁呀？”

“还能有谁，就咱们几个呗。”

“好，我去！”

1991年7月：

有些年了，一般在周末：

“金亭啊，下班后有事没有，过来吃点饭呗，我请老杨和建国也过来，还上那个金豆坊吧，不见不散！”

“好啊学全，等我吧，正好顺便带给你几本书。”

2004年的高考季：

“爸，我也报中文。”

“中文，我那时候是好专业，现在不行了，报别的吧。”

“不的，我就报中文。”

“行，你的志愿你说了算。”

这是我和女儿之间曾经的对话。

2014年正月：

在吉林市江南一号小区，坐在轮椅上的老刘盯着我，含混不清地：“你，杜学全。”

2008年初夏：

“当年你要是像这样洒脱，说不定咱们就在一起了呢！”一位我一直思之念之的人对我说，八年过去了，这几个字竟忘不掉一个！

大年三十收到金亭女儿英娜从澳洲发来的微信：

“叔叔你好，春节到了，我在澳洲祝您和家人新春快乐、健康平安、万事如意！”家人谁也没有发现我流了泪，这泪是对他的怀念，也是为他女儿的成长而高兴。

十

我的世界，空间狭窄到只有小学、中学、大学和参加工作后一直供职的学校。如果我的回音壁是个圆的，其直径也就百八十公里，但那回音却经常在我耳畔作响，有时在梦中，有时在闭目养神时的脑海里，有时在与同学、朋友、家人闲聊的回忆中。

虽然几天、几年、几十年过去了，但那回音由耳入心，不管是苦涩，还是甜蜜，抑或是悲欢，都有滋有味，因为它们都已经成为了我生命的一部分。

注释：

①我们兄弟姐妹称父亲为“大”，是在母亲连续生了4个孩子都夭折后，为了孩子们“好养活”才这样称呼的。

②“公母俩”系东北方言，系指有一定婚龄的老夫妻，发“姑妹儿俩gumeirlia”音。

③“文革”期间老家尚未通电，批斗会和宣传队都使用铁桶喇叭。70年代初通电后才有了有线广播。

④我们兄弟姐妹称母亲为“姨”，是因为四姨夫妇去世后他们的女儿由父母收养，表姐把我们带大，她称母亲为姨，我们也就跟着叫姨了。

2016年3月16日于长春

# 不应该有的记忆

鲁晓琨

历经35年的岁月，大学生活的记忆好多都模糊了，而一个不应该有的记忆却长久地留在了脑海里。

大二的一天夜里，我突然得了急性胃肠炎，腹泻，呕吐使我无法站立，被用担架抬进了校医院。由于当时极度虚弱，没能顾及抬担架的人。后来听说是老刘寝室的几位同学，感谢你们让我坐了一回“轿子”。这次住院让我深深地感受到了同学的温暖、班里最小女生的“优越”。我仍记得曹姐、刘晶夜里陪我到医院；我仍记得女同学们，还有几位男同学来看望我，有人还带来了营养品；我仍记得我住院期间刘晶为我拆洗了被褥。但其中记忆最深的是孙歌给我送来了炒菜，我连菜名都记得清清楚楚：鸡蛋炒青椒。这大概是因为胃肠炎过后，胃里极空，医院的饭菜又不可口，那顿美餐就成了最高的享受。

其实，我们的祖先就曾把“好吃的”看作“美好的”“美丽的”。我的姓“鲁”字，在甲骨文里，下面不是“日”，而是一个“口”，即，用鱼落入口中的样子来表示“美好”的意思，甲骨文中的“吉鲁”就是现代汉语的“吉祥美好”。保持原形原义的“美”，字形也是作为祭祀品献给神的“大羊”。由此可知，当人们的胃肠需要没有得到满足时，“好吃”就高于一切，这样看来，我的“鸡蛋炒青椒”的记忆也是极为自然的。

大学期间，鲁晓琨（左）在教室里

大学的这次经历并不是偶然的。我从小到大一直体弱，感冒发烧，牙疼耳肿，胸闷腹泻，许多小毛病一直伴随着我，外出时绝对不会忘记带药。多少年来我一直苦于体弱，却以为遗传所致，无法改变，只能靠精神力量来战胜。后来才发现并不完全如是。在日本谈儿童教育时常用「体を作る」这一短语，硬译就是"做身体"（培育健康的体格）。「作る」是"做饭""做东西"的"做"，"做饭""做东西"的结果是使其从无到有，"身体"本来就有，为什么还要"做"呢?这说明一个正常的"身体"应该是"健康的身体"，而"健康的身体"的形成要靠父母的培育和孩子自身的努力。「体を作る」主要是让孩子运动，也包括饮食营养、生活习惯等。回忆自己的青少年生活恰恰缺少了这一环节，从来没有做过可以称为体育运动的运动，致使自己非但没有"健康储蓄"，还一直背着"健康债务"。为了还清"债

1980年，长春地质宫广场。左起：张丹、张北冰、鲁晓琨、于舸、曹虹冰、冷月娥、孙丽华

务”，逐渐开始“储蓄”，我下决心通过运动改善自己的体质。

于是，39岁我开始学打网球，在球场上出现虚脱后，我没有选择放弃，反而把每周一次增加到每周两次；51岁我开始登山，一般登山者用7个小时，我要用9到10个小时，经过6年的努力，我终于征服了日本名山43座，也终于成为一名一般登山者；55岁我开始跑步，3公里→5公里→10公里，两年后57岁，2016年3月，我用2个小时26分57秒的时间完成了21.09公里半程马拉松。虽然还只是半程马拉松，但在我可以说是一个奇迹，我第一次表扬自己，那不是因为我战胜了别人，而是因为我超越了自己。半程马拉松撞线时，激动的泪水翻开了我人生新的一页，同时又闪现出下一个梦想：撞线42.195公里全程马拉松。

被抬进医院是大学时代不应该有的经历，我将继续用汗水找回失去的童年，用自己的双脚来丈量人生。

# 下海始末

温玉杰

大学毕业后的头几年，我像一座走时精准的挂钟，在四平一个文化单位安分守己地运转着。那时的本职工作是搞戏剧评论与创作，可以说与所学专业基本对口。所以，我干得得心应手，很快就在吉林省戏剧界崭露头角。

记不得是哪一位哲人说过：贫穷是人类的致命伤。80年代初，我的月工资只有50多元钱，将够养家糊口，谈不上温饱，更谈不上富裕。那年头总是道听途说一些下海致富的故事，尤其是我们上级主管部门文化局马某的举动，给了我极大的震撼。他原本是给局长开小车的，油水不少。可他决意扔了铁饭碗，下海开了一家汽车修理部，不到半年竟赚得盆满钵满，那叫一个扬眉吐气。与这些人衣食住行上的巨大反差，不能不让我怦然心动。我真是穷怕了，贯穿我整个青少年时代的缺衣少食的悲哀感一直没有消遁。所以我暗下决心，一定要想办法消灭“贫穷”这个死敌。于是，我曾利用出差的机会，到比较富裕的大连和烟台联系过工作，甚至到长春与徐敬亚、吕贵品等大学同学商讨办一份报纸，取名叫《快乐报》，还煞费苦心地让吕贵品的太太只身去宣传部投石问路。说来幼稚，办报纸哪有那么简单，且不说根本批不下来，就是批下来，哪里有办报的经费啊。最初的下海欲望很快就破灭了。

下海念头的再一次复活，是1984年吕贵品等几位同学南下深圳引发的。那时有关深圳的传说很多，说吃的面条都是香港的，热水一泡就熟了；说喝的饮料都是铁罐的，一拉小环就开了……现在看其实就是方便面和易拉罐。但对封闭多年，物质匮乏的内地人来说，毕竟新鲜啊。新鲜的就有诱惑力，新鲜的就令人向往。于是，趁吕贵品去深圳路过四平时，我特意赶到站台，从窗口递进我的简历，表达了想去特区的意愿。同时还给了他100元聊表心意。钱虽然不多，但也将近两月的工资，可见我下海的决心是何等强烈。随后将近两年时间里，我翘首以待，可一直没有消息。那时还不知BB机和手机为何物，只能写信，我总共写过三封信询问此事，对方始终没有回音。我猜想不是吕贵品太忙，就是深圳太苛刻，从此便把下海的念头再次深埋心底。

1985年我从四平调到省城，偶然获得一次去深圳的机会，下海的欲望一下子又燃烧起来。那次住在也去了深圳的徐敬亚同学家里，其家三室两厅的房子让我非常羡慕，特别是大厅（其实也就十几平米）更让我目瞪口呆，我感觉它宽阔得可以骑自行车。这对尚住8平米办公室的我来说，无异于当头棒喝——醒醒吧，井底之蛙。隔几日，徐敬亚又带我参加一次聚餐。结账时，做东者一下子拿出300多元买单，竟是我半年的工资啊。活生生的一出拮据与阔绰的悲喜剧，像一记重锤敲得我茅塞顿开——下海，脱贫的唯一选择。于是，我让徐敬亚带我见了几个正在招兵买马的老板，我还把简历留给另一个也在深圳工作的宫瑞华同学再求一逞。

回到长春不久，我就接到宫瑞华打到单位的电话，说深圳招聘小组将于某日到长春，在长白山宾馆设点招聘，你的简历已交给他们。招聘第一天的下午我就去了长白山宾馆，毫不夸张地说，那叫一个人头攒动，水泄不通。足足等了3个多小时才轮到我。接待我的是一位中年男子，他让我先登记，又问了我一些对深圳电视节目的看法。我没有奉承，直言不讳地说了不少批评话。想不到深圳很快就给吉林省文化厅发来商调函，足见特区用人之急，办事效率之高。可让我想不到的是文化厅不放人，理由是把你调来省城还不到一年，现在又正在准备调你老婆，怎能见异思迁？怎能忘恩负义？我一生的弱点就是不够狠，还常被“宁可别人负我我不负别人”的信条左右。所以马上表态：那是我在四平时托同学联系的，不去就是了。我无法猜想，如果当年去了深圳会怎样？同几年后再下海相比哪个结局更好？显然，这是一个永远没有答案的猜想。

光阴荏苒，一晃在体制内又干了5年。到了1989年，我认识了一个叫许金焰的作家，长影拍摄的《美女蛇》就出自他笔下。此时，他已是海南一家影视公司的老总。他热情洋溢地向我描述了刚刚建省的海南岛的万千景象——风光优美、政策灵活、前景广阔。我意识到机会又一次降临了，这可能是我下海的最后一班车。于是我试探去他那里工作如何？想不到同他一拍即合，当场宣布聘我做他的助理兼总编室主任。

我的一个出版社朋友宋某知道此事后，大为震惊。其理由是，你一个在单位颇受重视的大学生尚敢于下海，我一个退伍兵干吗还老守田园？他劝我先不要轻举妄动，他正要去海南出差，顺便摸摸底再说。不久他回来告诉我，那家影视公司实力太差，只有两间破烂不堪的办公室，墙壁还是用胶合板隔成的。我说创业初期难免艰苦，他说去那么远的地方一定要万无一失。接着他神秘却又胸有成竹地说出了他的新建议——去海南一家出版社。理由是有书号，并且可以在长春干。尽管我对一些富裕书商有所耳闻，而且这个行当又与我热爱的文学关联紧密，但未来是成是败是福是祸毕竟是个未知数。我之所以毫不犹豫地应承下来，依旧是急于下海使然，那时候我还真是有一点破釜沉舟的壮士情怀。

我和宋某利用一个星期天去北京见了名为“南海出版公司”的老总。老总姓霍，是个女的，虽年过40，却风韵犹存。她的公司常年租着北京饭店，一看就是有钱人（后来才知道，她父亲1950年就是甘肃省委书记，后被列入彭德怀反党集团打倒）。经几番交流和讨价还价，双方很快签定了合作协议。

一切已是箭在弦上，不得不发。我在第一时间跟单位领导谈了下海的打算。我原以为已经给文化厅卖了5年力气，不会为难我。结果又碰了钉子，而且还很硬。领导说，文化厅不仅把你老婆调进长春，还给你分了两居室房子，评了职称，又提拔为中层干部。想想看，比你早来10年的同事老马、老于、老梁有这种待遇吗？你好意思走吗？又是晓以利害，又是让我感恩。可这次我下海的决心雷打不动，我便直接去找了文化厅的刘厅长。他1958年毕业于吉林大学中文系，我们标准的校友。一见面刘厅长就开门见山，说不放你走是看重你，人事处正准备考察你，不要因小失大。我说我的性格不适于当官，倒适于当个体户。他说你涉世不深，还没意识到下海的风险。我说我有心理准备，大不了多吃点苦，多挨点累；他说……我说……经过几番推心置腹的交流，最后他说如果同意三个条件就放你走：一是交出房子，二是放弃职称，三是老婆调走。这三条显然是强人所难。我便说，眼下我

1994年温玉杰（右一）在范文发（右二）家喝酒吃饺子

一家人不能睡马路，房子一年后交出，可立军令状；职称我立即放弃；老婆不能调走，因为我就在长春下海。为了说服刘厅长，我打起感情牌，说从官职上您是厅长，从校友上您是师长，从年龄上您是兄长，就凭这三长，您应该支持一个晚辈的追求。刘厅长也许真的被感动了，见我去意已决，他还是松了口，按我的意见达成了协议。从这一刻起，我便一头扎进了海里。

我也想不到自己的骨子里竟有拼命三郎的精神，为了搞出畅销书，我自掏腰包请客，多次组织业内的行家里手出谋划策；为了扩大图书订数，我曾用38天跑了30个城市的新华书店，完成谈判并签约；为了最大限度地降低成本，我亲自跑造纸厂为印刷厂提供纸张……果然功夫不负有心人，仅一年时间，我就赚了钱，花13万在长春买了全市第一个复式房，并按承诺把原住房交公。刘厅长曾到我新家看过，他感慨道，你的房子比我当厅长的都阔气，看来你下海是如鱼得水呀。三年后我又全家移居珠海，在这座美丽的海滨城市开始了新生活。

从1989年算起，我在海里足足打拼了20多年，总共出版图书

300余种；其间还开过酒吧和快餐，投资过房产、客栈和股票；我自己当过老板，也为别人打过工。一路上酸甜苦辣，五味杂陈，有喜悦也有忧伤，有坦途也有坎坷，有成功也有失败。如果总结一下，最值得珍惜的是体制外的自由自在；最需要坚守的是勤劳务实；最可以欣慰的是诚信待人；最应该庆幸的是没有犯诸多下海者都易犯的坑蒙拐骗的原罪；最深刻的教训是有些决策盲目冒进；最令我懊悔的是没有建立团队把事业做大；最值得引以自豪的是我曾策划和运作的一套教辅读物，6年总发行量达3000多万册，有许多学生给出版社写信说这套教辅既廉价又实用。这种叫好又叫座的图书是属于我自己创业路上的一座小小丰碑……

有人说，下海就是疯狂地奔跑，然后无奈地跌倒。此话不假，我目睹了太多跌倒的下海淘金者。有的是身体累垮了，不得不倒下；有的是良心变坏了，从人格价值上跌落下来。当下中国，由于法制与教养的缺失而导致的物欲横流和金钱至上，已经让下海成了一个危险的去向，而且也确确实实地毁掉了一大批人。中国本是一个礼仪之邦，理应比西方更具有道德优势，然而，现实却大相径庭，这不能不让我们深思，深思，再深思。

虽然疯狂已离我远去，但跌倒则是早晚要发生的事情。我参与并任总经理的一个深圳戏剧公司，苦心经营一年后，已经看到了亏损的结局，我不能让股东的钱无端地付诸东流，更不能让自己的良心受到谴责。于是，趁着还没有跌倒，我和股东陈说利害，决定卖掉这个公司。在收回大家的全部投资后，于2012年初夏，我回到珠海完全彻底地闲居下来。这一年我62岁。从此，日子过得极为平静恬淡，面对人世间的朝夕更迭，风云变幻，我在悠闲中打发着生命的最后时光。

“天高地迥，觉宇宙之无穷；兴尽悲来，识盈虚之有数。”王勃在《滕王阁序》中的这段话醍醐灌顶，让我时刻提醒自己：生命迟早都要结束，不要过多贪恋名与利，计较得与失，牵挂怨与悔。最重要的是在盖棺定论的时候，你能否既不隐瞒也不夸张地对天地和良心说：这一生我基本无愧！

距离盖棺定论的日子还有多久我不得而知，但我有决心做到，这一生基本无愧。

# [重逢——77影像志之三]

吉林大学中文系77级毕业30周年留影选辑

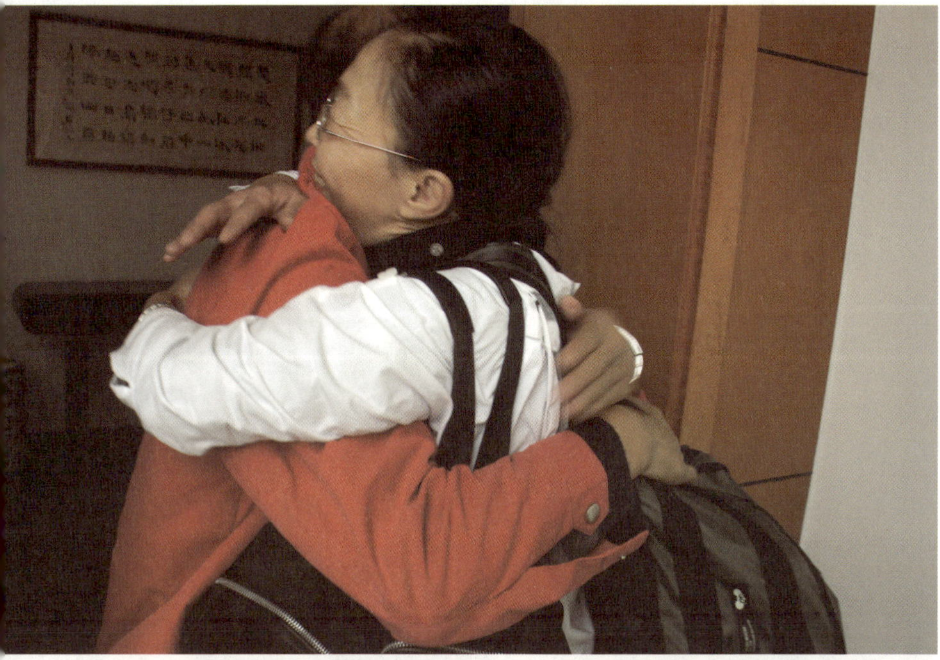

吉林大学中文系七七级毕业三十周年庆典
我的同学我的班 吉林大学中文系77级影像志1977—1981
我的同学我的班 吉林大学中文系77级影像志1977—1981
我的同学我的班 吉林大学中文系77级影像志1977—1981

UNCOVER

# 游艺

# 练字之路上的一只蜗牛

王金亭

一

小时候，在做教师的父亲引导下，我对写毛笔字发生了兴趣，也断断续续地下过一些零零碎碎的功夫。给我用来写作业、练字的，是一张据说有百年历史的小小黑漆八仙桌，和一把我家在长春通化路居住时一位日本邻居撤退前赠送的折叠椅。这半古半洋的滑稽组合，倒还舒适。字帖是一本民国年间出版的“颜鲁公”。虽然写来写去一点儿也不像，我练字的兴趣却有增无减。那时候，冬天美丽的雪野上，夏日平坦细腻的河滩上，都曾留下过我稚嫩的字迹。

虽说练字进步缓慢，但总算是没有放弃。这样到了中学毕业的时候，字写得还是比较工整了，加上作文尚可，毕业前一年曾被选为板报组长。即将毕业的时候，因为上述原因被某乡机关选去给乡里领导和省委工作队当勤务员兼文字誊写员，由此获得了相对宽裕的学习时间，为1977年11月底，顶着漫天风雪参加高考并取得成功打下了基础。

二

1978年那个阳光明媚、春风遍地的3月，我成为了吉林大学中文系1977级202寝室的一员。记得寝室成员到齐的那天晚上的

王金亭作书

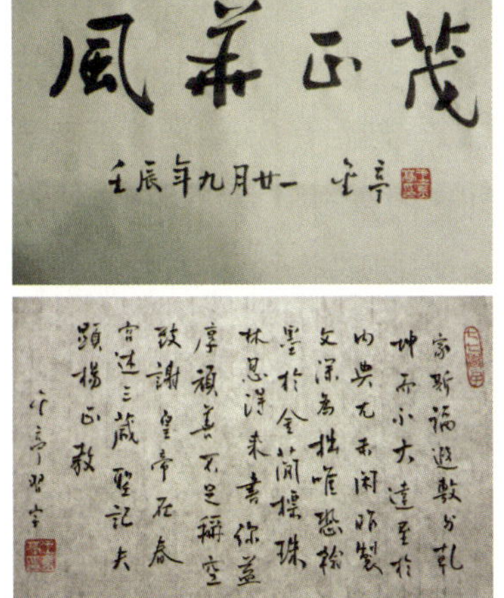

某个时刻，我对面床上的寝室长高文龙同学和他的上铺正聊得火热。上铺颇有些神秘地说："我爸说，你们有个同学简直就是书法家！"只见文龙兄的脸上忽然掠过一丝不易察觉的微笑。几天以后，大家终于知道：文龙兄就是那位同学。

在后来的日子里，由于对书法的爱好，对文龙兄的仰慕，更承蒙文龙兄不弃，我和他的来往一直很密切。文龙兄还数次带我去他家，自己动手包饺子给我这个家在外地的同学改善生活。我也得以有幸认识了文龙兄全家人，特别是文龙兄的父亲——资深中药学专家、吉林中医学院教授、和蔼慈祥的高士贤老先生。老人家业余对书法和旧体诗词有偏爱。记得在文龙家里看到一把折扇，上面是他以行书抄写的老人家游览西湖的一首七言绝句，内中将"苏堤春晓""柳浪闻莺"等名胜巧妙镶嵌进来，浑然天成，意境开阔，好诗好字，令人一读难忘。在文龙家里更看到墙上悬挂着文龙以洋溢着青春光彩的精美欧楷书写的《诗经·硕人》（其中有"巧笑倩兮，美目盼兮"的名句），还看到了文龙在牛皮纸练字册上以令人爱不释手的行书抄写的《三国演义》开头若干回。

在校期间，像受益于很多同学的帮助一样，文龙兄在书法方面（当然并不限于此）对我潜移默化的熏陶，帮助我逐步确立了正确的书法观，也促使我慢慢走上了正确的练字路径，他更以同龄人中罕见的高水平、多方面的书法学习与创作成就树立了典范，令我受益几十年。

## 三

以2011年金秋在北京举行的纪念毕业30年隆重庆典为新起

点，以班博为联系纽带，在个人书法艺术造诣早已进入新境界并不断精益求精、对书法理论的掌握更加系统更加炉火纯青的文龙兄热情为同学服务精神的感召下，在书法艺术魅力的吸引下，以“深入古人，找回自我”为主要理念，我们同学中间掀起了持续的书法热，若干同学展示了鲜为人知的书法才气和令人鼓舞的进取精神。在这样一种喜人局面的激励下，我坚持得确实比过去好多了。近年主要以临虞世南的孔子庙堂碑为主，自觉还是有长进的。这要感谢文龙、用灵、邹进和同在长春的端忠等等各位学兄和班博。我一定能够坚持下去，因为现在比过去任何时候瘾头更大。

2012年春节文龙兄回来，在去省政协同馨宾馆赴宴的路上，悄悄告诉我，文龙兄的老父亲近日看了咱们班博，肯定了我练字的进步。我听了当然很高兴，也很感激。但是我也明白，老人家是鼓励我更好地用功呢。回望这么多年，我深深感到自己还是学字之路上的一只蜗牛。

2014年6月24日小恙康复中

# 晒晒同学书法

马端忠

关于《毕业35年纪念文集》，我已按温玉杰在微信群里发的通知要求写了一篇稿子，并翻箱倒柜找出大学时的老照片，扫描后一并发给了小霍。4月16日又收到温兄的微信："我强烈建议你写毕业后同学间的书法交流，再附上几幅书法照片，一定很有意义。"

温兄的话很有道理。文人好"舞文弄墨"，特别是随着"班博"的开通，文龙开堂授课，一帮"五十学书"者踊跃参与，同学间书法交流已然成为一道亮丽的风景。文龙这样的书法大家的作品自不必说，我们班里一些著名诗人、出版家、教授的手迹也充满文人气息，而"五十学书"者更是进步神速，让人刮目相看。作为一名书法爱好者参与其中，我手中收藏有部分同学的书法作品，拿出来晒一晒，也可以从另外一个侧面讲述同学故事。

说到同学书法，首先要说高文龙。文龙父亲是老中医，有家学底子，文龙幼年学书，练有童子功。上大学期间又得到我国著名历史学家罗继祖教授的指导，学书日进。大学毕业后分配到北方交大教授写作、书法等基础课，浸润书法几十年。其书崇尚古雅，隽永脱俗，已具大家风范。我们同学间书法交流能够如此红火，也正是因为有了文龙这个"领军人物"。我第一次得到文龙的墨宝还是大学毕业三十年的那次聚会——2011年10月15日，北

2011年高文龙为同学吕贵品题写“花痴”扇面

寧靜致遠

端忠書

辛卯年腊月廿七日 文龙同学自北京来 应端忠同学之邀与长春同学欢聚并训习书法 新春佳节在即 同学之情益浓 欣然参加者高文龙 马端忠 陈晓明 杨冬 于力 杜学全 王金亭 七人 是为記 金亭

補記 孟浩同學於中午飯前赶来凑一八仙桌

從容

閒來無事不從容
睡覺東窗日已紅
萬物靜觀皆自得
四時佳興與人同
道通天地有形外
思入風雲變態中
富貴不淫貧賤樂
男兒到此是豪雄

宋程顥詩 為
瑞忠學兄書 高文龍

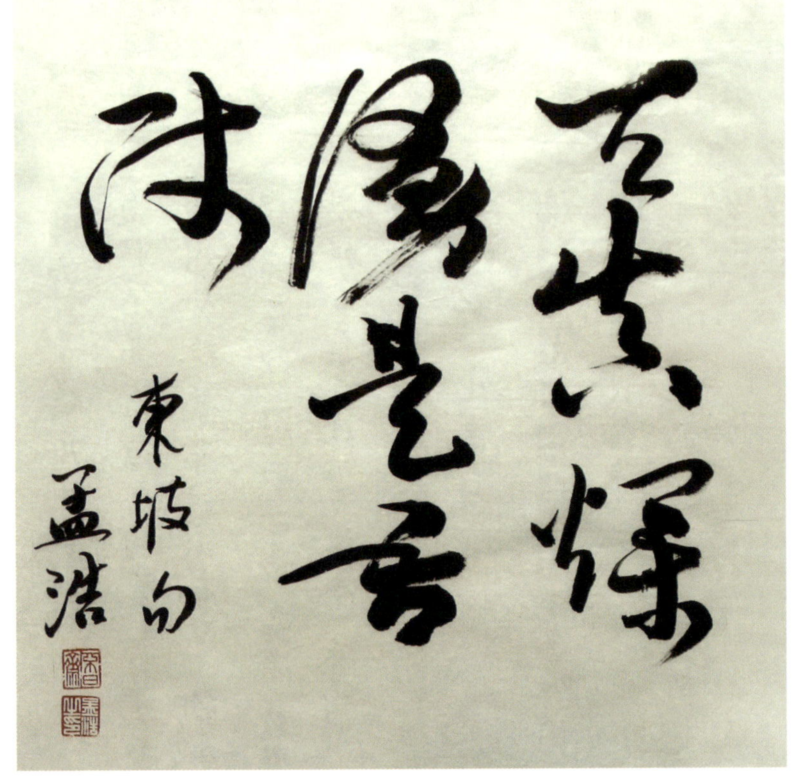

京沙河。那天晚上文龙为很多同学写了字。给我写的是“渐修顿悟”。后来又得到文龙的多幅墨宝。2012年文龙回长春过春节，我安排了一次同学聚会，请了长春几位爱好书法的同学，饭前搞了一次书法交流，说是交流，更多的还是文龙为大家写字。那段时间班博很活跃，有同学发了一句“上海自来水来自海上”的联语，征集下联。我夫人林秀梅也凑热闹，拟了一句“长春绿叶久叶绿春长”，曾宪斌同学有一联“吉大老同学同老大吉”。长春、吉大，绿叶、同学，我觉得很有意义，将两句并成一副联，请文龙书写，在留下墨宝的同时也记录了这件趣事。

我手中比较珍贵的是徐敬亚的书法处女作。敬亚是著名诗人，其钢笔字奔放潇洒。文龙就说过：“敬亚练习草书最适宜，诗人气质、诗人情怀，和草书的韵律节奏自然相通。”2011年10月，我去深圳开会，到了深圳自然要见同学。贵品安排在大梅沙的海上同学聚餐，我提前和敬亚相约，请他为我书写“行端气中”。见面时敬亚拿出一卷纸，说他想练字有几年了，但一直没动笔，这次为了给我写字，专门买了笔墨纸砚。展开作品，一幅用金文写的“山而立，心中马”颇有高古气韵，虽未写“行端气中”，但也与我的名字有关，看出敬亚是用心的。

我们班里还有几位从事出版工作的同学，一生与书打交道，爱书惜书也善书。李本达长期在吉林文史出版社工作，编辑出版了很多好书，曾获全国十佳编辑，退休后移居青岛。本达写一手好字，晚年因为糖尿病患上眼疾，书写不便。尽管如此，2013年年末，还是为每位长春同学都写了书法作品。为我写的作品中，有一副联语是：“一室向阳贮文贮史，小径通幽有林有泉。”这应当是本达喜欢的生活。可惜的是，本达于2014年5月17日因病

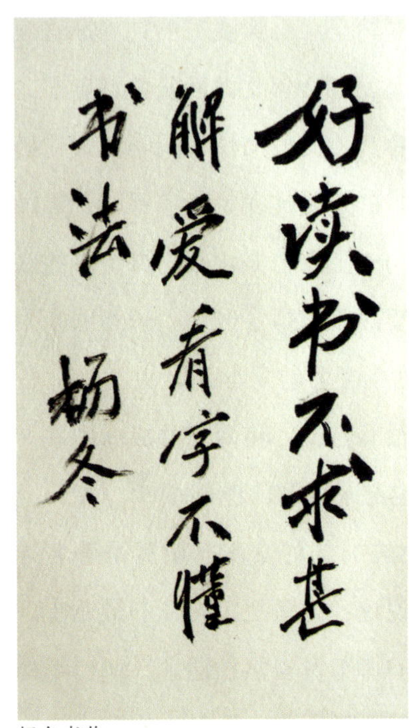

杨冬书作

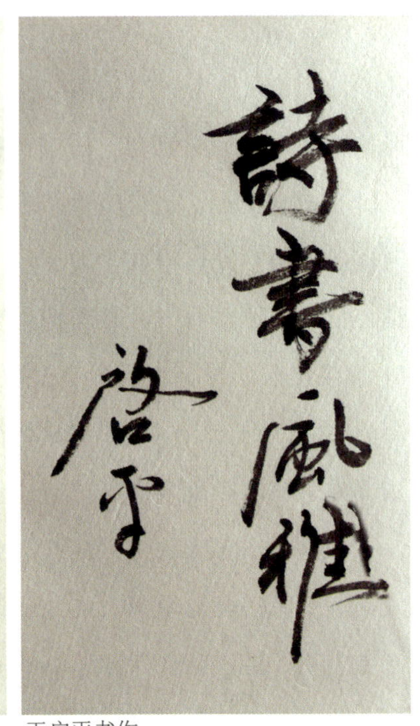

王启平书作

逝世，书赠长春同学的书法作品也成了绝笔。

王金亭曾任吉林时代文艺出版社副总编辑，后来在吉林省新闻出版局做审读。金亭文化功底很深，但为人低调，不事张扬。同学聚会时他言语不多，但常出“金句”。金亭也写一手好字，其字文人气息浓厚。文龙评价金亭书法：“其书简净端庄，一派谦谦君子之风，极具亲和力。”金亭这幅字是我在2014年年初向其索要的，写的是《孔子庙堂碑》里的一段话。不久金亭就因为身患重病不能提笔写字了。我得知他患病之后曾去他长春南湖的家中探望，我们围绕着用灵编著的《五十学书》聊了很多。可以说，金亭直到去世也充满了对书法的眷恋。金亭于2014年11月19日离世，年仅57岁，英年早逝，令人痛惜！

我们班里人数众多的还是“五十学书”者。已退休或临近退休的一众人等，拿起了笔，为晚年生活添一点亮色。写得最好的是霍用灵。文龙说：“小霍学书，一出手便有两个显著特点，一厚重，二洒脱。观其笔迹往来，在追踪原帖规范之时，其骨子里的洒脱，总是肆意驰骋。”

长春有一批爱好书法的同学，陈晓明、孟浩的字，颇见功力。

我本人也属“五十学书”者中的一员，当初文龙在点评我的书法作品时曾说：“书法至高境界是用笔，用笔的至高境界是浑厚饱满。而且这一境界的得来，非关多写少写，全在精神修养。

霍用灵书法习作

直截些说，淡于名利，远离世俗，心境从容，气定神闲，以此精神状态作书，或可窥见此种境界。”文龙所说，当是我努力的目标。

最后还要说到一本册页，是我专为同学书法交流时准备的，文龙兄题名为：雪泥鸿爪。第一次使用是2012年文龙回长春过春节那次聚会，1月20日，长春几位同学，加上文龙正好是“八仙”。请金亭写的前言。文龙兄作“从容”。难得的是杨冬教授写下了“好读书不求甚解，爱看字不懂书法”。这样的基础，不练书法甚为可惜！

第二次是2012年3月13日，我去北京参加“两会”，用灵安排了一次“文龙书法讲座”。用灵写了前言。在致公党中央工作的王启平同学到场，为我写下了“诗书风雅”。

练习书法可以修身养性，陶冶性情，还能增进友谊，好处多多，相信会有越来越多的同学喜欢上她，我也会得到更多同学的书法作品，我期待着。

# 王力先生赠我书法作品

高文龙

1983年，我在北方交大讲授大学语文，校内有位老师常来听我的课，后来我知道，她是王力先生的儿媳。王力先生（1900—1986）是我特别崇敬的学者，他是我国著名语言学家，现代语言学的奠基人。我们上大学时，用的《古代汉语》教材，就是王力先生主编的。于是，我大胆向她开口求王力先生给我写一幅字。没过几天，字就写好了，她把字送给我的时候，还特别说，我和我爸爸说了：高老师喜欢书法，讲古典诗歌，好像不怎么喜欢李白，更喜欢杜甫……

她这么一说，我想起来了，我在上课时，的确讲到过李白和杜甫，尤其我还讲到，在“文革”时期，郭沫若曾经出版过一本《李白与杜甫》，此书为适应当时思想意识斗争需要，扬李抑杜，偏离了史实。因此，我说李白，只是几种诗体还不错，想象奇特，具浪漫气质，也有些飘逸之气，但是如果比起杜甫诗中的忧国忧民，比起杜甫诗作的诸体兼擅，我更崇拜的还是杜甫。

我把字打开看时，写的是李白的一首“渡荆门送别”五言律诗。落款写道：“癸亥秋分后三日，录李白诗以应文龙同志雅属，王力时年八十有四”。下面有两方印章，一是古玺白文“王力之印”，一是小篆朱文“了一书翰”。右上角有两方闲章，小篆朱文“乐寿”，古玺朱文“龙虫并雕斋主”。作品尺幅大约二

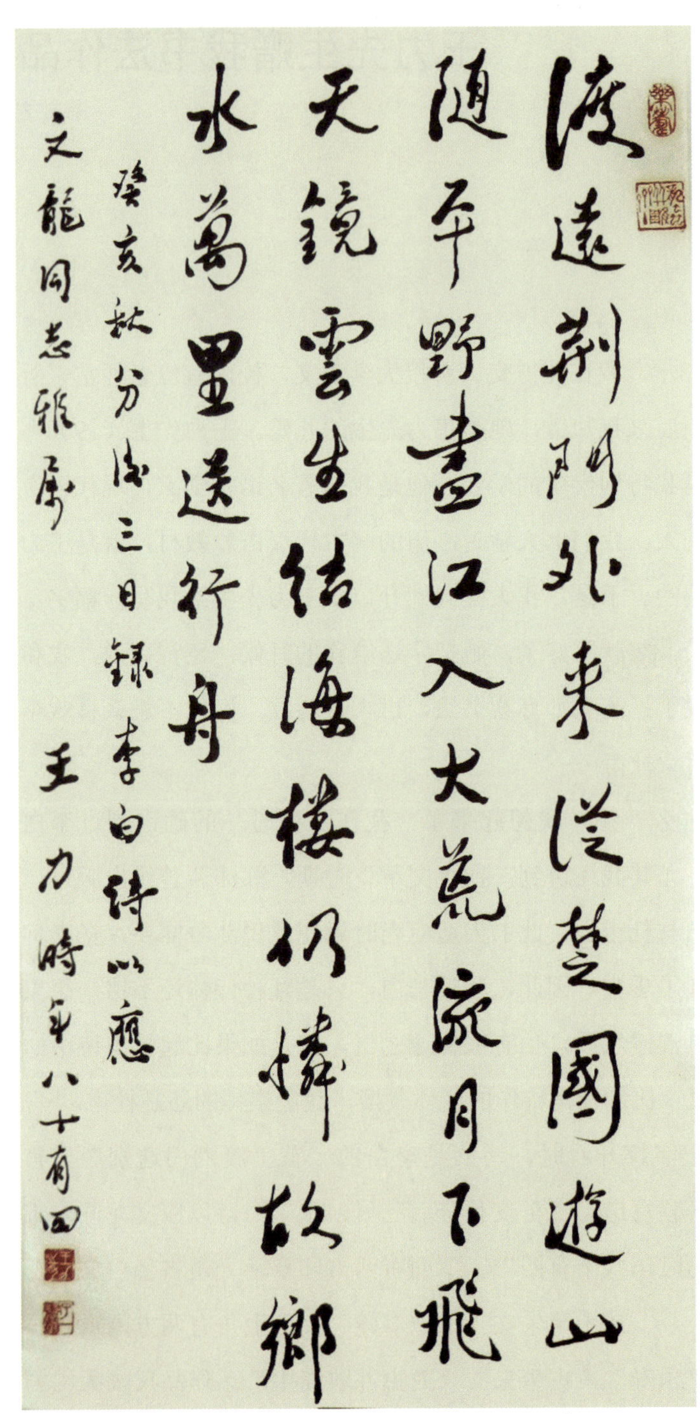
渡遠荊門外
來從楚國遊
山隨平野盡
江入大荒流
月下飛天鏡
雲生結海樓
仍憐故鄉水
萬里送行舟
癸亥秋分後三日錄李白詩以應
文龍同志雅屬
王力時年八十有四

工力送文龙书法

尺高，一尺宽，点画古朴静穆，温文尔雅，一派学者之风。癸亥年，是1983年，我从心底感激王力先生能以84岁高龄，应我所求，写了这幅字。在欣赏这幅字的时候，我在脑子里尽力搜寻以前所看到过的王力先生的笔迹，《古代汉语》教材封面题字，《龙虫并雕斋琐语》封面题字等，比较而言，这幅字点画稍显老态。

王力先生选择书写李白诗，其意我是明了的，他儿媳说我喜欢杜甫，一定同时也说了我不太喜欢李白，说者无意，听者有心。王力先生是用一种委婉含蓄的方式，向我传达了他不同意就李白杜甫分出高低的说法。限于条件，我没有能够就书法、诗歌诸问题，找机会向王力先生请教，现在想来，真是遗憾的事情。

这件作品，与罗老师给我书写的条幅，一直悬挂在我的书房，时时静对，如沐春风。

# 于省吾喜欢书柳宗元的一首诗

高文龙

早年在吉大上学时，有一次，去拜访罗老师。那天是晚饭后，我请罗老师当场写一幅字。罗老师也有兴致，于是拿来一张四尺对裁的纸，叠了几折。后来在写的时候我才看到，原来罗老师是把字写在折叠的痕迹处。我当时想，这里正是不平整的地方，为什么要写在这里呢？

只不过纸叠得很轻，折痕不重，对书写影响不大。罗老师在准备写时，自言自语道：写什么呢？正好手头有一本《宋诗选》，于是就翻了起来。我这时问道：罗老师，选择自己喜欢书写的内容对书写效果有影响吗？罗老师说：有影响。（端忠学兄前几天谈到的所谓“心动”就是这个意思，可见对此亦有体会。）那天，罗老师给我写的是苏东坡的一首七律，“和子由渑池怀旧”。

在闲聊中，关于书写内容，罗老师说到，于老（于省吾）总喜欢写柳宗元的一首诗，罗老师当时还念诵了两句：“城上高楼接大荒，海天愁思正茫茫。”罗老师接着又说，就算柳宗元这首诗好，也不能总写这一首啊。我觉得很有趣，心想，如果于老只是写了两三遍，罗老师恐怕也不会这么说的，肯定是三遍以上，罗老师亲眼看到了，才这么说吧。当然，我是无由得见于老书写的“城上高楼接大荒”了。说到于老，当时罗老师又取来一本书，《甲骨文字释林》，是于老的新作，刚赠送给罗老师的。书名的几个字，是于老自己写的，罗老师还特别让我来看，带章草意味的一种体式，字字珠玑，古雅可亲。于老的字，有些得益于晚清的沈曾植。于老对罗老师的字，也是推崇有加，誉为峻峭。这一点，我在《学书散忆》里有所谈及。

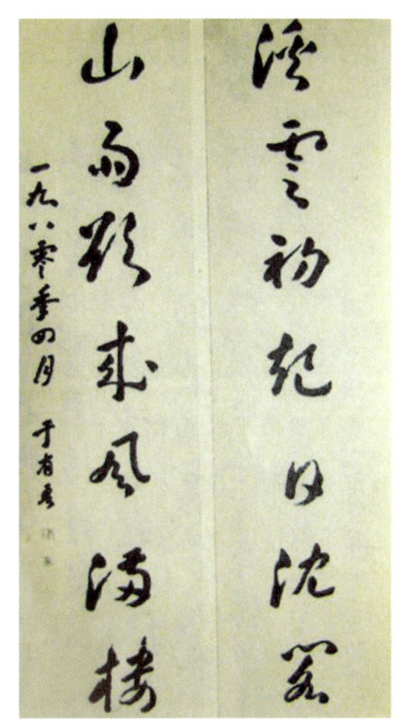

罗老师还曾经说过一件事，有一年，他和于老去北京，专程拜访启功，启功那时正好做某刊物的编辑。于老和罗老师去和启功谈一篇稿子的事情。敲门进屋时，启功正在写字。不知是否完全写好，总之，字就摆在那里，于老和罗老师看得很清楚。谈完事情出来后，罗老师问于老，启功的字，你看怎么样？于老说，写得不好，其人性格委婉，学识未充，故其书亦无骨力。你应该多写，多写才能传世。对话内容大致如此。后来，罗老师和晚年在大连结识的弟子萧文立也说过这些话，萧文立先生并将这些内容，写成一则笔记，收录在《鲠盦侍闻摭忆》里，作为《枫窗三录》一书的“附录二”，已经刊登出来。

# 在高文龙书法展上的致辞

黄国柱

编者按：2014年8月8日，高文龙书法展《我书尚古雅》在北京首都图书馆展览大厅开幕。展览由北京人天书店集团和首都图书馆等赞助，在开幕式上，黄国柱代表吉林大学中文系77级同学发表了热情洋溢的致辞。

尊敬的各位嘉宾、各位专家，朋友们、同志们：

大家上午好！

在刚刚进入秋天的时候，我们高兴地迎来了高文龙书法展开幕的好日子。作为高文龙的大学同窗，我首先代表我们全班同学向他表示热烈的祝贺！

吉林大学中文系77级是我们引以为自豪的班级，一是作为恢复高考之后的第一届大学生，我们见证和亲历了改革开放三十年天翻地覆的变化，有着时代骄子的荣誉感；二是我们班级是一个有着八十名同学的大班，入学时大家的年龄差是16岁，而今最大的已年近七十，除了两名同学近年因病故去，大家都健康地、自由地生活着。据统计，这个比例还是不多见的。今天，高文龙用他的书法展为我们这个幸运的、有着旺盛生命力的班级又增添了新的活力和正能量，我们以他为骄傲，向他表示衷心的感谢！

我们都知道，入学之初的高文龙就以字写得好而著称，但他

埋头读书、扎实为人，从来不张扬，用现在的话说，就是比较低调。毕业32年后，他用自己的书法作品和今天这个丰富多彩的展览证明，目标坚定、持之以恒是成才的王道。遥想大学时光，恰同学少年，书生意气，指点江山，挥斥方遒，粪土当年万户侯。毕业之后才知道，世界并不如我们的想象那样美好和单纯。有些不切实际的个人梦想，与幻想和妄想无异。成长，便是接受一个不完美的自己和不理想的自己，也接受这个世界的不完美和不理想。我们中的许多人并不能被自己左右，而是被时代和现实的大潮裹挟着、身不由己地不断放弃许多理想和追求。然而，高文龙同学却始终如一地坚守书法的追求，脚踏实地地积累文化的功底，持之以恒地磨练艺术的锋芒，终于有了今日的辉煌和成功！

因此，高文龙书法展给我们带来不仅是艺术的享受，更有许多人生的启示。高文龙再一次告诉我们，中国的书法艺术是一门古老而博大的学问，必须沉下心来，静下心来，才能有所成就和建树。在浮躁、急躁、暴躁遍布盛行的今天，在飘浮、轻浮、夸

2014年8月8日，高文龙书法展览开幕式上。左起：邹进、霍用灵、高文龙、黄国柱、贾玉亭（我们大学期间的老师）、吕明宜、杜学全、李奇福、王启平、李新风、周志怀

浮几成时尚的当下，碎片化的知识，谣言化的信息，匪夷所思的观点，极端情绪化、不负责任的言论满天飞翔，我们难道不是更应该很好地享受书法带给我们的宁静和淡泊吗？与其说高文龙书法展呈现的是书法艺术，不如说同时也展现了一种淡定、从容、沉着和自信的人生姿态。他启迪我们，无论世事如何纷纷，都要以感恩的心态守住爱国敬业诚信友善的价值底线，保持一颗宁静致远的平常心；任凭风浪起，稳坐钓鱼台。同学中的大多数已过或将近花甲之年，年华的逝去并不可怕，可怕的是失去了热爱生

活的心态和勇气。相信今天到场的嘉宾和同学们都会从这个书法展中找到自己所需要的精神营养，支持自己和亲人们一起走过平凡而又不平凡的人生旅程，实现个人的理想，也为实现中国梦贡献自己的力量。

预祝高文龙书法展圆满成功！同时还预祝他在书法的道路上继续前进，取得更大的成绩，到达更高的境界！

也祝全体嘉宾身体健康、家庭幸福、平安吉祥！

谢谢大家！

# “一桶水”与它的感激

李新风

近日，我在班博上除了上传几篇大学时代青涩稚拙的日记之外，又上传了两篇带点学术意味的文字（一篇为《民族艺术》主编对我的学术访谈；一篇为今年发表于《文艺争鸣》上的《有感于文化艺术双喜临门》）。也许百忙之中的众同学对此了无兴致，但我为何还要传上去？

上传这两篇拙作，目的有二：

一是想借此介绍一下学弟毕业以来主要做了些什么，以便与诸学兄学姐学弟交流。第三十年来做的最主要的一项工作，就是倡导并努力参与艺术学的学科建设与学科反思。在我们上大学时，何为“艺术学”乃闻所未闻。在我读硕士时，从有关文献得知，在国外现代人文学术演进过程中，有所谓美学，有文学科学（我们译作“文艺学”，亦俗称“文艺理论”——这里有细微差别，此不论），还有艺术科学（即艺术学）。然而在我国却只有个笼而统之的“文艺学”，搞不清它是文学学还是艺术学，或者说既非文学学亦非艺术学。而现代文化体系中，艺术的作用却愈益变得重要，艺术的体系也越来越庞大，其大家族中在不断增加着新的成员。仅就中国古代的书法，便有多少神秘与妙道蕴涵其中？而我们过去所有关于艺术的研究，仅能在“文学”这个大的门类学科中，留一点小小的栖身之地，它甚至连一个“一级

1981年，即将毕业的李新风

学科”都不是。正因为此，我才于1988年在我国最重要的文学艺术研究学术刊物之一的《文艺研究》第一期头条发表《艺术学的构想》长文，呼吁在我国“大力开展艺术学的研究”，拉开了新时期艺术学学科建设的大幕。此后，经艺术研究界集体努力，至1992年，艺术学在“文学”门类下，形成了一个“一级学科”；至1997年，艺术学一级学科形成了一个由八个二级学科构成的学科体系：即艺术学（二级学科的艺术学，与一级学科同名，但这里大约指艺术基础理论）、美术学、音乐学、舞蹈学、戏剧戏曲学、电影学、广播电视艺术学、设计艺术学。这无疑是我国艺术学学科建设迈出的极重要的一步。但仍留下一个问题：即艺术学仍只是“一级学科”，从属于“文学”门类之下（文学门类之下，还有三个一级学科，即中国语言文学、外国语言文学和新闻传播学）。这显然与现代文化体系将文学定位为“一种语言艺术”的逻辑恰相悖反，不只违背逻辑，且适应不了现实的发展与变化。最终，在今年（2011年）的春天，艺术学升格成为一个新的门类学科，它自己也形成了由五个“一级学科”构成的学科群（目前作为门类学科的艺术学下设的五个一级学科分别为：艺术学理论、音乐与舞蹈学、戏剧与影视学、美术学、设计学）。回想这一历程，让我欣慰的是，自己恐怕是二十多年来，一直未离开艺术学这一核心研究领域的人；所发表的艺术学的论文与专著、译著之多，恐亦难找第二个人可与小弟相比。当然，这仍不过是在艺术学这样一条学术长河中添加了自己的“一桶水”而已，本无足挂齿，且不知这点滴的工作，是否愧对了“吉大七七”？

第二，是想借此向一些给予我的学术探讨以无私帮助和支持的同学表达诚挚的谢意。我的这篇《有感于文化艺术双喜临门》，便是应张未民同学（《文艺争鸣》主编）之约而写就、并在该杂志今年5月下半期《艺术专刊》上作为篇首的“视点”而刊出的。未民兄不只发了我这篇《有感于文化艺术双喜临门》，更在上世纪的80年代、90年代，发表了我多篇探讨艺术学学科建设与学科反思的长篇论文。这在当时许多人均不知“艺术学”所云者何的时期，得到未民兄的大力支持，真不知该如何感激才是。

顺便在这里介绍一下未民同学当下的状态：未民在我看来，堪称文化艺术领域最典型的“劳动模范”！何以这样说呢？——别的人办杂志，一个双月刊，可能需要一帮子人马。而未民近年将双月刊改为月刊，手下也就三五个人手吧（核心的编辑就更少了吧）。更不可思议的是，大概是去年吧，未民又将他的月刊改为每月出两刊：上半月为文学专刊；下半月为艺术专刊——工作量一下子翻了一番，且是在一年十二期的基础上翻了一番！这要承担多么巨量的工作？！记得未民是吾班年龄比我略小的为数甚少的几位中的一位，确实比我们大家年轻，但也人过半百了吧，我对未民，还有其他几位人小志大、人小鬼大的小老弟们（包括小霍、学全、启平等）表达我的敬意！望各位小老弟千万悠着点，保重保重！

在此，还想向其他曾帮助我发过学术随笔、学术论文或散文的同学表达我由衷的谢意！这样的同学，我可以举出好几位——黄国柱、张力、张晶、孙歌、张中良、小魏、李蔚霞……

而要说起在其他各个方面，曾给予我帮助与启示的，直接的，间接的，那么，我该怎么办呢？也许，最好的办法，是按姓氏笔画，把吾班全体同学的名字一一写来……

（原载吉林大学中文系77级网易博客2011—08—12）

# 谁能同时站在两条彩虹的上面
## ——《诗歌年代》（第一部）序

徐敬亚

按结绳记事的古法，1976，绝对是中国之绳上一个特大疙瘩。

万马齐喑的10年苦难之后，一首晚清七绝充当了郁闷民族破败心声的出口：“我劝天公重抖擞，不拘一格降人才”！这一悲愤到斗胆劝天的诗句，频繁出现于中国报刊的结果，不仅鼓动了“人才”们日渐恢复的雄心，也可能暗中提醒了正梦想开创新政的当权决策者。

人才，从来就是说有就有，说无就无。它随时暗藏在天空的云朵深处，而漫天大雪从来是无中生有、说下就下。新时代的价值标尺一旦确立，自由与尊严之光，立刻照亮了无数平民百姓的壮志前程。

高考，果敢而神速的恢复，预示了一次精神“重新抖擞”的回光年代。几十年，龙生龙凤生凤、英雄好汉反动混蛋——仿佛天降的全民高考，使弓背弯腰的人们脸上的罪孽红字或火烙金印仿佛瞬间消弥。进京赶考，范进中举，无数平民浪子一举升天的故事，一夜传遍天下。

人的变故，就是天下的变故。一件事情发生后，埋藏在其后的一系列事情注定接着发生。在此后，一年连接一年、持续不断地，中国大地上呈现了一次人类文明史上罕见的、横跨几十年时空的诗歌热潮。

两条彩虹同时升起，英雄必然辈出。

一条彩虹，托起了疯狂范进中举。另一条，使中举后的范进更加疯狂。

这就是本书之所以诞生的背景。

天公抖擞，人随之抖擞。

1978年春，27万名“才子”突然从乡野市镇深处沛然涌出。中国压抑的智慧与自由，最先在大学校园睁开眼睛。

当从一名豆腐厂的锅炉工摇身一变坐在吉林大学中文系课堂上，我目睹了中国大学内外出现的史无前例的混乱与新奇：班里年龄最小的只16岁，而最大者是他的二倍32岁……刚刚获得话语豁免权的教师正匆忙准备教案……步入中年的“学生”不时写信回家告慰妻小……那时，与我们同期就读的，还有最后一届工农兵学员，他们对大学“上、管、改”的统帅般地位并没有明令撤销，其身上醒目的军装与头上的闪闪红星，似乎仍带着惊恐的威严。

然而，无数只假设的雄鹰正在从鸡群中飞起。受惠的兴奋与短暂的角色慌张后，77级在各大学迅速被传得神乎其神。他们中的佼佼者，在基础课堂上常常伏案大睡。其置疑目光与挑剔口吻，令刚刚苏醒的教师们倍感心怯。而只有77级自己才更记忆犹新，所谓“藏龙卧虎”的时代宠儿们，几个月前，还在大山深处或城市的底层，遭受着权势者与文盲们的白眼。

一种莫名的愤懑情绪和潜在的变革意愿，暗然浮动。

虽然尴尬与交锋，偶尔在变形的师生之间出现。但大劫难

204寝室11位同学在去往图书馆的路上。左起：张晓刚、李树文、郭玉祥、常辅棠、徐敬亚、宫瑞华、黄国柱、魏海田、刘振东、刘坚、姜亚廷。或许拍摄者是时光吧

之后，同病相怜的人们在课堂上却上演了一幕幕心领神会的交融。写到这里，我想起一个令我难忘的关键词“牛马走”。是吉林大学的王孙贻教授，以一个标准的、合格的、饱受苦难的右派身份，在对司马迁《报任安书》的讲解中，向未来青年才俊悄悄输送了一种前朝的切齿之痛。两千多年前一次政治迫害与肉体之辱，被王教授阐释得身心俱焚、意味深长。当时大量政治术语尚未解除禁忌。于是，一种若有所指、似有似无的话语，加倍放大了含沙射影的效果。古汉语的教学目标已退居次席，昔日的“牛马走”们之间，在象征、暗喻中洋溢地享受着无限宽广的心有灵犀、眉目传神、会心一笑，也享受着囚徒们放风时狗胆包天恶作剧般的胆战心惊……那种仿佛地下党与间谍一样的暗语式讲授，包括某些鬼鬼祟祟的倾听者们紧皱的眉头与暗中的告密……后世几乎不可重复。

正是无数的王孙贻先生，以苍老树桩的勃发内心，暗中怂恿与鼓励着整整一个季节的早春枝芽。其时，恰好又逢刚刚开禁的《现代文学史》课程几乎在全国高校同期开课。“五四”后的文学社团高潮——这一被长期遮蔽的历史，被正面、公开宣讲后，像示范性星火，迅速在77、78级大学生中蔓延，民间性的文学结社，突然大面积兴起！

1979夏秋之交，仅在吉林大学中文系77级一个班内，便突然诞生了3个文学社团。其中赤子心诗社，最多时成员达24名，超过80人大班的四分之一。而作为中文系系刊的《红叶》，则由77、78级与76级工农兵学员等三届学生会联合主办。

一项失传多年的公民权利，被突然莫名获得。全国各省大学院校，异床同梦地忽然爆发了民间文学社团的盛大高潮。那种仿佛大赦天下的感觉，在未来青年诗人作家们心中带来的，是比社会实际宽容度高出几倍的放肆夸张效果。

在需要英雄的时刻，小人物纷纷登场。

在各大学，一批民间文学社团的领袖人物应运而生。这些昔日被黄沙埋没的人们，正在书写自己苦尽甘来的锦绣前程。他们的文学才华突然放出光芒。他们的领导才能，莫名地油然而生。具有讽刺意味的是，在这些人刚刚离开的那些单位与部门，他们桀骜不驯的性格、对抗领导的拙劣情商，曾经令这些呆头呆脑的才子们吃尽了苦头。

《历史时刻在选择酋长》，这是我前几年为“十大新锐批评家”评选写的文章题目。我现在想说的是，历史选择的速度总是惊人。随着全国高等院校民间社团刊物之间的交流，各大专院校的办刊者们开始了频繁沟通。在没有电脑没有手机没有QQ没有电邮的年代，亲笔书信成为远隔千里的大学生们交流思想信息的唯一通道。我至今仍怀念当年与各大学社团头目的通联。文学观念的交流、组织建制的沟通、天下大事的评说……无名的亢奋，没有一分钱的功利，却几页、十几页纸地奋笔疾书……在当年孤冷、闭塞的人际交流背景下，人们的通讯录都少得可怜。而在大学校之间，突然间获得的各省各州各府的陌生名单，带给当年的大学才子多少兴奋。可以想象，一封封热情如火的信件在几十所大学之间飞奔往返，像密集的曳光弹或远程火炮，一颗颗划破了当年漆黑的人际夜空……事情总是有一，就有二。随着这种激情信息的沟通与火热思想的交集，中国大学民间刊物的联合之势已不可避免。位于中国地理中心区位的武汉大学最终成为它的倡导源头。

作为大学社团民刊运动的升级版，《这一代》的出现，也许过于急切和超前，但联合已是必然。迅速汇集起来的洪流需要更大、更宽广的出口。急切膨胀的文学观念也需要一种更刺激、更过瘾的传播。也许《这一代》的短命又是一种必然，但它还是太激进了一点，夭折得也太惨烈了一点。

其实，中国80年代大学社团最兴奋、最高潮的阶段，甚至还不到一个完整四年学制的一小段时间。最初的、一年多的发轫期，最刺激，也最盛大。77级、78级离校后，社团的框架基本得以保留，再次成为第三代诗人的出发点。这一批继往开来的诗人群体的成长期，大多数在大学里完成。而伴随着诗的中兴，1985－1988，大学校园又形成一次小小的高潮。当1989年那个不寻常春天的突然降临，终于使这一段特殊的文学社团大观归入90年代的灰暗与平庸。

作为明晃晃的果实，从这些社团中走出了一大批作家、诗人，这些人成为未来年代中国文坛重要的组成。这一点已经成为共识。

我要说的，是另一种隐形的效应。

一个历史事件的发生，除了照耀当事者之外，它暗中向四面八方放射的力量往往被忽略。80年代大学生精英们的文学活动，类似一次巨量萤火虫们的超级大聚集。那些小昆虫发出的光，不仅照亮了自己的屁股，也一定照亮了周边小小的空间。那些看不见的光芒，那些暗中的力量，一定照亮了无数身边的、和80年代诗歌运动毫不相关的、一大批不知名人物。

“先胖不算胖，后胖压倒炕”——行文至此，我无法绕过这句粗俗的东北话。我的西式语法无法抵挡它凶狠的力量。这一著名的时间意义上的“胖瘦理论”，用在77、78级的各类班史中实在是太精彩、太贴切。事实证明，在很多大学里，类似的胖瘦角色演变都无一例外地发生。当初叱咤风云的才子们，有点像一鸣惊人的神童，此后的人生中却并无多大长进。相反，那些躲在他们光辉后面默默无闻的小人物们，却往往厚积薄发、热力发散、大放光彩。这些小人物，也许就是老狼歌中的“睡在我上铺的兄弟”。他们当年可能没有参加任何文学社团，甚至不热爱诗与文学。但他们也与精英们一起，共同经历了那个诗歌热潮。可以说，他们是80年代大学生史中的一种“暗物质”，是其数量庞大并不可或缺的组成部分。他们更近距离地欣赏并接受着诗所散发出来的自由之光。由于亲身亲眼亲耳，这种光，更亮、更强，也更亲切、更温暖、更真实。同时，恰恰由于他们与诗歌的陌生关系，诗歌之光在他们那里反而产生了更大的化学反应。这些貌似沉睡的“上铺兄弟”们，成了一幕历史戏剧中离舞台最近的观众，很多人甚至一直混在演员与后台剧组人员之中。他们，可能是80年代大学生诗歌运动最大的受益者群体……因此，从诗歌熏陶、诗歌教育、诗歌影响的角度，那一场校园风云，倒像是为后来的主角们有意导演的一幕诗歌专场大戏。镁光灯下的表演者，照本宣科地念着唱词，而台下的人们却被感动得心血涕零。那些无声无息的观众中，恰恰隐藏着日后的商界大鳄、霸道总裁，或者遍布于这个国家四面八方的大小官吏……他们学生时代被诗歌一针针击中的心灵，一定被暗中植入了某种敬畏与悲悯。若干年后，中国辽阔国土上发生的每一件小事，都可能因此而被悄悄地改变。

任何事件，都隐藏着某种承续与繁殖的能力。

历史像一根永远延长的甘蔗。最甜的部分注定一天天发黑、苍老。而最嫩的尖芽，终将吸收一切糖分，成为未来的主干。

几十年前横空出世的那两道彩虹升起的时候，除了“上铺兄弟”之外，在辽阔的土地上，还站着无数仰望星空的孩子——当80年代大学校园里涌荡着一浪一浪诗潮时，在更众多的中学生校园里，诗歌的酵母也唤醒了成千上万的未来诗人。他们仿着前辈兄姊，串联、结社、出刊……同样形成了一场波澜壮阔的诗歌江湖。那是另一节更新鲜的甘蔗，另一幕属于他们自己年华的诗剧。

作为本书序言，我有责指出：无论是当代中国现代诗史，还是当代思想史，80年代大学校园曾出现的大规模自由结社及写作串联，对于本民族来说，都是难以再继的珍贵史料。当这一运动的主角们垂垂老矣之际，对这一断代历史遗迹的捕捉、搜寻，再次由中学生诗潮的“孩子”完成。他们像执意续写“家史”的后生，不惜四处叩门、刨根问底、追寻旧迹。当往事正在随风暗淡，他们用一个个汉字使之存留下来、凝固下来。

长虹贯日的日子我们还能经历吗？

此举此书，足当铭记。

2016春节于深圳

# 读《斑驳》有感

杨冬

2011年班庆一结束，我就入住清华附近的一家宾馆，看看读研的儿子，也等着过几天参加一个学术会议，所以暂时不回长春，就在宾馆歇着。其实也没休息好，为啥？就因为读这本《斑驳》，很兴奋，很感叹，想了好多事。

毕业30年，天南地北的，有些同学从未谋面。是班庆把大家聚在了一起，也是班博把大家聚在了一起。但我上班博较晚，而且最初只是隔三差五地“潜水”，没太当回事儿，所以错过了许多好文章。这两天读《斑驳》，算是一次补课。由此便重新认识了同学，也重新领教了好多同学的写作水平。换言之，这本《斑驳》仿佛让我们回到了大一，重新PK了一把文学写作。结果呢，当年免修写作课的有些同学输了，而当年重修的某些同学则赢了。

说真的，许多同学的文章写得真好，让我打心眼里佩服。敬亚、小妮的散文就不说了，人家本来就是作家，还是说说其他几位同学的吧。比如，宛平的文笔真好，散漫的，淡淡的，读来的确是一种享受。我尤其喜欢那篇《我悲催的教师生涯》，特别是写“艾莱妮”的那段文字，字字情真意切，读后让我也有些“泪眼朦胧”的。的确，散文需要真性情，不夸饰，不雕琢，才感人。

再如，白光的《一抹斜飞》也写得很有味道。他当年暗恋一个朝鲜族女孩，不料有一天那女孩像一只小鸟似的突然飞走了，消失得无影无踪。由此他感慨："假如一抹斜飞没在我身边消失，像我这种朝秦暮楚的汉子，还不一定记得如此清晰。恰恰因为她消失在朦朦胧胧的岁月，消失在不应该消失的时候，我才把记忆中一抹斜飞的绺海保全得如此完备。"读到这儿，我不禁哑然失笑。只有人活明白了，才会有这样敞亮的文字。

刘晶的《二锅头》和《两只鸡蛋走半生》，也是好文章。前者写出了一个北京小女孩眼中的"人间万象"，后者则大气磅礴，绝非"小女人散文"所能相比。敬亚的评论也写得好，的确是空前绝后的时空转换，是跨越了生死的大觉悟。我这辈子没有这样的经历，所以也就不可能有这样的手笔。刘晶的文字也讲究，耐读耐品。

我也喜欢金亭的文章。《春山妈》已是旧作，这里姑且不论。就说说这篇《从其塔木到五棵树》吧。文章虽短，却耐人寻味。那年月真是清贫，但如今回想起来却特别美好。两个小大学生，一路风餐露宿，却饱览了东北大地的秋色，也见识了乡村的各色人物。文章平铺直叙，波澜不惊，但却有滋有味的。那首小诗也好，色香味俱全。读完此文，真想跟金亭和建国重走一遍"从其塔木到五棵树"的那条路。今年不赶趟了，明年秋天吧！

老范的《杭哥》也写活了一个上海人，一个具有贵族气的上海男人。这样的男人似乎只有上海才有，我小时候也见过。那是我父亲的同事，单身，白领，平时骑一辆"蓝翎"自行车，挎着德国的"蔡斯"照相机，喜欢喝咖啡，吃西餐，生活特讲究，为人也特清高。可是我写不出来，老范却把杭哥写得活灵活现，呼

杨冬（右）和张力在2011年10月毕业30年同学聚会上

之欲出。是散文，也是小说。

最后说说我那几篇东西。说真的，实在太差，让大家笑话了。由此让我反省一件事：为什么号称“教授”“学者”的几篇文章都不太好，苍白、拘谨，味同嚼蜡？恕我直言，就是人没活明白，被学术体制坑了，所以文章也就小里小气的。我回去给研究生讲课，就想谈谈这件事。要不，真是误导了学生。读研，读博，越读越傻，连一篇文章都写不好，还谈什么研究？根本就是误人子弟嘛！

拉杂地扯了这些，但愿与诸位同学共勉！再次感谢大家！

2011年10月18日写于北京

注：《斑驳》是吉林大学中文系77级同学毕业30年纪念文集，2011年由南方出版社出版发行。

# 读《上课记》

杨冬

前几天刚读完王小妮的《上课记》（中国华侨出版社，2011年）。趁着印象鲜活，赶紧写下这篇读后感。

事情还得从我这学期讲课说起。

我这学期给文学院大三学生开设了一门选修课，名曰“西方文学批评史”。原以为曲高和寡，不会有多少人选，没想到第一次上课，就来了一百三四十个学生，把那个阶梯教室挤得满满的。两节课讲完，还赢得了一片掌声，这真让我有点“受宠若惊”。要知道，前几年我也给本科生开过类似的课程，结果却门庭冷落，没几个人感兴趣。

所以，等到第二次上课时，我就对那些学生说：“你们能来好好听课，我已经很高兴了，没必要给我鼓掌。何况我是本校教师，并不是从外面请来的专家，不必客气。”于是，我顺嘴提到了小妮的《鼓掌》一文（那是我前几年在《读者》杂志上看到的）。她谈的正是如今大学生中存在的那种随大流、瞎鼓掌的现象，希望他们凡事都用自己的脑子想一想。她费了一个学期，才改变了那些学生喜欢机械拍手的习惯。

说者无意，听者有心。没想到我的几个学生竟在QQ上与小妮取得了联系，还让小妮给我寄来了这本《上课记》。想起来挺有意思的，我自己不知道怎么跟老同学联系上，而几个不相干的90

杨冬，2011年10月北京同学聚会时

后学生却帮我做了这件事。或许，他们是为有小妮这样的校友而感到骄傲吧？

言归正题，还是来谈谈我的读后感。

自从2005年调入海南大学人文传播学院任教，小妮就开始有意识地逐年写她的《上课记》，记录她所观察的各种各样的学生，也记下了她从教的点滴体会。应该说，她的写作完全是本色的，不虚构，不粉饰，也很少评论，甚至乍一读来感觉毫无“诗意”。但正是这些平平淡淡的文字，却真实记录了那些来自农村、来自底层的孩子的生活和学习状况。我惊讶于她的细致，也敬佩她的苦心。在今天的高校，已经极少有老师愿意走进那些学生的心灵世界，体察他们的困惑、迷惘和焦虑了。

或许，小妮之所以能做到这一点，部分原因在于她本来就是一个诗人，因而与一般职业化的高校教师有所不同。拿我自己来说，留校任教三十年，早已对这一职业麻木不仁，也很少有心思

杨冬，2011年10月

去关心学生的喜怒哀乐。当我在课堂上讲授那些高深的西方文学理论的时候，关注的多半是文本和学理，却常常忽视了那些学生的生存状况和内心感受。我甚至从来都没有想过，对那些来自底层的学生来说，面临的是生存的困境和就业的压力，而这些实际问题，又与柏拉图、黑格尔、韦勒克或德里达的文学理论有何相干？

真正难得且让人感动的，是《上课记》字里行间所流露的那片爱心，是一个教师所具有的那种人文关怀。书中写道："我忽然意识到这是一所地道的底层的大学，它的生源大半来自底层，他们将来是构成这个社会的基础，未来公民社会的根基。他们个性中的淳朴务实很多是天然的，如果他们能清晰设定做人的基本的底线，我们或许不该放弃对未来的希望。"正是这些话，引起了我的思考。

当然，这也不是什么深奥的道理，而是一个教师理应履行的"天职"，但在把"底线"当作"崇高"的今天，这却成了一件稀罕事儿。而我，由于这些年来目睹了学界太多太多的荒唐和腐败，认定中国的高等教育早已病入膏肓，烂到了根子上，所以很有点心灰意冷。在这种情况下，我便越发钻进了故纸堆，也越发转向了自己的内心世界。倒是小妮，平时看起来低调，骨子里却是一个脚踏实地的理想主义者。

而这一点，或许是我读《上课记》之后的最大发现。

2012年4月21日写于长春

附记：班里筹备的毕业35周年纪念文集马上要交稿了，可是我近期讲课任务颇重，只能交上两篇旧作。这倒并非穷对付，而是大有深意在。

第一篇《读〈班驳〉有感》，是2011年10月在北京聚会后很快写成的，口无遮拦地谈了我对一些同学文章的看法，其中特别提到金亭的那篇《从其塔木到五棵树》。如今金亭已经不在了，我要与他重走那条路的许诺也成了一句空话，永远无法兑现了，只能借此文来表达我对金亭的深切怀念。

第二篇文章，既是对小妮《上课记》的短评，又仿佛是我对自己从教三十年的一点感想。扪心自问，我还算得上是一个称职、敬业的教师，但与小妮的那份细心、体贴相比，我又实在自愧不如。如今小妮已经退休，我也即将告别三尺讲台。那就姑且将此文作为我们教师生涯的一种记录吧！

2016年3月16日补记

# 邹进写诗

张未民

一

邹进写诗。他写道："假如终将痛苦地死去。"他似乎觉得这是一行极为重要的诗句。于是干脆将其用作了第五本诗集的名称。

但是这句话怎么是诗呢？成年人谁不知道自己"终将""死去"呢？而死亡是痛苦的事，无论是病痛、衰竭之痛还是恐惧之痛，终归它使人生有痛，且为终极之痛、终命之痛，这也恐怕是尽人皆知的。这句话因此只是说出了一个事实。就像邹进写诗，首先是一个事实。写出一个事实不等于写出诗来，而邹进写诗的事实却可以写出诗。

说出事实真相不容易。如果有谁在评论中夸赞说你"直面死亡"，那他褒奖你的意思是说你勇敢，因为确有为数众多的人不愿面对死亡，或被庸庸碌碌所遮蔽意识不到死亡。他们在"活着"啊，东北方言说一个人忙事，就叫"忙活"，比如问邹进你在忙活啥?回说我在忙活写诗。这问答之语好像没什么，可想着想着也可能变了滋味，其中的挺普通的"忙活"一词也似乎带上了意味（诗味?）：忙活就是忙着活，直指世上忙事的本质。而且，你看这个"忙"字，一边是心字旁，另一边则是死亡之亡，忙的本质于此可以被理解为无，为白忙，为死亡。这样一说，其实我们已被语言、诗句的“直面死亡”吓出了一身冷汗。可见诗中的戳穿真相的确是一种勇敢美德、一种真诚而勇毅的诗德。而即便这样，那直面真相或勇敢就可以成为诗吗?似乎也不这样简单。新闻、哲学、历史等也都要直面其视域中的真相，何诗独为?

张未民（2009年）

但是邹进写诗，邹进写下了诗句，这是肯定的。从这句诗看，“直面死亡”加上了“假如”，就变成了诗句。我仔细想了，以为“假如”才是真正诗性的，因为“假如”可以飞翔。一假如，“终将痛苦”之外是不是还有快乐，终将死亡之后是不是可以不死，都发生了不确定，都模糊一片了。那么这是诗句，一边直面死亡真相，我们毫不怀疑其千真万确和诗人的勇敢真诚；另一面又提供推翻、矛盾或悖论，说死亡是假如或说痛苦地死亡是假如。这是悖论语言，而你一旦涉及悖论语言，那就具备了诗性。就像一部时下曾大卖的电影《致我们终将逝去的青春》这个时髦的名字，因为首标一个“致”字，便风情万种，便有了诗性，便可以招摇过市，致，是一种飞翔的姿态，它反抗了终将逝去。

只是邹进写诗，写到这第五本诗集时，生出了死的话题，且用作显眼的标题，这是真正的生命症候。忙活中忙里偷闲想想，有些话题说来就来了。人过五十天过午，诗写过五十又能怎样？诗是对生命的咏叹，一不小心，生命就咏叹了写诗的你。从第一本诗集《为美丽的风景而忧伤》到现今这本《假如终将痛苦地死去》，这是一个生命过程。生命过程，这又是一个文人们爱用的表达法，而对日常之人来说，生命过程就是生活过程，生活概念里已有生的位置，包含了出生、生长这些积极的意向或正能量，包含了生命，但除此之外，生活概念还注重活，正是在这个活里边，邹进写诗，遇到了死的现象及其问题。

## 二

于是邹进写诗，是在生活里写诗。

诗人们并不是都按自然或生活的规律在人过五十天过午之后，才自然而然地碰到了死亡的话题。有些青年诗人早早年纪就开始在诗歌中咏叹死亡，或者认为死亡是诗的永恒主题，为了像一首诗像一个诗人就玄思死亡，就命定着咏叹死亡。此处的死亡属于终极属于哲学，自然属于与终极与哲学比肩或从属于前者的诗，这种情形下，这死亡就成为一种死亡主题。但总予人以“为赋新词强说愁”的感觉，那黑暗的死是奇崛和悲壮的，也是压迫你的，甚至是不无娇情的，它玄思在上，高高在上，超越生活，因此喜欢和语词中的生而不是活相对共联，如所谓生死相依，“生的伟大死的光荣”云云，成为一话语定式。而其实你仔细想想，孔子说未知生焉知死，这里的生，包括了出生以及出生之后的生活过程，可见古典或传统语境是愿意言生并用生涵盖了世俗的活、生活之义的。相比之下，现代语境不以生代活，它直截了当的主要是世俗生活语境，生活成为主题词，因此死亡就不会是绝大的绝对的主题而只是话题。凡是把死亡当作一个绝大的事的作了主题式宣示和操作的诗人，都是传统生的思想语境的接续人。正是从这个意义上，邹进诗篇中的死亡是现代诗的一个侧影，是人生的话题、生活的话题、诗的话题，而不是死亡主题；它是生活、生命中的必然所遇，而不是先验的、绝对的命题。只有生活，才是这个时代的诗的真正主题。

邹进从前很少写到死亡，因为他没有遇到；他写了死亡，是因为遇到了死亡。不光邹进，我们都开始越来越多地遇到死亡，亲人们、同事同学们，越来越多地成为名片上的记忆。大年初一，诗人称它为忧伤日，“我带着忧伤整理名片\名片上的名字带给我忧伤\\胡忠，你不是一只真老虎吗\怎么叫人一捅就破\\老马，你那节肠子\还是要了你不老不小的命”；而那些活着的人的名片，一个个名字“带给我忧伤\心灵之死更让人痛惜”，忧伤已统一了死，死又统一了活。其实早在前一日，诗人叫它复活日，“昨夜，他们同时复活在\我的床上，拉着我的手说\\我们记得，你是我们的亲人\你曾经有过一段快乐时光”。诗人的视野就这样由现时的生命之活向后展开。到了大年初三，诗人叫它怀念日，这时他已不再从人的生命之活退向死亡，而是越过人之生活，退向了人之前的猴子：“蓦然回首\几万年过去了\我也将变成一块化石\抛掷于荒野\不经意间\退回几万年\回到它们中间\用同样的语言。”即便在备忘日（初七），诗人所备忘的对象，也在人生活界的那边：“只剩下这副躯壳\表明你来过这里\如今你是一株植物\被自由的阳光照耀。”在这本诗集中，诗就这样遭遇了死，一点儿也不突兀，仿佛死也是生活，是日常生活的内容之一。是从什么时候开始，诗人以如此生命过去时的回望视角来说话的：“传说我一百岁\有人偷偷在我门前\放下一束勿忘草\是你吗，还记得我?”而“我早已离开你们，\激情在另外一个躯体上蔓延”；诗人忧伤父辈中的亲人，在爷爷奶奶外公外婆之后，都“只能跟死神会面”，甚至自己也吃起“亡者蛋糕”，逼近末日，“一步之遥”，生活如同一场“健康体检”，“器官和内脏，被搁置在不同的房间”，被怀疑翻看，叫我们如何不忧伤。

邹进写诗，也不是没有了爱、友谊、同情与理想，仅只死亡的话题，只是死亡，这生命的征候，这生活的深夜，开始降临。这是新的生活性的拥抱，是用死的话题来说活的想法。在为美丽风景、为黑夜与白昼硕大无形的翅膀，为一匹月光下的动人飞马，为坠落的四月黄昏而忧伤之后，为一种有死亡内容的生活而忧伤，悟道诉情，我们欢迎这时刻的诗中应有的降临。这样的话题，在他上一本诗集《今夜倚马而来》时，就已频频遭遇，病痛和故去的亲人无疑开始震惊了诗人的生活之心。他开始“透过云层”的对话，甚至写了一首题为《一个人死后被遗忘的速度让人惊讶》，刻毒刻薄吗?不如说是刻骨铭心。

还是要坚称，这够不上死亡主题，它的主旨、精神溶解在生活诗性中，死如日常遇到的话题，方向所指在“活着”。邹进写诗，说：人生如闪电过后\又重归黑暗\活着不是明天的事\活着就是活着的全部意义。类似的言辞，我们在当代小说家余华、莫言、贾平凹那里早已听到了。“活着”作为“生”的祛魅，是漫延文坛的时代之雾，但来到诗界，尤其在邹进这里，还是让我们暗暗吃惊。吃惊于他如此对死亡作了生活性的阐释与回应。

## 三

此时，此处，面对邹进写诗，诗评家也许要习惯性地引上几句尼采，或者荷尔德林，或者海德格尔，说出“诗意地栖居”，或者“神性”等言语。这样可能是阐释的一个路径。但是邹进写诗，是为了诗意的栖居，那么更多的人不写作诗歌，就不能诗意地栖居吗?诗意地栖居是诗人专有的权利?私以为，大可不必计较于诗意的形式，问题也许不在诗意地栖居而在栖居的诗意，栖居中的“诗意”不过是一种隐喻，在隐喻的意义上，诗意不等于写诗，诗意不唯诗人，诗意就是人的生活本身。人活着，本身即是诗意。作为文体形式的诗歌、写诗的诗人，都是生活之一种，诗意之一种。那种把“超越”“精神”作了不切实际的夸张的做法是精英式背离真实生活的。邹进写诗，正在于将现代诗和生活经验融会贯通，让诗的超越返璞归真，重建诗的生活精神。邹进生活着，活着，活成一个很成功的书业CEO。再想想那些同样在生活着成功着的著名诗人万夏、沈浩波们，他们写诗，写很优秀的诗，将诗统一于生活的天空，不过是他们的生活之一种，无所谓超越，要超越也是生活中的超越，生活性质的超越。

邹进写诗，写起一种生活诗；邹进写诗，是一种诗生活。诗生活包括吃饭睡觉、家庭朋友、工作、思考，触物生情，感兴赋辞，以诗意和天下万物人类相沟通，团结协和。诗意是生活语，是人类命运共同体的共同语，而无论你写诗否。但写诗有一样危险，就是过多地仰望星空，忘却人间烟火。

中国诗歌早在魏晋时代，按照王瑶、李泽厚等学者的说法，开始了生命意识的觉醒。而大约自宋代起，就开始了生活的觉醒。但这是古典时代的生活觉醒。中国现代新诗本身应是现代生活意识觉醒的产物，尤其是与生活一致的生活语言的诗意觉醒。这觉醒的历程复杂，“生命”“生产”“革命”“建设”的话语笼罩，时常与日常生活隔了一层，甚至对立悖离。

上世纪90年代以来，诗的生活意识又见汪洋之势。我们似乎又迎来了一个新的“宋诗时代”。启功先生说过，唐诗是喊出来的，宋诗是想出来的。借用这个中国诗史上的唐宋诗之辩，我想，如果中国20世纪新诗是另一个“唐诗时代”的话，那么21世纪的中国新诗是否迎来了它自己的“宋诗时代”?宋诗是想出来的，指其以理挂帅，但生活诗不能仅有理这一个维度；它除了理的寻求之外，还应有一个味的维度，这生活诗也从品味中来。生活之质感或浓郁亲和，或日常可感，或淡然处之，都得品出讲究。宋诗人梅尧臣说“作诗无古今，唯造平淡难”。尤其是生活诗遇到死亡话题，平淡宽厚，洗却铅华，返璞归真，就更难。

我看邹进写诗，写生活诗，悟理体味，都沉入其中，都有收获。其间多少理多少味，大家宜细细品来。满纸生活言，谁解其中味?

注：本文是邹进诗集《假如终将痛苦地死去》（2014年光明日报出版社）序言之一。

# 我的文学路，始于《赤子心》

邹进

20世纪80年代的大学生诗歌运动，严格来说不是一场运动。要冠以运动必须要有主旨，组织，围绕一个活动或一本杂志，一定的时间等等，这些特征好像都不存在。这期间出现过一本杂志《这一代》，只办了一期就被停刊了，差一点成为一场“运动”。在80年代初，各个大学出现了文学社团，除我们吉大，还有山大，武大，复旦，北大好像还稍晚。这些社团多集中在77级。吉大中文系只有我们一个班，以后很多年都是一个班，是个小系，但是个大班，一个班80人。成立诗社时，一下涌进来20多人，真有点像是一场“运动”。那时学校对社团持开放的态度，还鼓励同学们结社，那是缘于80年代政治祥和的大环境。我们的社团叫“言志诗社”，起名的时候大家发表意见，其实最后都是徐敬亚说了算，他是大哥嘛。我不喜欢这个名字，我说虽然诗言志，这谁都知道不消说，诗还言情呢。我们需要一个能体现我们面貌的名字，也就是不要那么具体。但我说了不算数。我们诗社有意思，从来没有说谁负责，没有过社长、主编之类的。但从创立，尽管有人进有人出，一直到了毕业才散伙。期间我们出了九期杂志，杂志的名字叫“赤子心”。这名字又是怎么起出来的呢？也是每一个人提名，意见不统一。有人提到《语丝》的由来，也跟我们一样各人不一致，最后鲁迅提议抓阄，随手找一本

《赤子心》1期1979年5月9日

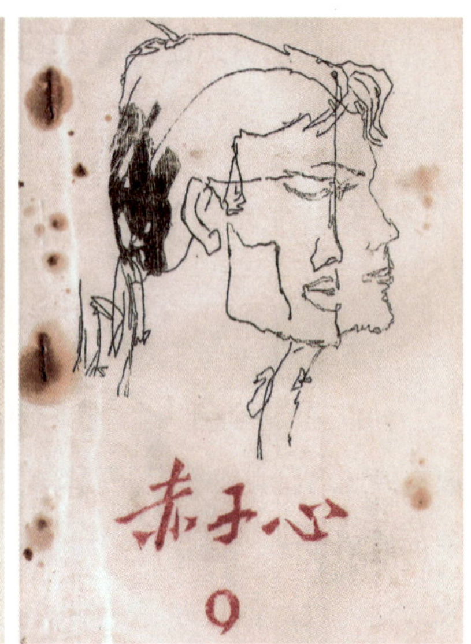


《赤子心》9期1981年6月15日

杂志，说好第几页的第几个字，然后再第几页的第几个字，刊名就找到了。我们也这样试，找了几次都没有“语丝”这么文学的名字，还是不行。当时《今天》的影响，可以用摧毁式的来比喻，它用创作改变了年轻人的观念，以致改变着社会，那才是一场真正的运动。年轻人把《今天》奉为圭臬，把《今天》上的作者视为导师，现在叫大腕。《今天》也只出过九期，但那是改变中国的九期杂志。所以我们起名字的时候，也会想到《今天》，往它身上靠，起的有昨天，明天，未来，诸如此类吧。赤子心好像也是老徐起的，那时我们甚至都不明确赤子的字义。刚出生的婴儿，子生赤色，故为赤子。可以比喻热爱祖国，对祖国忠诚的人。这似乎都不是当时我们的心理情结。不管言志也好，赤子也好，都有点揣摩学校和系领导的意思，表示我们是端正的，不会借社团乱来的。由于出了九期《赤子心》，后来也没有人再提言志诗社，只知道有赤子心诗社了。当时大学生文学社团，我们出

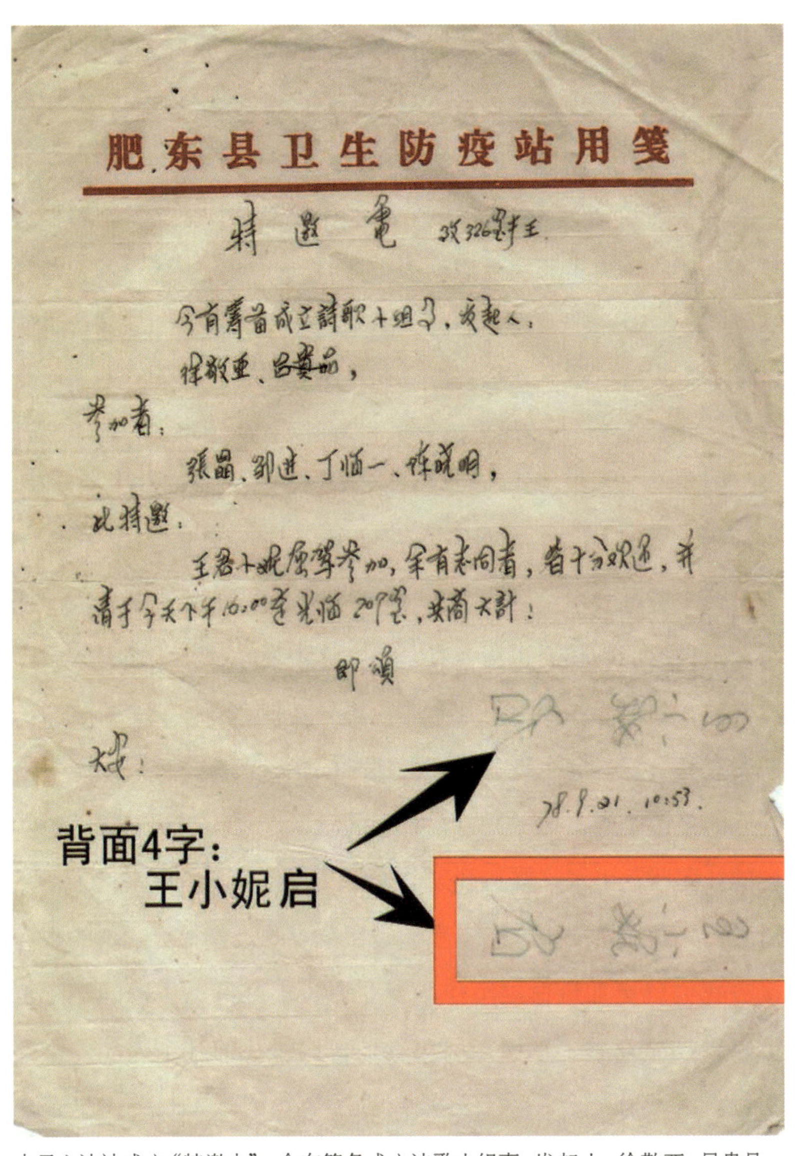

肥东县卫生防疫站用笺

特邀电

今有筹备成立詩歌小组事，发起人：

徐敬亚、吕貴品，

参加者：

張晶、邹进、丁临一、陈晓明，

此特邀：

王君小妮尊驾参加，余有志同者，皆十分欢迎，并请于今天下午16:00整光临207舍，共商大計！

即颂

大安！

78.9.21. 10:53.



赤子心诗社成立“特邀电”：今有筹备成立诗歌小组事，发起人：徐敬亚、吕贵品，参加者：张晶、邹进、丁临一、陈晓明，此特邀：王君小妮尊驾参加，余有志同者，皆十分欢迎，并请于今天下午16：00整光临207舍，共商大计！即颂

1978-9-21 10：53

（此信为丁临一写给王小妮）

刊是比较早的，所以影响也比较大。我那时还懵懂，能把自己的习作刻在蜡纸上，已经是莫大的荣耀了，不要说对《今天》里的那些大腕，对我们诗社的老徐，王小妮，都是十分尊敬的，他们上学之前都已有过发表作品的经历。记得有一次中午下课回到宿舍，老徐在楼道里叫住我说，邹进你的诗写得不错啊，再拿几首来我给你看看。他是指我们前一天晚上系里搞诗歌朗诵会，我朗读了《石头城放歌》。那首诗现在是不好意思拿给人看的，而是我的朗诵激情震撼了几乎所有人。老徐这么一叫，叫我受宠若惊，回宿舍恨不得把写的东西毫无保留都拿给他看。那时诗社还没成立。诗社成立的时候，第一批就把我吸纳进去了。“赤子心”几个字是公木给题的，那时老徐他们应该已经有了更大的抱负，用自己的创作，也用《赤子心》这本油印刊物，敲开了中国文学的大门。而我们另外几个人，还只是把它当作一个孵化器，做着有朝一日当一个诗人的梦。那时候我自己跟外界联系不多，外联的事都是老徐在做。诗社聚会的时候，老徐会说又跟哪个学校的社团联系上了，《诗刊》的编辑王燕生或是雷霆来信了，然后我们为此兴奋一番，感觉我们是在孕育着一件惊天动地的事。接着我们就更加玩命地写作，专业课也不好好上了，外语更是不知丢到哪儿去了。现在回头看，我们诗社的几个人，外语都不行。终于有一天，《诗刊》发表了老徐的一首长诗《早春之歌》，铺陈的长句，郭小川式的抒情，跟《今天》离得很远，跟过去靠得很近。从诗本身说写得还是不错的。很快，稿费寄来了，有好几十块钱（那时我一个月生活费才25块钱），老徐请客，七个人在一家小店吃饭，确切说是老徐和王小妮两人请诗社其他人吃饭，他俩的恋情已经暴露了。记得还是用碗喝的啤酒，

大学时期的邹进

味道跟马尿一样。有饭吃总是好的，那时生活条件很差，但那顿饭吃得大家心里有点嘀咕，他俩这么一好，就等于从我们这个集体中分离出去了，他们是一个利益共同体了，后来又一同参加了青春诗会，在成为诗人的路上，明显比我们快了许多。还有，能在《诗刊》上发表作品，还是让人羡慕妒忌的，有没有恨不知道。从那以后，大家好像都开始向杂志投稿，再不满足于在《赤子心》上自娱自乐，感觉只有在《诗刊》《星星诗刊》《青春》这些杂志上发表作品才能证明自己。我们陆续都在文学杂志发表了一些作品，但真正奠定我作为大学生诗人地位的，还是因为我曾经参与创办了《赤子心》，在这本油印杂志上发表过作品。时隔35年，姜红伟在编辑这本访谈录时，还能想起有邹进这么个人。

《赤子心》在当时大学生文学杂志中，应该算是水平比较高的，因为有老徐和王小妮，他们本来就有创作基础，写出的东西已经在一个水平上，对我们其他诗社成员来说，是一个很好的提携和促进。诗对绝大多数年轻人来说，只是一个生理现象，在理性思维尚不健全而又有了感悟和激情，诗是最好的表现形式。诗对写作者来说，要求并不高，新诗不需要对仗，押韵，更不讲究平仄，所以可以被当作信手拈来的工具，可以想到哪儿写到哪儿，想怎么写就怎么写，只要分了行了就可以。近两届鲁迅文学奖，如此国家级的大奖，也难免让人吐槽，把那些根本不叫诗的东西评上去，说明大家不知道诗是什么，就是所谓专家批评家，都搞不清诗的标准。倒是《南方都市报》创设的华语文学传媒大奖，还能体现中国文学的成就。

《赤子心》从最开始还不是一个同人杂志。激情退却之后，诗社从最多时的二十几人，只剩下五个人，有我，老徐，王小妮，吕贵品，兰亚明，后来白光他们也加入进来，一直到毕业再没有变化，也越来越呈现出同人杂志的面貌。我们这个诗社，老徐一直是核心，虽然没有主编，大家轮流主编，但用现在的话说，是围绕在以老徐为核心的《赤子心》周围。老徐是个自我中心者，比较另类。有一张照片，班上二十多个男生照相，大家清一色的军装，只有老徐一人穿着一件条绒的外套，格格不入。他不是党员，支部跟他没关系，在班里也当不上班长，所以诗社就是他的舞台了，要不大学四年还不把老徐憋死。

进入诗社后，我在创作上进步得非常快。与其说是个人创作，不如叫做集体创作。每人诗写出来后就在诗社传看，大家在上面批注，提各人的意见，有的人认真分析评论，像小妮；有的人嬉笑调侃，像白光；有的人煽情卖萌，像老兰。这些原稿我基本都保留着，已经是比较珍贵的资料了。要是以后有谁搞诗歌图书馆，我可以捐出来。这些活动大都是在课堂上完成的，创作一般都是在课下，自习时间创作，到了上课，不好好听课，开始传阅作品。我们是个大班，全班八十人一起上课，座位是自由的，先来后到，所以要传阅一遍也不是件容易的事，要麻烦前后的同学传递，不免影响别人听课，还不能让老师看见。不过授课老师一般也不管就是了。尽管让同学传来传去也招人烦，但我们是在

左起：宫瑞华、林千、邹进、那云1986年在武汉黄鹤楼（《中国》杂志期间）

写诗，又不是传情书，自己也感觉有特权一样。

自己感觉诗写得好了，就蠢蠢欲动，想投稿了。除了《诗刊》《星星诗刊》《人民文学》，还有《青春》《芒种》《萌芽》等也是经常投的。没想到这是一个异常艰难的历程。稿子投出去，天天等着回音，魂不守舍，那种创作、交流的快乐都没有了。开始杂志社还给回信，多是体面的感谢话，回复多是油印的，偶尔下面有一两行编辑的手写体，就让我受宠若惊了。投出去的稿很长时间没有回音，然后再投另一家。其实同时投也没问题，效率更高，但守着不能一稿多投的规定，生怕两个杂志都采用了，被追究一稿两投。那时候真是很单纯。后来我到了《中国》，特别是《人民文学》这样的皇家刊物做诗歌编辑，来稿三天一麻袋，但我还是能体谅作者的心情，尽量亲笔写退稿信，手写体的。

我在大学期间投稿无数，录用寥寥，统共发表了十几首诗。奇怪的是，自己认为好的都没有发出来，发出来的那些现在都不

《中国》杂志同仁。左起：冯夏熊、邹进、那云（1986）

好意思让人看。比如，我有一首情诗，写得很好，很多同学都能背下来，现在有些聚会场合我还经常朗诵它，投了好多杂志都被退稿，或干脆没有回音。把情诗写到这个水平还不容易呢。这首诗的题名是《虽然》：

虽然我没有爱上哪个，
其实我已经爱得很多；
凡是纯洁正直的姑娘，
都被我深深地爱过。

虽然我已经爱得很多，
但还是怀着爱的寂寞；
因为还没有一个姑娘，
从心里真正地爱我。

等到有一天爱到狂热，

胸中盛不住爱的圣火；
我会对她们其中一个，
把一切都向她诉说。

等到那时候爱得难过，
就会奔腾起爱的狂波；
我要用我滚烫的热吻，
把她薄薄的嘴唇烧破。

这首诗虽然没有政治含义，没有历史和生活的沉重感，作为一首表达年轻人朦胧的爱情，炽热的情感，有对象而不直说的表达方式，无疑是一首好诗！跟前苏联歌曲《红梅花儿开》有异曲同工之妙。可惜没有发表出来，耽误了一个诗人的成长。

20世纪80年代的大学生诗歌，叫它运动也好，它是由朦胧诗运动唤发出来的，是一个现象，它和第三代诗歌运动不同。第三代诗歌的作者不满朦胧派诗人给他们的压抑，并且在创作上已经趋于成熟，他们摆脱了后“文革”式的语言，更加生活化，日常化，更多关注一些小事，而不是国家大事和英雄主义情节。大学生诗歌更多还是对《今天》的崇拜和摹仿，是朦胧诗诗人的拥趸。而第三代诗人已经不承认他们跟朦胧诗的传承和学习关系，他们要搬开压在身上的大山，提出“打倒北岛”，要自立门户。其实许多第三代诗歌运动的诗人就是80年代初毕业的大学生，只是他们不满或想颠覆朦胧诗的基本特征和价值取向。大概与此同时，我从北京语言学院调入中国作家协会《中国》文学杂志，1986年初，牛汉提出了“新生代文学”的概念，这是一个具有更大包容性的概念，所谓新生代就是相对朦胧诗而言，他们或是从朦胧诗脱胎而来，或是无师自通，自然天成。新生代诗歌要求诗回到诗本身，诗不是政治的诠释，这已有共识，但诗还是语言的艺术，不是个人情绪的传声筒。不论什么门派，什么主张，只要达到这个基本要求，就可以归到新生代文学的旗帜下。《中国》一个半诗歌编辑，除了我，还有半个是吴滨，他同时编小说。吴滨是山东大学中文系77级的，他们也有一个诗社，出了杨争光、韩东、王川平。《中国》诗歌都是出自我们俩的凡眼。可以说，当时和之后很长一个时期活跃在诗坛上的人，几乎都在《中国》上出现过，有第三代诗人，像胡冬、苟明军。有汉诗运动的诗人：廖亦武、万夏、宋渠、宋伟等等，有上海诗歌群的诗人：陈东东、宋琳、陆忆敏等，还有许多不在任何团体，任何门派里的诗人，像广东的黄灿然，北京的西川，甚至还有轶名作者。这种编辑的方针或许也来自《赤子心》。我们七个人水平不一，对诗的理解不同，创作手法差别更大，但我们可以把作品汇集在一起，我们从来也没有打算创立一个以创作方法为宗旨的门派，但我们又是一个同人杂志，有着最大限度的包容，所以也把矛盾收缩到最小。如果不是大学毕业，《赤子心》还会存在相当一段时间，不会在一个时间节点上戛然而止。

1986年底，《中国》出完最后一期后被迫停刊了。新生代诗歌也被迫终止，在一场又一场风暴之前。《中国》是我把在《赤子心》的创作实践和编辑经验，用来体现个人理想的一个场所。其实，那时我的创作思想还不成形，但已经有了一个阵地，又赋予了极大的权力，一大批作者围绕在我的周围。我也知道他们是围绕在《中国》周围，《中国》代表了中国新文学的方向。短短两年，我自己的创作也进步很大。因为丁玲说，编辑为什么不能在自己的杂志发表作品？二三十年代所有的文学杂志，哪个编辑自己不是作家！这极大地激发了我们的创作欲望，我，吴滨，林千，都是《中国》的主要作者。我们都不希望自己的作品比自己的作者差，所以更加努力地学习新的创作方法。我想到大学时期投稿的艰难，而现在可以在自己的杂志社发表作品，还是中国作协所属国家级的文学杂志，还给稿费。每次总编室给我开稿费都按上限给，心里特舒坦。那时月工资还不到100元，一组诗的稿费就相当于一个月的工资，是一个巨大的外快。那种生活给我的感觉是又回到了《赤子心》，又回到了大学时代。可惜《中国》只存活了两年，要不《中国》就可以把我培养成著名诗人。而现在，尽管我的诗写得很好，人也自负，但不著名。张未民的说法是，我是在圈子外面，圈子里面的人是一种玩法。张未民是我大学同学，吉林省作家协会主席。《中国》停刊后，我手里还积攒着大量的诗稿，很多都在发表计划之内，只能作退稿处理。大家从《中国》终刊词中已经知道了《中国》被迫停刊的经过，可以说是不可抗力，谁也不会责怪我们，在非官方文学界对我们都是同情，惋惜，声援，对作协都是愤怒和谴责。但我还是感觉这是一个未竟的事业，我还有责任把这些作品发表出来。1987年初，反对资产阶级自由化运动已经开始了，没有马上波及到文学界。尽管《中国》已经被解散，我们还保持着1986年的热情。我找到人民文学出版社的王晓，提出要编一本《新生代诗选》，王晓找到莫文征，老莫也同意，老莫是他的头儿。于是我就拉了我的大学同学霍用灵一起编辑这本诗选。因为作品是现成的，编得很快，作者都非常支持。那时出书也不容易，写信要材料很快就能得到。到了要出版的时候，情势有点变了，反自由化运动开始波及到文学界，老莫和王晓跟我们说篇幅不能太长，每个人的作品都要缩减，有十个印张三百页左右就行了。他们是好心要出这书，我们也不得已同意。最后又提出我和小霍写的前言也不能用，不能表明我们的编辑思想，免得惹出麻烦。只是出了一本诗选，我和小霍也就是个编者而已。再一次地妥协，终于把这本诗选出版了，就是《情绪与感觉——新生代诗选》。

去年，我们赤子心诗社的同学齐聚深圳，大学毕业后我们还是第一次集中聚会。我们商议是时候出一本《赤子心七人诗选》了，作为我们友谊的见证，或许也可以作为当代文学史的研究资料。大家一致同意，各选各的作品，老徐写一篇总序。稿子收齐后由我编排，设计，找出版社出版。约定了交稿时间。可是一年过去了，又半年过去了，不知是年龄原因呢，还是其他什么考虑，现在稿子也没有汇齐，不知道何时能出版。

《中国》停刊后，我和吴滨、林千没有服从分配，制造了不大不小一桩公案。然后飞鸟各投林，各干各的去了。我从一个文学杂志的编辑重新变成了一个文学爱好者。1988年，在老徐、吕贵品、宫瑞华（《特区文学》主编，大学同学）的安排下，我去了深圳，跳到海里去了。后来有短暂的两年又回到作协，在《人民文学》杂志当诗歌编辑，但心已经野了，不再能被机关式的工作和人际关系束缚。1998年我创办了人天书店，现在在图书馆配供领域，我的书店是全国最大的，员工超过一千人。2011年，又由人天书店捐资发起成立了北京蔚蓝公益基金会。有钱的图书馆，我们把书卖给它，没有钱的图书馆，我们把书送给它。蔚蓝基金的目标是捐建一千家蔚蓝图书馆，目前已捐建了1800多家，

邹进（2011年）

远远超过了原定的目标。

在停顿了差不多二十年之后，我又重新开始了创作，近年出版了五本诗集，分别是《为美丽的风景而忧伤》《它的翅膀硕大无形，一边是黑夜一边是白昼》《坠落在四月的黄昏》《今夜倚马而来》《假如终将痛苦地死去》，除第一本主要是大学前后的作品，后面四本都是2006年以后创作的，第六本诗集已在创作中，将由作家出版社出版。

# 泥昧

# 做个闲人

兰亚明

人，真的就像一朵闲云，既不承雨，又不为风所迫，游来荡去的，让心在漫漫散散中，淡定。

其实，一个退休的人，真的就像一只野鹤。这只野鹤，虽未居山林，也未能食花饮露，但每日随心所欲，自由来去，既没了被饲养的苦痛，也没了被驱赶的无奈，着实多了几分自由与自在。甚或情之所致，也可抻长脖子，哏嘎几声，其音长短，其声大小，无须顾及左右，察颜上下，那自得之状，亦如骚客文人，信步行吟，其喜洋洋者哉！

其实，一个退休的人，真的就是一个闲人了，无论别人怎样待你，最该懂得的是自己。自己把自己当成了闲人，别人才会有了几分轻松，自己也少了许多尴尬。人生就是这样，不同阶段的自我定位，很重要。位定好了，好多事儿就顺畅了。

比如读书。一个退休的人，最该读的书，是闲书。用闲心，读闲书，适心养性。即使轻描淡写的几句话，就足以让饱经沧桑的心悟得禅机。书太重了，读起来劳神累心。对于已不再愤怒的诗人，也大可不必再去搬动经典。

比如喝酒。一个退休的人，再喝酒，一定喝的是闲酒。喝闲酒，轻松！酒之所以醉人累人，是因为酒中融进了太多太多的社会，勾兑了太多太多酒以外的味道，背负起太多太多的托付与

兰亚明和白光毕业30年北京聚会（2011年10月）

兰亚明、老范和邹进（左起）大学期间在长春人民公园看菊花展

期待。端起的是酒杯，喝的却不再是酒了。那苦那累那无奈那沉重，让心感到疲惫。喝闲酒，才原汁原味，才能喝出酒的味道。喝进去的是真诚与激情，即使吐了，吐出的也一定是推心置腹的辛酸与苦辣。能有闲心闲情闲时慢条斯理有滋有味品酒的人，品人也一定见得功夫，一搭眼，就能品出人最真实的味道。

比如唠嗑。一个退休的人，唠嗑，也一定唠的是闲嗑。太沉重的话题，已不再符合这把年纪。像嚼甘蔗一样唠过去，像数家珍一样唠朋友，像看云观潮一样唠时事。是非胸中有，曲直何须论。到了耳顺的年纪，不争不吵不辩了，让耳朵汲取更多的营养，去滋润心田。

比如做事。一个退休的人，要做的事，如不再为生计，更多的则是闲事。离开了椅子的捆绑，不再被动，不再无奈，不再身不由己，不再心不由己。没了职业责任，能量的挥发，凭的是那份自觉。抉择权全部回归了自我，自己成了自己全方位全天候的主人。此时要做能做的事，大都与心相关，连于心之最柔软处，如悲悯慈爱友善等等。既做得了，又益于各方，当然最受益的还是自己。凭闲时闲力，做了温暖人心的闲事，心里自然多了几分阳光与喜悦。能有闲时闲心闲力做闲事的人，这种富有，本身就是人生的一种幸福一种享受！

人生能得几时闲？闲，既是一种生命状态，也是一种生存理念，更是一种人生境界。作为一个退休的人，真正要做个闲人，且闲得恰到好处，得心应手，游刃有余，妙入道法，也不是一件很容易的事。难在哪儿?难在心。心定方能神闲。圣人说了，万事成在心定，心定则静，静而后能安，安而后能虑，虑而后能得。人静方能入禅道，心定才得天地宽。心定了，一切的一切便有了定力，做闲人也有了根基。根牢了，枝叶便蓬勃伸张，上取霞霓，下接地气，中通人和，三星一脉，道合天成。

在物欲横流心浮气躁的当下，心如果依然漂着浮着悬着，依然被功名利禄勾引着，依然被那些有形无形的欲望缠锁捆绑着，人只能在世俗潮流的汹涌中，随波逐流，丢失自我，丢失自我生命中那份最可珍贵的从从容容和气定神闲，丢失了代表生命的心灵。心丢了，人生便将苦海无边。

人生在世，不管哪个年纪的人，都要活得应时应季应节气，如同这一年四季，春种夏锄秋收冬藏。春夏秋都忙过了，该冬藏了，你再乱忙一通，既乱了节令，也乱了自己的人生。

冬藏是人生修身养性的时节，而修身养性的一切功夫都需紧紧地围绕着心性转。心一直以来最急切的期望和苦苦求索，便是轻松舒展与自由。都退休了，都这把年纪了，生命已无奈地吟咏着夕阳和晚晴，我们再不留点时间和精力给心，给心以轻松舒展自由休闲和恬淡，我们真的就愧对了生命，愧对了那颗在坎坷泥泞中摸爬滚打得遍体鳞伤，而今却依然鲜活而又顽强的心。

退休了，闲下来了，自觉地做个闲人，用闲时闲力闲情，好好陪陪心。陪心读书，陪心聊天，陪心听听音乐，陪心看山看水看斜阳，陪心一起牵着老爸老妈的手，慢悠悠地，逛逛公园，晒晒太阳，陪心和各类好人一起，去传递温暖播种阳光。

其实，做个闲人，说到底，就是要放飞心。摆脱一切压力与困扰，撕开一切束缚与羁绊，让历经沧桑久已疲惫的心，在夕阳的辉映中，伴漫天晚霞，再一次飘升起来。就是要以完全的自主自立自图自强自力自为，适心任性，抒情畅怀，吐气扬眉，法度自然，自得人生之大自在，尽享生命之无限的愉悦与欢欣。

做个闲人，真好！既是现实，也是目标，更是途径。此时此刻，俺正在路上！

# 五常

吕贵品

冷不丁提五常，大家还挺茫然，何为“五常”？如果把“三纲”放上去，年龄大一点的人都明白。提起“三纲五常”，西汉思想家董仲舒这样解读：这“五常”实际上是“三纲”的具体化。仁、义、礼、智、信是处理君臣、父子、夫妻、上下尊卑关系的基本法则，治国者应该给予足够的重视，坚持五常之道，就能维持社会的稳定和人际关系的和谐。对此，我不置可否。我找出了我上辈的老照片，放在这里，可能还有点象征意义，破译出传统文化的些许内涵。

时间：20世纪20年代至今日

地点：中国山东、吉林

人物：吕正仁、吕正义、吕正礼、吕正智、吕正信

事件：

本人，姓吕，名贵品，出生于1956年。那一年，在共产党的一统天下之下，大地百花齐放了，人间也百家争鸣了，色声俱全，赤县神州熙熙攘攘，好不热闹。那一年四月份的一天，在一声爆竹的炸裂声中我降生了，红色的纸屑纷纷扬扬，我父亲又在报纸上发表了他生命中的第一篇作品，大喜！吕家老小一片欢腾。而让吕家真正高兴的还另有隐情，这个隐情如一涧渊谷，隐

前排中：吕正仁；前排左：吕正义；前排右：吕正礼（替代人）；后排右：吕正智；后排左：吕正信

隐传来一个民族传统文化的幽深的水滴之声。

我爷爷吕承堂和我奶奶吕孙氏于1928年结婚。结婚的那天，三拜之后，我奶奶的父亲孙质亭把爷爷、奶奶叫到一起，庄重地宣布：为了吕、孙两族的人丁兴旺，宗室和睦，你们一定要生五个孩子，分别起名为：仁、义、礼、智、信，让中华民族的五常传承下去，在未来乱世歪斜的世风里，用传宗接代之本，以正五常。

事实上爷爷和奶奶坚定理念，全面调动生育能力，准确无误地做到了，不多不少生育了五个孩子。1928年奶奶生下了第一个孩子，是个女孩，这就不太好起名了，叫仁，叫义，叫礼，叫智都不好听，不合女孩的柔性，叫信比较合适。我姑姑吕正信的名字就这样定了下来。如果继续生女孩怎么办？如果再钻出第六个孩子怎么办？不会！爷爷、奶奶心中有数，敢于给第一个孩子用最后一个“信”字，足以说明爷爷、奶奶的智力和体能了。接下来奶奶连续生了四个孩子，都是男孩，仁、义、礼、智排了下来。第五个孩子出生后，爷爷就去世了，完成了任务，落下了他生命中精彩的一幕。

今日谈起五常，是在2011年的深圳，听着古琴喝咖啡，琴韵苦甜，咖啡悠婉，稍不留神就不知何音何味。但我贵品还是要品的，五常，五味游舌，令我感受到了人间的万般味道。

仁。我的伯父吕正仁。四个男孩中他是老大，尽管上面有个姐姐，他还是老大。爷爷死后，家里的事情都是他说了算，奶奶也让着他。从山东到东北，全家靠讨饭活命，他从来不出门，讨回来的饭要交给他，他先挑好的吃，剩下的由奶奶再分给大家。这些是听父亲说的，是他们小时候的事。中年时期的伯父给我的印象很好，我记得他总是低着头抿着嘴微笑，路上决不空手，看到铁丝、布条、纸片，只要是他认为有用的东西全捡起来，到家后，将手里的东西塞到房前屋后的篱笆墙缝隙里，用不上几个星期他家篱笆墙就塞得挂得满满。有一次我到他家玩，他和儿子们正从篱笆墙上摘那些破烂，收破烂的吆喝声从远处传来，当他们把篱笆墙摘干净后，收破烂的推车也到了他家门口，他把那些破烂卖了，换回一元两毛钱，用这钱买了一大盆冻梨。伯父看着大家吃冻梨的贪婪样子，在一旁抿着嘴笑。上世纪70年代，中国贫穷得闻不到肉味。伯父在肉联厂工作，他说厂里的冷冻库大都空着。可有一天半夜他背回来三个猪头，给了我们家一个，怎么搞来的不知道。夜里全家人围着猪头兴奋，父亲用烧红的铁钎子烫猪毛，母亲用牙刷仔仔细细地清洗猪鼻孔，我和妹妹幸福地期待着。烫猪毛嗞嗞啦啦的声音像是笑声，我看到那个被人颠来倒去的猪头向我微笑，呲着牙，伯父也向我微笑，抿着嘴。伯父这样笑着，笑到七十多岁去世了。找了两个老婆，生了六个孩子，两女四男。一生平淡，没享过什么福，也没遭什么罪，总是给这个家族带来一些生存下去的小快乐。

义。我的父亲吕正义。男孩排行老二，他同姐姐正信关系最好，他同老三正礼是双胞胎。父亲的一生如同他的名字：正义。一生没做过亏心事，老实巴交，歪门邪道从不涉足。1949年通化在共产党的领导下清理垃圾，父亲参加了清洁队。那年冬天，父亲在一个公共厕所茅坑里刨粪，有一个人肚子不好，匆匆跑进厕所脱裤子就拉，稀屎喷了父亲一头。年轻的父亲回家趴到炕上哭，奶奶说：要做人上人，就得经受寒窗苦。父亲听明白了，彻底洗了个大澡，擦干了眼泪，日夜拼搏，寒窗苦练，后来练就一身技能。他能够双手同时打算盘，一左一右，噼里啪啦，准确无误地算出两本账。这样，他从掏粪工人转成了收费员，成了共产党解放前参加革命的老干部。“文化大革命”期间，父亲因为一首写狗的诗被批斗，斗得最狠的是他最好的朋友，那朋友怒吼：把共产党人诬蔑成狗，还谈什么正义。父亲回答：我是颂扬狗的忠诚，如果忠诚都不要了还算什么共产党人，我正义就是忠诚，忠义是分不开的。父亲在官场上熬到退休只混了个处级，他很知足，他说这是县太爷级，手里这点权力能为群众办点事，这群众中当然有仁、有信、有智，有他们的孩子，能够帮上忙，又不违法违规的，他义无反顾。父亲现在生活得很快乐，身体不是很好，但生命力很顽强。他患有严重的糖尿病，并把这病传给了我。父亲常说：苦尽甜来，得了糖尿病是天意，那是富贵病。父亲也娶过两个老婆，生了七个孩子，活下来三个，两男一女。父亲常以我和妹妹为荣，也常告诫我们：你们兄妹出息了，但不能丢掉我这个义字，义是为人之本啊！

礼。我的叔叔吕正礼。他比我父亲晚出生几分钟，只能排行老三了。他死得最早，解放前因一次车祸的惊吓，得了一场大病死了。礼崩乐坏，孔子就曾因礼的坍塌而焦虑过。我父亲也说过：这个社会一但没了礼就要乱套了，老三死了，我们哥们就不太和，幸亏有你奶奶把着舵。这个正礼叔叔很重要，我没见过，没有任何印象，但是我和他却有很多很神秘的渊源，这也就是我出生那天，全家人欢腾的原因。生我的前夜，奶奶讲她连做三梦，都是同一情境：正礼坐在家里的炕沿上，微笑说，娘，我回来了。奶奶醒来后，反复品味那梦，礼回来了，她正琢磨着，传来我出生的哭声。奶奶大喜，全家大喜，认定我是正礼的轮回转世。因此，我在这个家族的地位一下子提高了，全家人娇惯我，说我后背和腿上长的胎记和正礼的一样。我小时候在前面走，常听到奶奶说：正义，你看贵品走路的姿式和正礼没区别。在日伪时期全家人讨饭供着正礼念书，他很争气，书念得很出色，考试总是第一。这一点我很像他，从幼儿园开始学习就很好，所以我成了这个家族兴旺发达的希望。奶奶讲的一件事让我忘不掉：爷爷去世后奶奶三十一岁，在那个年月，一个寡妇养活五个孩子实在不容易，有人要给奶奶再介绍个人，奶奶为了孩子们能生活得好同意了。奶奶改嫁的头天晚上，正礼叔叔哭泣着求奶奶：娘，再穷，再苦，你也不要把这个吕姓改了，我大了会支撑这个家。这是一个十几岁的孩子说的话，奶奶泪流满面，一下子抱住正礼，说娘明白了。奶奶守寡带着五个孩子一路讨饭，一路煎熬，扛着一个吕字走过来了，走进了孙儿满堂的族群中。

智。我的二叔吕正智。排行最小，所以吃的苦最少。母亲偏爱老小是有道理的，小是弱者，应该照顾，而且上有哥姐也有照顾的条件了。奶奶作主张让哥姐们拿钱供着老小读书。奶奶始终知道一个理：五常要常下去，靠的是识文断字，书中自有黄金屋，吕家一定要有一个大学问人。在全家人的鼓动和压力下，二叔于1963年考上了吉林工业大学。他开始很用功，后来就大智随愚了，不好好读书，沉迷于恋情，连续三年留级，又加上患病，大学没读完，肄业回家。二叔爱女人的故事我印象很深：他上大学时，一个美丽的女人同他恋得如胶似漆。在一个静谧的夜晚，明亮的月下，二人倘佯长春南湖岸边，缓缓的脚步踏芳草而行。就在此时，美丽的女人在迈步之间不慎有一只响屁跑出来，脆生生地把夜空的寂静撕开一个小口，也如同一声枪响穿过二叔的心灵，他先是一怔，接着无法言喻的痛苦夜露一样降临下来，让他感到爱情很凉，他不再理睬那个女人，觉得那个女人不雅，自己匆匆走掉了。从此二叔再也没有见到过像不雅那样美丽的女人。他悔恨，自己如此大智怎么能犯这种错误。二叔开始同小提琴倾诉，在琴声里找那个美丽的女人。我读小学那时感到很自豪，很多人没见过小提琴。二叔站在家门前的垃圾堆上拉提琴，围了好多人，垃圾堆的臭气被琴声驱散，一缕缕芳香从空中飘落，人们站在垃圾里如醉如痴。我问二叔：叔，拉的是什么？二叔说：梁祝。旁边有一个邻居听到，晃着头说：很凄凉啊，凉住不要紧，天冷，别冻住。二叔苦笑，收起小提琴，回家，那是个五常不全的家，独独缺一个礼。二叔后来找了个唱评剧的老婆，生有两男一女，六十出头中风，在飘飘缈缈的音乐中平静地去世了。

信。我的姑姑吕正信。她是第一个出生的，今年八十五岁了，活着，只是腿脚不太好，没别的毛病。姑姑的一生既绚丽多彩又平淡无奇。姑姑年轻时很漂亮，在集安那个地方算是一个美人。有一个大户人家的户主姓崔，看上了姑姑，想娶做二房。崔大户是个糟老头，姑姑不愿意嫁他，可又恐于崔大户有钱有势，拗不过，只好应承。那一年是1946年10月，东北民主联军的部队正打“四保临江”之战，联军的一个军人在通化街上遇见了我父亲，我父亲卖玉米面丸子，想让这个大军多买点，就和他攀谈起来，越谈越近乎，得知此人姓高，是联军的一个营长，山东老乡。高营长问起父亲的家况，父亲一一道来。当高营长听到父亲有个姐姐被当地的一个恶霸霸占了，怒火万丈，骑上大马，同父亲来到了集安，拜奶奶为亲娘，见到姑姑时两眼发直，也跪下来称为姐姐，表示要惩治这个崔恶霸。过了几日，一个夜里高营长又来到集安，敲开家门，跪倒在奶奶面前说：娘，俺把那个狗日的崔恶霸枪毙了，替人民出了气，替俺姐报了仇。奶奶听了差点昏过去，这崔大户与咱家没仇哇，不过是看上了正信丫头，因为这点事竟被杀了。奶奶也无可奈何，那是一个兵荒马乱的岁月，只好悄悄地认命了。那一刻姑姑爱上了高营长，她眼前站立着一个大英雄，高营长更喜欢上了姑姑，这是一个千古绝色的小美人。姑姑和高营长的爱情持续了两个月左右，一声号响，高营长的部队开拔了。战火把二人的爱情炸得粉碎。据说高营长的部队一直打到海南岛，我姑却原地站着翘首期盼，沐浴着南来的风，流着泪，高营长再也没回来，也没有任何消息。姑姑守着一个“信”字，等了十多年。姑姑的一生弥漫过高营长轰轰烈烈的硝烟，什么都变得平淡。三十多岁才嫁人，生了两个男孩。

仁、义、礼、智、信，姐兄弟五人的命运浩浩荡荡，几篇文章难以描述清楚，但可以从五个人的故事中品出中国传统文化的点滴味道。

有一天我奶奶梦中见到了正礼，醒来要照一张五常相片，可是缺了一个“礼”，奶奶让我父亲找一个人代替。父亲说：照相那天太阳高照，天空蔚蓝，相馆里的人很多，排了好半天的队才轮上，拍了这张仁、义、礼、智、信的五常齐全的照片。照片一直被端端正正地挂在墙上，奶奶常一个人久久端详着照片，看着照片上的五个孩子，感到极大地满足，脸上洋溢着灿烂的微笑。有时还自言自语地背诵《三字经》：“曰仁义，礼智信，此五常，不容紊。”如果这时我在奶奶身边，奶奶一定要摸着我的头重复着正礼叔叔的那些事，她说：正礼头顶有两个漩，你也是两个漩，有两个漩的人聪明，懂礼。

今天，我已经五十五岁了，只生了一个儿子，我连吕姓都放弃了，给儿子起了个名叫荪莒。中国国策规定只能生一个孩子，再不会有用仁、义、礼、智、信给五个孩子并联起名的家庭了，看着这张五常齐全的照片，我的耳边回响着奶奶读《三字经》的声音，心里怅然若失。

有一天，我在微博里看到一个名字闪着光：刘五常！这一个人要把仁、义、礼、智、信留下来，有点意思，他也许会用仁、义、礼、智、信给子孙们串联起名：他的儿子叫刘仁，孙子叫刘义，重孙子叫刘礼，再排下去叫刘智，刘信。这要经过近四百年，那么再往后呢？这仁、这义、这礼……

谁知道？！

（2011年7月20日追忆于深圳）

# 母亲节之日再追思母亲

吕贵品

我们都已为人之父，为人之母，我已经为人之爷了。这把年龄该想什么，该做什么，自有分寸。前几天我的同学白光追忆老父亲的文章，令我伤感，他父亲我很熟悉，一看文章老爷子的音容笑貌又在眼前。现在我们是应该缅怀父母了，这件事不做，老了后悔晚矣。由此。我才写了下面的文字。

今年的清明，苍天面对苍生已经无泪可流了，但我仍能听到天空四野回荡着低泣的声音，这个声音从人体内溢出，缓慢地形成一个巨大的气旋，在天地间悠然舞动。灰蒙蒙的雾笼罩着世界，远处的山峦，近处的人群，还有人群的心情都在凄凄氤氲之中时隐时现。

每临清明，我怕天又下雨，今年的天空没下雨，可我感到比下雨还令人悲惋，那是一哭，却没有发出声来，闷在体内聚集成隐隐沉闷的巨大的超低音，低泣在人的血液中流淌。我飘忽在这清明的雾里，听到了我的哭声，哭声像汗水一样从我身体的每个毛孔渗出，我的精神觉得有些疲惫。因为清明的日子里我无法不去想念我的那些难舍难离的死去的亲人和朋友，他们也是在这一天和我交流，叙叙往事，谈谈当下。

今天在这个散不去的大雾里，在我缅怀的那些人群中我看到

吕贵品的父亲母亲，1958年

了一个身影，那个身影罩在一个色彩斑斓的光环里，散发出阵阵墨兰的幽香，我尾随而去，走近那个身影之后我倏然泪水盈眶，那是我多么熟悉的身影，是我日思夜梦的身影啊！那是我娘，娘在我的前方一直向我微笑着，微笑给我传来暖暖的体温，让我没有寒冷；微笑给我亮起了一盏灯，让我看不到黑暗。那是我娘，一辈子都在为儿女操劳，一辈子都走全家人的前面。

我娘于1998年3月3日去世了。娘走的那天很平静，谁都没有惊动。我在深圳，当我得知消息的时候，娘已经安祥地躺下去了，躺在通化市医院的太平间里，还是在微笑。我赶回家乡，来到娘的身旁，守着娘，我没有哭，因为母亲从来就不喜欢儿子哭。儿要向娘赔不是，要和娘聊聊，没能和娘面对面坐着聊聊天是儿一生的遗憾，此时只能在娘躺着的时候聊，不知娘能否听得清楚。

那天夜里娘睡觉的太平间是一番盛世景象，挽幛满庭，灯火耀壁，摇曳的烛光喷放着墨兰香气，我陪娘聊了一个整夜，没有丝毫的倦意、凄凉和恐惧。那个夜里娘给我上了一堂大课，我也道了几次大歉。

儿对不起娘，儿现在懂得了娘的慈心母爱，可晚了，现在晚了啊！

我读小学六年级的时候家里很穷，我又体弱多病，家里有点好吃的都给了我，娘更是想方设法地调剂家里的生活。饭桌上有点细粮有点肉的时候，娘总是站在旁边抿嘴微笑看着大家吃，手里拿着饭勺，等待随时给家人盛饭。父亲让她一起吃，娘总是说：你们先吃，我是做饭的，饿不着。

有一天我同娘上街买菜，在菜市场上我看到有人卖梨，是新品种，叫苹果梨，果皮有一部分是红色的，长得像苹果。我很远就闻到了那苹果梨的气息，那种香气很怪，甜甜地带点野玫瑰花的香味，还有点酸酸的味道，我流口水了，不知不觉地走到梨筐旁边，蹲下来，眼睛直直地盯着那一只只黄里透红的小家伙，能咬一口该多好啊，哪怕是一块梨皮也行。

我的这些举动，娘看得清清楚楚，娘走过去，装作买梨的样子，和卖梨人聊起来，聊着聊着娘趁卖梨人不注意将一个小梨拿在手里拉着我就走。走进一个胡同里，娘把梨塞给我：快吃吧！

那时我是通化市红卫兵代表大会常委，团市委委员，红得发紫，很革命，我觉得娘这种行为不好，不能容忍，我很愤怒，接过梨来，把梨扔到地上。梨滚出好远，娘追过去把梨捡起来擦擦揣进兜里。一路上我谴责娘，娘默默忍受着，因为买了菜，娘兜里没有钱了，娘没有生气，脸上依然微笑。

那天夜里我在睡梦里又闻到了梨的香气，口水湿了我的枕头，朦胧中我发现枕边有一个硬硬的东西，我顺手一摸发现是那个苹果梨。我什么也没想，在被窝里像一只小老鼠一样把那个梨吃掉了。现在我想起这件事就想哭，娘为了儿子什么都可以去做，甚至连人的尊严都可以不顾，可儿子呢？儿子还责怪娘，儿子为娘又做了些什么呢？

今天是清明节，儿只能在遥遥的南方为娘点起一炷香。娘对儿的关怀无微不至，每当想起那些生活细节，我就越发感到愧疚，感到对不起娘。娘去世的前几年，我和她断断续续地住在一起。每天早晨娘都早早起来，丰盛的早餐做好之后，娘把碗筷摆放好，坐在客厅的沙发上静静地等我和妻儿起来吃饭。我爬起来吃完饭就走，娘微笑着目送我出了门。我每天下班后回家，上了楼梯后刚走到家门口时，门就开了，远远地娘就听懂了儿的脚步声，娘提前把门打开迎接儿子，这让我感到惊讶，娘怎么就知道是儿回来了。那时我每天匆匆忙忙，进进出出，没有用心去体察母亲天天早送晚迎的慈爱和艰辛。

娘这样对儿，儿偶尔还和娘耍脾气。平时我都睡得很晚，所以总要调好闹钟叫醒我。有一个星期天早晨，我要到机场接人，可一觉睡过头了，闹钟没有响，我急忙爬起来拿起闹钟一看，闹钟的铃声被向后拨了两个小时。娘看我急疯的样子，像一个做错事的孩子，吞吞吐吐地说：不要生气！是我拨的闹钟，礼拜天，我想让你多睡一会。我没理解娘，气哼哼地把闹钟摔到桌子上。想起这些，我悔恨万分，我不该那样做啊！

记得有一年，娘上山采蘑菇，在一丛很大的蘑菇堆里有一窝马蜂，娘惊动了它们，马蜂铺天盖地而来，娘只好望蜂而逃。晚上到家时发现自己装钱的小布袋不见了，里面有给我交书费的十元钱，娘急坏了，想来思去觉得可能是在马蜂窝那个地方丢掉的。第二天娘又进山了，开始漫山遍野地找，很大很大的一座山，娘硬是找到了那个小布袋，给了我十元钱，让我把书费交上了。

娘对儿的好，随着我年龄的增加，体悟越来越深刻，源委越来越清晰，一件件，数不清，历历在目。今天这个清明日，全中国都在怀念逝去的亲人和故友，天空暗泣，我也是啜饮泪珠，一双老眼，五十五岁的老眼泪雾朦朦，但却从来没有像今天这样在泪眼中清楚地看到了娘，娘在清明的大雾里，在大雾的人群中一直向我微笑着。

娘走的那一年病得很重，由于怕影响儿的工作，才不告诉儿，不让儿回来。娘走了十三年了，十三年来我一直觉得娘没有离开过我，是我离开了娘，从北方到了南方。我也一年年老了，为娘流泪的次数也一年年多了，我流泪不是缘于儿见不到娘了，而是因为儿对不起娘。母亲为儿女做了很多很多，可当儿女懂得了也有能力为母亲做点事的时候，母亲却不需要了。

娘，是我一生最好的老师，我做人的学问都是她教的。娘这一生什么都没留下，娘在临走之前把自己的东西一件一件都送给了街坊邻居，现在我想找娘的遗物一件都找不到，娘给儿留下的只是几张照片和一直伴随儿生命的那些记忆。什么都没有，是娘给儿留下的最大财富，娘有一句话我记得很牢：人啊，总觉得自己万寿无疆，所以才贪得无厌。娘说得对：人要是知道自己命不过八旬，活不了太久，也就不会要那么多东西了。

今日我与苍天同泣，娘在世的时候儿没能多孝敬老人家，娘走了，儿只能以眼泪补偿。我又很感谢清明这个日子，这一天借霏霏大雾我与娘有一次沟通：娘啊，你教导儿的，儿都记住了。不管儿的余生还有多长，儿都会像娘那样抿起嘴来平静地微笑着，因为儿面对的也有儿子，也有亲朋，也有四邻，因为儿也有走的那一天。娘又操劳了，娘总是先走一步，娘又在前面为儿探路，为的是让儿走得平坦、从容一些。

娘，因为清明节儿打扰您了，清明过了，休息吧！

2011年4月5日于清明节于贵品五十五岁生日之际泪书，母亲节再忆。

# 三十三年的父亲

孙丽华

傍晚时分走进厨房，见白瓷砖台面上似乎有个东西。凝神细看，竟然是一只精巧的四爪长尾小壁虎！只见它一动不动，弯成一个小问号，让人好笑。家里时常会见到这种小动物，有时贴在墙角，有时趴在窗上。个头最大的也不过10厘米，却也有五趾小爪、细长的尾巴，总是一动不动地，过一会儿再看，已没了踪影。出现在洗碗台上却还是头一次。看它那沉着模样，又是惯用的装死把戏吧。一边想着，这只小壁虎是哪里来的？准是附在那只长柄锅底，从储藏间被带过来的吧？进房间打一转，已经忘了壁虎的存在，再到水槽边，看到它仍然一动不动，心里有些奇怪。猜想它莫不是冬眠了？又想着该把它送到隐蔽角落去，洗碗台总归不是休眠的好地点。但是小壁虎一成不变的姿势未免令我生疑，下意识地凑近细看，原来它早已失去了生命，单薄的小身体已经干枯朽坏。心中喟然，轻轻把它收进垃圾篓。这壁虎似乎在提示着什么，牵引起我漫漫的思绪。85岁高龄的继父已经卧床数年，近日病情又在恶化。蓦然见到这没了生命迹象的壁虎，心绪有些不宁，这难道是上天的神秘告知吗？

继父33年前走进我家。生长在江南的他斯文儒雅，温和善良。对我们兄弟姐妹几个从来都是慢声细语。那时哥哥、妹妹和我都已经工作，最小的弟弟还在读中学。传说里的“后爹”总是令人生畏，但我们却一点儿都不怕他。母亲是个急脾气，有时候免不了对淘气的弟弟挥起笤帚，父亲总是在一旁连劝带拉，化解着母亲的怒气。一次妹妹不小心磕伤面部，父亲着急地建议快去医院敷药治疗，还说女孩子脸上如果落下疤就麻烦了。这一立论让当时年届二十的我觉得很是新颖，由此才引发了我对于女孩子的行为立场展开思考。父亲学问很好，他最后的职称是总工。当年他常常指点我们的学业，教妹妹俄语口语，给我和哥哥提示作文要点，辅导弟弟学数学，在我们的印象里，学业上的各种问题都可以向他求教。平日里闲谈时，父亲又会给我们讲各种成语典故、文史趣闻。我们都听得津津有味。继父对母亲的称呼是个俄语词，含义相当于英语里的“Darling”，这也总是引起我们的窃笑。要知道我们的父亲在世时，对母亲的称谓一直都是简略式，回想起来，不过是“诶”“喂”“那个”“我说”一类的语气词。而且父母还偶有争吵，继父却是少见地淡定舒徐，和母亲从来没有过争执。这主要归功于继父的超然态度。他这人从不会坚执己见。不管何事，如果与母亲意见相左，他就会立即放弃自己的观点，随声附和。让我们觉得未免没有原则。但是细想想没原则也不错，也就不会有争执。自从继父到来，我家的学问水准与和平气氛堪称同步增长。

继父的几个儿女都在江苏。当年他来支边，家人并未随行。丧妻之后，孩子们都由祖父母照管。他到我家那年，最小的孩子还在读中学，几个大的孩子已经独立，不过结婚、生子等事项也需要他资助，而且他是长子，还有年老的父母要赡养。到了90年代，继父已经年过花甲，这些经济上的负担也都结束了。自50年代大学毕业后就到内蒙工作的他，一直很思念家乡武进。经常给我们讲家乡的桂花糕、乌篷船。也一直打算等退休后就回到家乡去。说实在的，每当父亲憧憬江南故乡时，我们都不大感兴趣，倒不是因为对武进那个地方陌生，从书本上早知道江南风光美。只是担心他会带走母亲，到那时我们就不容易相见了。还好，父亲退休后曾经与母亲一起回武进家乡住了半年，却发现他已经不能适应南方那潮湿又寒冷、而且没有暖气的冬天了，终于打消了在家乡终老的念头。到今年，继父支边已50多年，来到我家也有33年。这么长的岁月里，他已经完全习惯于第二故乡内蒙的生活，也早就融入我们的家庭。我们成了没有血缘关系的亲人。而且继父与我们在一起的时间已经超过了我们与生父共处的16年。人生际遇犹如种子，落地就会生根发芽。继父于我们的亲情际会，虽然不及生父的根基血脉，而是偶然的机缘，但上天待我们何厚，居然让我们又找回因生父的离去而久已缺失的亲情。继父给予我们的善良与呵护，我们对他的信赖和敬重，让这个曾经残缺的家庭最终得以修补弥合。数十年的风雨同舟，甘苦与共，无论是抚育教诲，还是孝养承欢，每一方都在真诚付出。我们之间已经缔结下不逊于血缘之亲的厚重亲情。

然而这世间的缘分终归会走到尽头，心中难免悲伤，就如同当年痛失生父。犹如潮起潮落，亘古不息，人世间缘起缘灭，本是超越个人意志的必然。但是这份厚重的亲情却会为心灵留下永远的温馨回忆。

（或许是出于心中的感应，匆匆写就此文。翌日，父亲即溘然而逝。听着电话那端母亲的泣语，不禁潸然泪下。不管如何眷恋难舍，33年的亲缘毕竟是终结了。谨以此文作为心香，敬献于尊敬的父亲姜铁城先生灵前。写于2011年12月3日）

# 我的第一位老师

刘晶

“信念”两个字，最近想得相对多一点。生活的年头长了，信念早已不像小时候那样“纯”。

本文写于2007年。文中提到的李老师，1966年“文革”开始时，她35岁。“文革”初期被红卫兵折磨成精神分裂症，一年后去世（36岁）。从真正意思上说，李老师是我第一个老师。

北京市东城区宽街小学，“文革”初期，成为“知名度”最高的学校。宽街小学——1949年后公私合营组建。

教导主任吕贞先女士，据说是国民党某要员的姨太太。那要员解放前逃往台湾时，抛弃了姨太太，留给姨太太一大笔钱和昂贵饰物。姨太太吕贞先女士在新中国成立以后，为假装表示爱国，用这笔私房钱，买地买房，建设了“宽街小学”。郭文玉女士做宽街小学校长。郭文玉、吕贞先，在1966年夏季一个夜晚，共同惨死于皮鞭与凌辱之下，第二日尸体被裸放在雨水淤积的泥坑里示众。

郭文玉、吕贞先是继李老师之后，我的第二任老师。为怀念她们，我再也不去平安大道的原宽街小学与府学胡同的文天祥祠。

原宽街小学，幸免被拆迁。因为它的邻居是1978年以后邓小平居住的地方。“文革”前这所宅第是国民党起义将军程潜故居。

有两样食物我不吃——红薯和茄子。

北京有两个地方我不去——平安大道上的原宽街小学和府学胡同的文天祥祠。

如果一个人连续3年，每年的漫长冬季里顿顿吃红薯，而且经常是已经长了黑斑的红薯，即使将黑斑挖掉，红薯也会有一股怪怪的呛味，吃久了，会“伤”。茄子，当然也不是新鲜的，是那种开始腐烂有锈斑的茄子，祛除了烂斑的茄子切片，用清水煮，没有一丝油腥的茄子汤与高粱面馒头。一个4岁的小孩吃了一年多，天天如是，顿顿如是，也“伤”了。

1959—1960年的“困难时期”，我有幸，有茄子汤和高粱面馒头。这是我在的那所街道幼儿园配给孩子们的食物。阿姨是几个没什么文化的妇女。我总是饿，小朋友们都饿，刚刚吃完饭就饿，阿姨便不许我们玩，躺在大通铺上睡觉，其实是睁眼躺着，肚子饿的小孩当然怕冷，有一天我找到了充饥的办法，吃被子里的棉花。于是一冬，我吃了大半条被子。

有一天，我在被子里闻见了炒鸡蛋的味道，悄悄地翻身趴在枕头上，阿姨以为我们都睡了。我看见那几个菜色绿脸的阿姨用手抓盆里的鸡蛋往嘴里填，一边吃一边往怀里揣（估计她们的衣服里有个饭盆）。我很害怕，不敢吭声。那天的饭依然是茄子汤，没有炒鸡蛋。

幼儿园有一条长长的夹道，每天出入都经过这里，接送孩子的家长必须在大门口等候，小孩，要自己独自走这条路。每天我都会有莫名的恐惧。一天，爸爸出差回家，早早到幼儿园接我，刚刚结束了午饭。我看见夹道里一棵瘦弱的树下站着一个同样瘦弱的男孩，又黑又脏，棉袄袖口被鼻涕浸得梆硬发亮，在寒风里瑟瑟发抖。一个阿姨大概没看见我，迅速跑到男孩身边，从怀里拿出一包东西，男孩无暇旁顾，揣起那包东西一溜烟跑了。我呆呆地站在墙角，看着眼前这一幕。庆幸这对母子没有看见我；庆幸我身上能有一件棉猴；庆幸我回家，爷爷能变戏法，变出一颗糖果。

后来妈妈发现了吃棉花的秘密，知道了我在幼儿园只能吃到茄子汤，含着眼泪托人把我转到另一个幼儿园。但是我没有告诉妈妈那个阿姨和小男孩的事情，那是我的秘密。我做不出更加复杂的判断，只能确信他家里没有一个可以变糖果的爷爷，他，肯定比我更饿。

懵懂的童年，饥饿的童年，迫使我过早地面对人性这个生命的课题。

新幼儿园在府学胡同，教室就是曾经囚禁文天祥将军的祠堂。茄子汤与文天祥祠，原本是不搭界的，可是却在我童年的记忆里紧密地联系在一起。

新幼儿园的同学家境都较好，我是插班生，又来自一个街道幼儿园。他们会的歌舞都是我不知道的。我看见了鄙夷，读到了骄横，没有同学搭理我这个身上还有茄子汤味的小姑娘。在这里，我不再饥饿，可以吃到白米饭、白馒头；有了炒鸡蛋甚至肉。可是我不开心，沉默、寡言、孤僻。我不懂，这些孩子他们高级在哪里？

老师发现了我的问题，与我的爸爸妈妈探讨如何解决我的早熟与过于敏感。爸爸告诉老师：对付我的女儿，你们可以给她讲大人的事情——通常大人们认为小孩子不可以理解的事情。至今我依然清晰记得，那个美丽年轻的李老师，乌黑的发辫盘成云髻，拉着我的手，轻声细语地讲文天祥的故事，在那棵枝干虬曲的老枣树下教我背诵：

辛苦遭逢起一经，
干戈寥落四周星。
山河破碎风飘絮，
身世浮沉雨打萍。
惶恐滩头说惶恐，
零丁洋里叹零丁。
人生自古谁无死，
留取丹心照汗青。

李老师说：“人，一辈子可能会遇见各种各样的人；有好人也有坏人。可是人都会有软弱的时候，软弱的好人可能会做坏事。”我问李老师：“那么软弱的坏人是不是也能做好事？”李老师淡淡微笑：“坏人成了坏人后，他就不会软弱了”。“那么说好人也可以不软弱，是吗？”我继续我的疑问。李老师说：“对，好人成为好人，要磨练自己，像文天祥将军，要有自己的信念。”

幼年的我，对老师的话不能理解。可是总有一个问题萦绕在我的小脑袋里：究竟是什么信念可以让一个人不怕死？不怕独自一人面对这座空旷的大房子，尤其是猛烈的北风吹打窗户，呜呜作响的时候？

以后读历史，教科书里对文天祥的英勇，必提及他的忠贞与爱国。长大了的我，此时方明白当年美丽老师的一片良苦，她不讲“爱国”，她讲的是——信念。

# 饥饿的我和饥饿的小狼

刘晶

也许我再老一些，老得再也无法行走，走那人生的万里路。那时，艾迪也老了，不能再这样贪玩，也许安详地睡了；也许卧在我的脚旁，像我一样满头白发。在每一个安静的午后，我写字，每天写几千字，最后写成一本书。

书写什么内容呢？嗯——我这一辈子遇到的，让我感动的，那些鲜活的生命。

嗯。故事慢慢讲。说明强调这些故事只是原始素材。不然我再老了，会不会丢失记忆？

1976年，我整整20岁。一个上山下乡的插队知青，在北京最古老的区县——平谷。

1976年底，我们那拨知青第一次招工返城。2/3回城，1/3留下。留下的人两个极端：一是坚定呼喊扎根农村革命一辈子的，他们都是生产队干部以上级别，不用出工劳动。例如唐弢之子等。二是不好好干活只会捣蛋的。我似乎两项都不属于，却被莫名其妙留下了。我无助，郁闷，不懂……

1977年春节我没有回北京，于是那个冬天有了看似一个孤独的女知青，像是自说自话的几个故事，其中有《红马和它的伙伴》。

如今的平谷已是赫赫有名的仙桃产地。可是1976年的平谷是穷山恶水。那年发生了唐山大地震，那年冬天特别冷。那年，庄稼几乎颗粒无收，那年我和生活在平谷的农民一样，每天饥饿，吃多少也不管用，肚子永远饿。

深山里有狼啊。狼也是饥饿的，饥饿的狼就会在夜里从山里跑出来，到农家院子里捉瘦得像柴火一样的鸡、一点都不肥的猪。农民们无能为力，在泥屋的山墙上用大白粉画上一个一个大圆圈。据说这个东西在狼的眼睛里，经过反光似乎就是一盏盏火光，狼怕，怕火光。

我住的小屋就在村口，村口的小屋山墙上会画大白圈。小屋毗邻着公路，路的那边是山路。

我饿我冷，晚上我睡不着，被窝里像冰窖。

每天吃完晚饭，我都会去老乡家的屋顶上找几片红薯干，是生红薯晒的，为了没有粮食的时候，把红薯干磨成粉蒸窝头。

那几片红薯干，能让我咕咕作响的肠胃有一点温饱的感觉，身体也会暖和一点；那几片红薯干多数像安眠药一样，能让我入睡。

很多时候我舍不得立刻吃那红薯干，先到小屋外面来回走一走，四下里漆黑一团。

忽然一日，乡亲们奔走相告：有狼进村了！有的人家丢了鸡，有的猪儿被咬死了。

我怕不怕？20岁的女生能不怕？而且那不是狗，是狼。

是不是人在肚子饿的时候给胆子留下了巨大空间？总之好像我不怕，照旧在漆黑的夜里，在饥饿的时候，围着小屋走，让腿脚暖和一些。

下雪了，地上一行行脚印。冬天的晚上没有人到我的小屋来，除了我的脚印还有另外一种奇怪的几个爪尖的脚印。

我抬头看对面，越过马路看山路，有两束绿色的灼光，它也在看着我。我把揣在怀里的红薯干仔细摆放在地上，可怜的几片红薯干，一下子就与白茫茫的雪地融和了。

天亮了，我醒了。走出小屋，那红薯干原封未动，红薯干周围是一圈一圈的爪印。那天晚上只有一家老乡丢了鸡。

第二天我又摆放了红薯干。这次红薯干没有了，村子里没有丢鸡，没有猪被咬。

就这样，我每天摆放红薯干。直到春天来了，雪化了，对面山路上有了轻轻的绿。

清晨我起来走出屋，我看见了一条昂首挺胸的狼，很年轻的小伙子。它好像在等我，与我告别。

此后我再也没有看见它，它回到深山去了，也许它是一条掉队的瘦弱小狼，只能自己求生。它活了，活得很坚强。

春天来了，地上有了芨芨草。红薯干磨成粉，拌上芨芨草蒸窝头，那个窝头让我不再那么饥饿。

# 人生有几且酩酊

杜学全

酒之于我意味着什么？一时真是难以说明白，只是感觉酒似乎与我几十年的人生旅程密切相关。

我第一次沾酒也是第一次醉酒记得还真切，那是在1977年7月14日中午参加完高中毕业典礼，我们六七个要好的男同学说要吃顿“散伙饭”，于是来到一家小饭店，要了几个小菜儿，几瓶白酒。从一开始，气氛就很沉闷，一是因为毕业了，大家要分开了，二是作为在乡青年，毕业后毫无出路，我在公社、县广播站有点事情可做，还有一位叫王相林的学了木匠，其余几位同学只能回生产队当社员参加农业生产劳动。所以一开始大家就借酒浇愁，喝起了“闷酒”，你一杯我一杯的，很快就醉倒了几个，有的哭，有的喊，很悲情。我最后也喝得大醉，什么时间、怎么回的家全然不知了，第二天知道，我们喝了五六瓶白酒，是父亲背我回去的。为此，父亲与小店老板还吵了架，父亲谴责小老板不能让孩子们这么喝酒。

从这算起，我已经有36年的酒龄了。

工作三十余年中，喝酒似乎成了家常便饭，只要与客人、朋友、同事、同学在一起，就想喝点。一般不会喝多，记得有那么三两次喝得酩酊大醉，人事不省，但从来没有酗酒的表现。一次接待系统内客人时，喝得过多，回家怎么上的楼都不知道。

醉酒是“心里明白嘴打飘”，我回家后躺在床上，心里明白得很，眼睛睁不开，怕自己就这样醉过去，还没活够呢，还上有老下有小呢，和亲人、朋友、同学、同事没处够呢，就丢了“卿卿性命”，那可心有不甘。于是大声跟我爱人说“我喝多了，赶快烧水沏茶救救我！”可没等水烧开，我就睡过去了，一觉睡了十七八个小时才醒过来。

1997年杜学全（左）参加同学张力50周岁生日宴会

我与人喝酒时和酒后，只喜好唱唱歌，借以助兴和解酒，有时也朗诵几句诗，即席自创的，名人名家的都有。一次陪教育部评估专家一起喝酒，在我朗诵了一首郭小川的诗之后，他问我：“你是学中文的，苏轼诗里说‘山城薄酒不堪饮，劝君且吸杯中月’是怎么回事呢？”我不知道苏轼这首诗，只胡乱答道“那是苏轼喝多了吧？”没想到这位专家文学造诣深厚，给我讲到“这两句诗是借月待客，突出‘爱月’之心。山城偏僻，难得好酒，可是借月待客，则补酒薄之不足。‘劝君且吸杯中月’一句，是从白居易《寓龙潭寺》诗‘云随飞燕月随杯’中化出，表明诗人对月之爱远远超出了对酒之爱。”当时我可是很丢面子的！

东北人愿喝酒，可能与地域、气候有关。寒天雪日傍晚时分，最是适合喝酒时，正像白诗中所说："绿蚁新醅酒，红泥小火炉。晚来天欲雪，能饮一杯无？"根据我的体会，在城市还是小雪天较适合饮酒，大雪天城里相聚就麻烦些。今年二月末的一天，本来与几位同学约好要聚一聚，结果那天下了长春入冬以来最大的一场雪，道路无法行车了，就没聚成。若在农村，大雪天可是相聚饮酒的最好的天了。夏日炎热午间，也是东北人相聚饮酒，以酒避暑之时。如果在羊肉火锅店，桌上是热炉子，一边喝着酒，一边喝着羊杂汤，喝得汗流浃背，身体会几天内清爽舒服的。

古诗中喝酒喝得最高境界的和表现最多的还是以酒送别吧？对此我也有切身感受。1994年，单位两位与我最要好的夫妻同事调往上海警官学校，我们在饭店摆下宴席相送，我朗诵了一首王维的渭城曲，并改了几个词"渭城朝雨浥轻尘，客舍青青柳色新。劝君更尽一杯酒，南下上海无故人"时，大家居然流下伤感之泪水。若说饮酒伤感与痛苦，在北方首属白喜事宴请客人时。记得母亲去世，安葬完毕，家里杀猪宰羊，以酒席招待前来吊唁的亲朋好友，我们兄弟姐妹列队，举杯逐一给大家敬酒，那可是五兄妹十行眼泪流，任那酒水与泪水混合着流进嘴里，此时此种心境，终身难以忘怀！应了范仲淹的诗句"愁肠已断无由醉，酒未到，先成泪"，只不过那可不是愁肠，是痛苦欲断之肠啊！

最近一次喝酒是5月26日与几位同学到农安水库玩，又有中学同学，蓝天白云，树绿水清，鱼跃鸟飞，风光无限，就酒兴大发，喝了不少的白酒和啤酒，好在是在心情极好的状态下喝的，也就没有喝醉。因为我喝酒喝的是"情绪酒"，只要高兴，一般

1984年4月结婚前的最后一张相片，对生活和事业的未来似乎都充满了希望

不会醉酒。我特别反感与三种人喝酒，一是与上级领导喝酒，即使我不低三下四，也有人摧眉折腰，看着就没情绪；二是与互相有求办事的在一起喝酒，喝的那是虚情假意的酒，难咽；三是与不熟识的人喝酒，即使喝茅台也是淡然无味，比喝药还难。

去年体检，检查出几项小毛病，一是老胃炎了，叫做浅表糜烂性胃炎；二是脂肪肝，肝免疫功能弱；三是胆囊粗糙，有炎症。医生说“你最好彻底戒酒吧，不要喝了”。寒假期间，号称“五十肩”的病症折磨了我四十多天，左臂从上到下窜着疼，坐着疼，躺着疼，只有站着不疼，贴了一个假期的苗药膏药，用充气式颈椎牵引器牵引，到了二月末才总算不疼了。

看来真的开始衰老了。

为了实现我自己“确保七十五、争取八十五、望着九十五”

的“宏伟目标”，以便有更多的机会享受人生和现代生活，我想戒酒，拢共分三步走：第一步是制定戒酒计划。第二步是逐渐减少饮酒：争取做到一般情况不喝，就是在家里也没有客人时不喝，在单位与同事一般聚餐不喝，出差期间不喝；几种情况少喝，就是在本地陪客人或在外地做客，尽可能少喝，与经常见面的同学、朋友在一起少喝，实在亲属见面少喝；特殊情况可能多喝一点：如见到很长时间内没有遇到的同学、朋友、亲戚啦，见到曾经共事多年调到外地的好同事啦等等，那我可能就不会只喝一点，会喝得较多些；未来可能有几次会适当多喝一点，如计划中的2016年班庆，期待至少会见到二三十位同学吧，就无论如何得喝一些。但即使多喝，也以行动不走样、头脑不糊涂、说话不乱讲为前提，个人醉酒的历史状态绝不重演，因为实在没有身体的本钱了。有几个情况我可能会控制不住地放开喝酒，比如如果我们班几位同学之间的关系问题解决了或者健在者一个不缺地团聚了，又赶上咱在场，喝多少都不含糊，因为那会是非常高兴的酒，应该不会大醉。第三步，争取到60岁退休时开始，实现滴酒不沾的戒酒目标。

也许，我的戒酒像华君武画的一幅戒烟漫画一样，戒烟者把烟从窗子扔出去，要戒掉，又赶紧跑到楼下把烟接住，有滋有味地吸起来。如果那样，那、那、那就还喝吧。

# 仅此一回而已

陈平

说起来既可怜又遗憾，既可笑又心酸，本人在以28岁大龄别离大学校园之前，竟然在情史上面一片空白，缺少点滴的经历与体会。记忆中只能搜寻到一回算作相亲的情节，仅此一回，仅此一回而已。

仅此一回，实属稀奇，实属珍贵，值此同窗学子为纪念毕业35载而征文之际，我愿以此为文，权作一朵小花，奉献于我们这个集体汇聚的姹紫嫣红的花丛之中。

那么，本人既非身短脑残，又非丑陋不堪；既非独身主义，又非志在僧寺，何以在青葱佳期落得个那般悲催境地呢？这对于后生晚辈来说是一言难尽、难以解释的，而对于我们这些过来人来说，是一点即明，不必详说的。在“文革”当中，我是因“家庭出生不好”，可以说是相当不好，又由于背井离乡，漂泊不定，居无定所，业无着落，才没有资格，也缺乏信心和勇气，对谈情说爱产生情趣的。我的父亲、母亲虽然都只是不起眼的乡村小学教师，可父亲曾被打成过“右派”，母亲又是地主的女儿，有着这样的“家庭”，这样的“出身”，谁家的女孩儿还敢靠近我呢？而我又怎能不时时处处不注意避而远之呢？自17岁远离父母而外出谋生起，在就读中学、到处打工、插队务农的日子里，也曾有那么几个女孩儿向我暗送秋波，我也对她们另眼相待，可为了对彼此的前途和命运着想与负责，我也只能是痛下决心，坚持做一个“不敢越雷池一步”的“苦行僧”了。

然而，当我成为了一名天之骄子般的大学生，在吉大中文系77级就读的4年好日子里，饱受着中外文学名著当中有关“永恒主题”之诗文持久而强烈的熏陶与浸染，却因何除了那仅此一回而已的记忆，竟极其缺乏堪称为罗曼蒂克般的往事得以回首的呢？我想，依然是理智时时战胜着感情所致。其中周边既有客观方面的原因，也有自己主观方面的因素。不知各位记得与否，在对我们进行入学教育的大会小会，校系领导和辅导员老师都曾一再告诫我们，叮嘱我们：在校学习期间不要谈恋爱，一是会影响学习；二是会影响毕业分配去向。就此，同学们议论纷纷，一般都认为，影响学习方面，倒不见得会影响多少，也许还会增强动力与活力，促进学习的劲头与效果呢。影响毕业分配去向却是非常值得考虑与重视的。因为我们是重点大学，面向全国分配，男同学和女同学形成恋爱关系的，毕业时不但不会被关照，还很有可能被分配到两地，也有可能被分配到最差的地方去！这怎能不令人惧而又惧呢？更何况前车之鉴，比比皆是。我的一位老乡“文革”前毕业于吉林工大，分配到了一汽工作，可他是在老家娶的妻、生的子，十几年过去了，我入学时，他也依然过着“牛郎织女分离”的生活，无奈，他只好做出牺牲，调回了我们旗。团聚倒是团聚了，可他到了那里哪有“用武之地”啊？老师有言在先，老乡又有先例，我作为一个平民百姓子弟怎敢不恪守规矩而自讨苦吃呢？

我们上大学的4年间，在校园里是很难看到有男生和女生在一起并肩而行、牵手而进的，更看不到搂搂抱抱，亲亲密密的现

1981年夏天毕业前夕陈平在吉大校门前留影

象的，有勇者，如吕贵品、时光之类，所觅之女友虽然皆为外校女生，在大二之前也未敢使其在我们班同学面前一展风采，只是到了大三之后见“风声”不那么紧了，才渐渐地敢在众人面前露了脸，让大家熟悉了起来。关于徐安和张丹、曾宪斌和于舸等人，真让人拍案惊奇、仰天叫绝啊！他们的“地下活动”也即秘密恋爱进行得也太隐蔽了！我和老徐、小曾一个寝室住了4年，竟然没有发现一点点痕迹与现象，直到毕业前夕他们自我公开了，我才不得不惊叹“原来如彼”，而自己竟然如此孤陋寡闻，呆若木鸡！后来，我曾多次联想，难怪我们班有好几位同学分配到了国家安全部门工作，他们的保密意识就是强，保密工作做得就是到位。当然，这话只是句笑谈而已。

我们读书读到大三的时候，有关不准谈恋爱或曰不提倡谈恋爱的约束，的确是松弛了下来。虽然公开的、公然的现象与传闻少而又少，少得难以发现，但秘密的、悄然的、“地下”的活动肯定是广泛而频繁的。不然，就不会像我们离校前有的同学所统计、所宣扬的那样，不算与他班、外校所结交的，仅我们班同班同学就有六对儿结成了“在天愿作比翼鸟，在地愿为连理枝”难舍难分的关系。不然，像我这样思想观念老旧而僵化，在女生、女性面前严重缺乏自信和勇气的人，也不会有所思，有所行，而留下了那“仅此一回而已”的记忆的。

我们班有几位年龄较大的被我们称之为“老先生”的“老高三”毕业的同学。他们在上大学之前几乎都有了家室。王振坤同学便是其中之一。他入学前是长春客车厂子弟中学的高中语文教师，我和他交往较多，也即晚饭后一起散步较多，交流较多，还曾受邀去他家吃过两次饭，我一直尊称其为王兄、王哥。记得是在大三下学期刚开学不久的一天傍晚，王兄叫我出去散步时一本正经地对我说：“我想给你介绍个女孩儿，哪方面都挺好的，和你嫂子在一个纺织厂上班，正在读电大，学理科的。”我把我的各种不能见的理由陈述了一遍后，王兄还是不依不饶地说：“见见，必须得见见！”无奈，我只好表示可以。

就在那个星期的星期天下午三时许，我怀着矛盾的心情登上了通往王兄家的无轨电车，不到一个小时便敲响了他家的家门。一家人都在，都以感人的气氛欢迎了我，尤其是嫂夫人，不仅笑不拢嘴，而且还向我说起了要与我见面的她的好友的种种好处，让我内心的温度不由得升高了许多。按照约定的时间我是提前了一二十分到的，而嫂夫人的那位好友刚好是掐着钟点儿到达的。当嫂夫人匆匆赶过去，轻轻打开家门让她的好友展现在我的面前的时候，我的心跳加快得好像紧锣密鼓在胸中突然间响了起来似的，我的浑身上下的体温有如热水一下子开了锅似的沸腾了起来，以至于我连事先想好的向人家打招呼的话都没有说出来，只是呆呆地、傻傻地、一动不动地站在那里，不知如何是好。该怎样描述她在我心目中定格的美好形象呢？她的面容是那样的白皙、红润，她的双眼是那样的清秀、灵动，她的身材是那样的适中、娇好，她的衣着是那样的淡雅、整洁，她的举止是那样的文静、柔美，她的话音是那样的清脆、流利……我当时觉得，如今依然觉得，她就是一个仙女飘飘然降临到了我的面前，让我神魂颠倒，令我如醉如痴。我是如何改变窘态，脱离窘境的，事后便全然忘记了。只记得王兄和嫂夫人都催我们出去走走，我们便一前一后地走出了家门，朝着附近的一条马路，虽然是肩并肩，却也保持了足有一二十公分的距离，不快不慢地走了过去。在那不知走了多远的路程中，我多想再仔细瞧上人家几眼啊！可我连那点勇气都没有。如今我还清晰地记得，那天，我是穿着一双“解放鞋”——即矮帮的薄底的黄色的胶鞋与人家“压马路”的，因为我一直是低头而行的，目光一直是对着我的那双鞋子的。好在那时候少有汽车，那段马路上行人也少，不然，恐怕我也会像与我同寝室的老霍一样了（老霍在一次和女友相约、相会而并肩前行时，一不留神，竟被一骑摩托者撞了个人仰马翻，嘴角血流不止，到医院缝了好几针）。在那三四公里的路程当中，我和那位仙女都谈了些啥，时至今日，也不记得几句了，只记得我没有忽悠人家，更没有欺骗人家，而是实话实说，说我毕业后很难留在长春市，也很难分配到呼和浩特，很有可能要回到通辽，或者是甘旗，即那些不被大城市的人看好，更不为大城市的女孩儿所向往的我的老家那边的小城小镇。如此这般，有谁还敢与我接着谈，继续处呢？何况，我的各方面条件都一般般，连一般般都够不上，只能说是“比较困难”的。人贵有自知之明。在择偶问题上，我从来没敢高攀过，当时如此，后来也是如此。

自然是没有一点悬念，自然是不出所料。过了一周，王兄怕我伤感，不无婉转地对我说：“你若是说能留在呼和浩特就好了。”我说：“我从来就没有抱太大的希望，更没有什么奢望。我能够走出农村，走出草地，有望当上干部，娶上媳妇，就非常知足了。”不过，我在内心深处还是十分感谢王兄和嫂夫人的，他们起码是让我增加了一回永志不忘的审美阅历。

大学毕业时，按着当时的有关政策和就业形势，作为蒙古族大学毕业生，我被分配到了内蒙古自治区的首府呼和浩特工作。步入工作岗位后，我才开始踏踏实实而又急于求成地寻觅我的终身伴侣……而此前，我只有那么一次经历，仅此一回而已。让人追悔莫及的是，我连其芳名都未得铭记。

我们那个年代就是那样不同于如今，如今别说是去北京，到上海，赴深圳，哪怕是跨洋出海定居国外，只要男女双方彼此看好并相依相恋，也能够终成眷属。

# 人生三题

温玉杰

## 一、少年滋味

古人词曰：少年不识愁滋味。我11岁那年，正赶上所谓的“三年困难时期”，百姓生活陷入极度困难。尽管每天都有饥饿的感觉，但“愁滋味”依然不属于我。

我是一个快乐的乖孩子，每到月底就按父母的吩咐，傍晚时分去粮店排队，饥肠辘辘一排就是三四个小时，然后再由长我四岁的二哥来换班接着排队，一直排到第二天早晨粮店开门。只有这样，才能确保在第一时间买到全家人下一个月的口粮。

为了补充粮食的不足，秋收一过，我和二哥在周日总要到十几里外的远郊去翻土豆。顾名思义，就是在人家已经收获过的土豆地里，继续深翻，寻找遗漏的土豆。累并不觉得，每当翻出几个土豆，便有如获至宝一般的兴奋，如果碰巧我比哥哥翻得多，还会骄傲地向母亲炫耀。那时母亲总是说：咱家三儿真能干，将来一定有出息。但大多时候是空手而归，因为农村也很苦，农民兄弟是不会轻易丢掉一粒粮食的。进入冬天，仍是我和二哥到远郊农田里捡拾遗落在大地上的白菜帮、萝卜缨，这些菜叶用热水焯好剁碎，然后和玉米面混在一起蒸窝头，可以节约不少粮食。

一进入腊月，我就开始倒计时，每天数着日历盼望春节的到来。尤其是过了小年，吃饺子的情景便挥之不去地在我脑海里旋转——如何沾着酱油醋细细品尝，如何能吃到妈妈包在饺子里的5分硬币，吃完饺子如何给爸妈磕头好领5角压岁钱，然后去买鞭炮，然后和几个要好的小伙伴打鞭炮仗……此情此景让我真切地领悟了“谁家过年不吃顿饺子”这句俗语的深刻含义。

我一位小学同学的爸爸是个高干，有一次去看他的集邮才走进他家。这是当年日本鬼子留下的一栋别墅，绿荫环抱，样式别致。但对房子里面的生活我却一无所知。一进门我就傻了眼，房间之多让我目不暇接，摆设之好让我目瞪口呆，特别是厨房里那两盆满满并挂了尖儿的鸡蛋，让我垂涎三尺。我至少有5年没吃过鸡蛋了，以至于炒鸡蛋成了我最想吃也认定是最好吃的一道菜。那位同学丰富多彩的邮票我过目即忘，早已没了印象，倒是那两盆鸡蛋像钉子一样钉进我的大脑，幼小的心灵第一次有了些许的悲哀感，谁让咱生在普通人家啊。但这一点点的悲哀很快就被少年的懵懂抵消了，我眼前与心中的世界依然充满阳光。

其实，生我养我的东北大地，历年都是风调雨顺，粮畜兴旺，基本没什么自然灾害。可能由于全国一盘棋的调配需要，在饥饿面前，我们必须和全国人民同甘苦，共患难。好在那时我还小，童年的天真和乐观，完全战胜了饥饿对我的伤害。当然这还要归功于学校的教育，那时我得到的信息是：全世界还有三分之二的人民生活在水深火热之中，特别是帝国主义统治下的老百姓更是苦不堪言。我们还有什么不满足的呢？

小学基本是在识字和玩耍中度过的，上了初中我才有了自己的理想追求。那是因为从小喜欢画画，我14岁那年，竟在全市少年美术比赛中得了二等奖，于是暗下决心，长大要当一个画家。从那时起，我开始认真学习素描，每个周日都上街写生，还开始

温玉杰在毕业30年聚会上重温大学时代的梦

尝试画水彩画。我第一次尝到了追逐梦想所特有的一种兴奋和甜蜜。

好景不长，一次语文课的命题作文——“我的理想”，我写了长大想当一个画家，结果遭到老师不点名的批评。她的全部依据是：现在无论做什么，包括理想，都要把政治放在第一位，具体地说就是要做一个合格的共产主义接班人，成名成家那是资产阶级的腐朽思想。

那年代的学生真是又乖又听话，几乎没什么个性和主见。从此，我果断地放弃了成为画家的理想，一心一意地跟着潮流走——努力学习，争做毛主席的好孩子和合格的共产主义接班人。直到“文化大革命”爆发，学业中断，少年的滋味也渐行渐远，随之而来的青春竟是一片混沌天地。

## 二、青春躁动

十年“文革”，贯穿了我的整个青春期。

1966年，党中央一声号令，全国学校停课闹革命，学生们的青春热血立刻被导入大字报、大批判、大串联之中。那年我16岁，是校学生会文艺部干事，每次批斗大会之前，都要出来指挥大家唱歌，以壮行色。当时唱得最多的歌曲是《大海航行靠舵手》《造反有理》《拿起笔做刀枪》。其铿锵有力的旋律和气势如虹的齐唱，堪称一道风景。

我所在学校的师生关系原本是融洽的，如今骤然紧张起来，同学们挖空心思地回忆老师平时说过什么错话，老师自己也十分虔诚地自我检讨。所有的空间都是铺天盖地的大字报，每天的黄金时间都是各种各样的批斗会，以往书声琅琅的校园竟成了声嘶力竭的战场。

在所有的革命活动中，大串联最诱惑人。一是乘车不花钱，二是能大开眼界，取回革命经验。我去过哈尔滨军事工程学院，观摩过批斗黑龙江省省长李范五大会。还去过沈阳东北工学院，抄写了两本子的大字报。但印象最深的还是去北京接受伟大领袖毛主席的检阅。那是所有青少年望眼欲穿的一个梦想。1966年11月22日，我有幸成为辽源市90名进京代表之一。由于是一个城市的代表，我们享受了软座车厢的待遇，而且听说在四平不换车，直达北京。

别提有多兴奋了，一路上代表们或高唱革命歌曲，或朗读毛主席语录，那真是前所未有的春风得意。不知不觉到了四平，四平是周边城市去北京的必经之路，谁管你什么进京代表，见毛主席是所有红卫兵的愿望。于是，我所在的软座车厢瞬间就涌进了上百人。2人座位挤了4个人，3人座位挤了6个人，就连过道，车厢连接处也站满了人，刺眼的红色袖标像浪潮一样到处汹涌。这一幕到沈阳站则愈演愈烈，最后连我们头上的行李架都坐上了人。还好，经过20多个小时的折腾，总算平安到了北京。

什么代表不代表的，所有来北京的学生都是一个身份——红卫兵。接待部门把我安排到北京化工二厂一个仓库，50多人住在一起，睡床是铺着草垫子的木板，被子是工厂职工捐赠的。11月末北京的夜晚已经很冷，我只能和衣而睡。几天下来身上的虱子竟然随手就可以摸到，待7天后我从北京返回家乡，妈妈用报纸铺在地上，我把内衣内裤放上去，不到十分钟，虱子竟黑乎乎地铺了一层。那叫一个触目惊心。

苦熬了3天，11月26日这个实现梦想的日子终于来到了。头天晚8点左右，我们被带出工厂。这时天色已黑，基本看不清二十米外的景物。大家只管跟着领队一个挨一个鱼贯般漫无目的地行走，一会儿东一会儿西，一会儿过马路，一会儿穿胡同，不知绕了多少路，大约3个小时后来到一片卡车的集结地。20人编成一组，车上没座位，一律站着。仰望苍穹，星河灿烂。这让我想起了一句歌词：抬头望见北斗星，心中想念毛泽东……就这样，我们一直站到天亮。见毛主席的渴望支撑着大多数人一夜未眠，当然，也有几个意志不坚强的人横七竖八地倒在车厢里。

太阳扯着朝霞从天边跃起，一片金辉把我惺忪的睡眼彻底照亮。我听到有人用手提喇叭在喊：红卫兵小将们，都打起精神，现在每人发一个面包，一根香肠，吃完早餐就去见伟大领袖毛主席了。一时间，欢呼声响彻云霄，我们的困顿一扫而光。

毛主席这次接见红卫兵很有创意，他老人家站在天安门城楼上，俯视几百辆卡车在广场徐徐通过。我站在卡车上，尽管双目圆睁，全神贯注，可还是只看到毛主席一个模糊的轮廓，而且只有2分钟。

1968年，当全国山河一片红的时候，毛主席发表了“知识青年到农村去，接受贫下中农再教育很有必要”的最高指示。红卫兵像一支被抽打的陀螺，突然改变了旋转方向，朝着山野乡村义无反顾地呼啸而去。

那年冬天，我们16个刚满19岁的同班同学，结伴来到事先特意挑选好的建安公社桦川三队落户。据说这里曾经出过命案，阶级斗争十分激烈。在一个政治动荡的年代，这种带有血腥味的地方，对仍然发着革命高烧的红卫兵小将来说，无疑是很刺激的。

但现实却非常滑稽。阶级斗争在农村的表现，主要是把土改中被划为地主富农的人拉出来批斗一番。而所谓的批斗无非就是喊喊口号，念念毛主席语录或者报纸。参会的社员个个表情木讷，不痛不痒。弄得我们这些从城里来的文化人也没有了用武之地。时间一长，我们的革命热情基本熄火了。倒是农活的苦和累，让我终生难忘。如果说青春是抗折腾的，我们知青真是这个世界上仅次于农民的一个最皮实的群体。

冬天，我们站在零下近30摄氏度的雪地上刨粪堆。那粪堆冻得跟铁疙瘩似的，一刨一个白点。虎口都震裂了，半天也刨不下几块。春天，凌晨4点就爬出被窝，在微光中平整土地，运送肥料，准备春耕。有时困得竟摔倒在地头上。秋收是最累的，尤其是割黄豆。弯腰九十度，还特别扎手。不少知青都有在秋收季节病倒的经历。我们最喜欢夏天，而夏天里最盼望下雨。因为下雨可以不出工，可以进行唯一的娱乐活动——打扑克，下象棋，偶尔有机会男女知青还会隔着墙壁打情骂俏。有一个雷雨交加的下午，不知是谁起了个头，我们竟一同唱起《莫斯科郊外的晚上》《花儿为什么这样红》《阿哥阿妹情意长》等一些当时被禁唱的歌曲。其实，这就是一群身体发育正常的青年男女，在极度空虚和苦闷中的集体发泄。遗憾的是，由于深受禁欲主义的长期压抑，男女之间依旧是“君子动口不动手”，始终没有人越雷池一步。

疲劳如影随形，无聊整天相伴，前途更是一片渺茫。大约一年以后，当初的激情已完全消退，青春的面容也变得老气横秋。随之而来的是苦闷、彷徨和无助。我开始强烈地思念亲人，盼望回城。

两年后，我终于被抽调回城，在一家石油化工厂当了一名工人。

雨果说：“苦难是后娘，也是慈母。”从这个角度讲，青春时期经历的所有躁动、苦难、不幸，甚至是伤害，都成了我宝贵的人生阅历和体验。这在日后的工作、上学和下海之中，都发挥了知难而进的力量储备作用。

## 三、晚年时光

我很幸运，赶上了“文革”后的第一次高考并顺利考入吉林大学。我很勇敢，在改革开放高潮的1989年，果断辞职下海并小有收获。从少年走到青年，从青年走到壮年，从壮年走到晚年，一路上的苦辣酸甜像一杯浓酒，随着岁月的流逝竟越来越醇厚。

有人说，少年是童话，美丽无邪；青年是诗歌，浪漫激越；壮年是小说，丰富多彩；而老年是散文，恬淡悠闲。尽管我的脑力和体力依然好用，但我还是强迫自己在62岁那年，终止了手头的一切工作，卸下了身上的所有头衔，回归家庭，只保持一种姿态——平静地活着——读书、写字，旅游，美食，健身。总之，过人世间最平静的日子。

过平静的日子真好。没有竞争的压力，没有违心的应酬，没有同类的暗算。一句话，没有烦恼。平静，对于那些整天忙碌的人已经成了奢侈品，而对我也是一种久违了的上好享受。由于平静，身心放得轻松，连夜晚的梦都变得香甜。由于平静，我忘却了曾经有过的恩恩怨怨，也宽恕了曾经伤害过我的人，唯有亲人和朋友给予的恩德不敢忘记。

读书写字是我平静生活中的重要一环。近年来，我读了不少经典名著，也读了许多当今一些知名作家的新作。真是应验了歌德的那句话：读一本好书是在和高尚的人谈话。书中那些高尚的人总有一股正直的力量，牵引我实现了精神攀登和灵魂升华。有感之下，我也写了不少心得笔记，还出版了一本小说戏剧集。这是平静生活的一朵浪花，它以另一种形式，完成了我生命的延续。再一个引以为豪的就是我多次举足远行。除了去过12个国家旅行，我还去过西藏布达拉宫朝圣，去过吐鲁番品尝葡萄的香甜，去过敦煌感悟佛门的艺术之美，去过稻城亚丁仰望消退的冰川，去过根河观赏亚洲最大的湿地，去过小兴安岭嗅尽松林的幽香，去过科尔沁草原聆听骏马的嘶鸣，去过白洋淀寻觅雁翎队的踪迹；我去过黄山、庐山、泰山、华山、衡山、峨眉山、云台山、九华山和五台山；我去过黄果树瀑布、九寨沟瀑布、黄河壶口瀑布、广西天德瀑布；我去过丽江古镇、凤凰古镇、婺源古镇、镇远古镇、平遥古镇；我去过太湖、巢湖、洞庭湖、泸沽湖、青海湖、喀纳斯湖、纳木错湖、五大连池……一次次映入眼帘的无论是人文深厚的古迹，还是美轮美奂的自然，无论是“掬水月在手，弄花香满衣”的小情景，还是“余霞散成绮，澄江静如练”的大气象，都给了我纯净的文化陶冶和天地的灵秀之气。由此我真切地感悟到，忙碌的、疲倦的、被物质所捆绑的生命是缺少情趣的，而缺少情趣的生命注定是不快乐的。

在当下，平静似乎离人们越来越远，因为大家有做不完的事情，争不完的名利，忙碌的脚步和浮躁的戾气总是充斥在人生路上。我并不反对工作，更不主张无端地去浪掷光阴，工作本是人生的一部分。我只想说，生命有时候需要主动放松，必要时还应该舍弃一些东西，比如名利。因为平静的敌人并不是紧张的工作，而是内心状态的焦灼。做不到这一点，你的工作就成了苦役。在苦役中活着，那只能叫煎熬。

晚年时光能持续多久我不知道，但我清楚接下来的路应该怎么走。纵然世间充满了炫目的诱惑，过平静的日子，仍是我余生最坚定的目标。

人生三题只是我少年、青年、老年三个阶段的一点微记录，不可能涵盖全部。但它毕竟是一面镜子，既照见了自己，也照见了历史。于是我想，既然从领袖到百姓都认为青少年是人类的未来和希望，那么国家就应该为他们创造更好的物质条件和精神环境，让他们走一条真善美的健康之路。若如此，国家和民族一定是最大的受益者。

# “草根村长”人生的三起三落

曾宪斌

1988年8月6号，中国发生了一件当年改革的大事件：《人民日报》头版以七千字篇幅刊登《蛇口风波答问录》，震惊中外。因为此文矛头直指当时炙手可热的全国巡回演讲的几位教育专家曲啸、李燕杰等，猛烈抨击他们的陈腐教育理念，反对民主讨论，抵制市场经济的说教。在全国引发数月讨论，海内外报刊纷纷转载。直到今天，仍然被《凤凰周刊》认定，这是第二次思想解放运动。这篇文章的作者，就是“曾宪斌”。

此为一起一落矣。

1992年，邓公南方视察，春风再起。曾村长投身于商海，在房地产界风生水起：广州第一次十大明星楼盘评选，曾村长操盘者有三；先后担纲中国三大首富杨国强、刘永好、王健林总策划师。清华大学房地产总裁班教授12年。业界誉为“曾旋风”，出场费一天数万。

2013年，郑州演讲，称城市有吸引力，来的人多，房价自然供不应求，就会上涨。相反，房价低，说明没有吸引力。所以，房价低的城市没有面子。房价越低越丢人。结果被人断章取义，群起攻之。在新浪网连续5天占据热点之首。之后竟然被清华大学澄清“清华大学没有曾宪斌这个教授”，发文不得再请此人讲学。2014年全国公务员考试题之论辩题：“城市房价越低越丢人吗？”

此二起二落也！

之后曾村长转战证券投资。从《2000个理由捍卫2000点》到《3000个理由必破3000点》，中长线趋势判研正确率百分之百。专著《股疯2015》遭到众多出版社哄抢。结果却是大为意外：书稿入厂开印前夜，突然接到有关部门通知，不宜出版。原因不能确定，应当是书中多有抨击政策干预市场之内容？直到今天，禁令未除。

幸铁杆村民虔诚出手相助，得以在海外出版。

此当草根曾村长之三起三落。

时至今日，曾村长书照写，课照讲，心照跳，气照喘，人照笑……

草根曾村长，“我是个蒸不烂，煮不熟，捶不扁，炒不爆，响当当一颗铜碗豆！”

附记：本人之所以称“曾村长”，一是因为我收购了广东青嶂山温泉度假村；二是因小有资助南雄江头镇围屋村而被授予名誉村长；三是在《证券时报》撰写专栏文章一直用笔名“曾村长”；四是我是10个微信群的群主，均以曾村长冠名。

光影

# 日落北部湾

白光／文图

天似穹庐，海如地毯，在深蓝与浅蓝组成的半圆形的视野里，北部湾的落日滴血而至，一帧、一帧沉向海底，有一种凄美凄绝的悲哀。第一次见到这枚落日，我就被雷电了，可惜没带相机，无法凝固。两次、三次、四次来到雷州半岛，寻找的就是这份悲哀，这一次终于拍到了如血的残阳。

临近午夜，丝毫没有睡意，或许因为兴奋，或许因为酒。信步走到海边，细沙之岸，水平如镜，一眨一眨的，不是渔火，是露营者帐篷里的荧光灯。扒光了衣服，下海去！海滩很平，走了约三十米，刚刚齐腰，北部湾夏夜的海水，温，柔滑，抓一把，撒出去，玩起儿童的游戏。躺进海水里，把鼻子眼睛嘴露出来，仰视星空：星星越看越多，越看越密，一层又一层，轮番登场，从模糊到清晰，从陌生到熟悉，让人感叹宇宙宽阔，前路渺茫。这才回想起来，二十岁以后，我只有三次认真地看星星。一次是十年前在云南腾冲，高原之夜，眼空无物，只有星星，又大又亮又圆，一路走来，数着星星，想起了很多童年的往事。另外一次是在孙女豆豆两岁时，陪她在河边玩，她指着星星，问了很多我回答不上来的问题，干脆坐下来，看星星、编故事。唉！这些年，俗人俗事俗心，早把残留的童真磨光了。

清晨，我又到海边，用手机在微博上发了照片，并留言：

白光在北部湾海边

北部湾海滩

北部湾日落

“北部湾的晨曦还残留着落日的血腥”——无奈地叹息，我喜欢用“血”这个字来形容北部湾，在我看来，这个曾被称为“中国唯一的洁净海域”，到处血雨腥风，是刑场。是人，在屠宰着海！北部湾是个半封闭的海湾，沿岸河流不多，泥沙较少，水温较高，除了南国情调的旖旎风光，还是海洋生物绝佳的栖息乐园。据记载，2000年前，人们就已经在这里采捞珍珠了。近年吹起了开发北部湾的“集结号”，令人心痛，所谓开发，就是把子孙万代的福荫，提前挥霍光了！

行刑者，首先是沿海渔民的贪婪。毒鱼、炸鱼，只要能赚钱，不惜自砸饭碗。拖网船捕鱼：大网横冲直撞，珊瑚、海绵、鱼类和藻类，无一幸免。高压水枪捕螺：把海底搅得一片狼藉，连千年沉淀的化石也不得安生。海洋快被榨干了，就“转捕为养”，闹起“蓝色革命”。沿海滩涂里，布满了渔排和网箱，把沧海当成桑田，深耕细作。由于超密度养殖，海水丧失自净功能，螺、贝、蚝（牡蛎）常常传染“瘟疫”，成片地死亡。我在北潭港，看了一个蚝的交易码头，方圆数百米，全是蚝壳和水泥桩填海而成，白骨森森，人造了另类景观。合浦、流沙的珍珠，千古驰名，早年间是贡品，人称宝贝。人工养殖后，母贝缺乏营养，暗淡无光，身价一落千丈。为了“重振雄风”，就开始耍花招：把白珍珠染成黑珍珠；把打磨成佛像、毛泽东像的异物植入母贝，培育象形珍珠；把荧光物体植入母贝，批量生产“夜明珠”。我脑子里突然蹦出一个歇后语：夜明珠喘气——活宝！

更可怕的是招商引资。钢铁、石油、造纸、化肥企业接踵而至，毒化这里的天和海。沿岸政府阿谀献媚，厂商唯利是图，自然是两厢情愿，勾搭成奸。用不了多久，我们就要读到另一本

《悲惨世界》了。最可怕的还是填海造地，我国地少人多，难免与海争地，刀口舔血。滨海滩涂是千古造化的生态系统，也是围填海最泛滥的区域。人工切割它的自然属性，结果是赤潮泛滥，小鱼小虾绝迹，海岸线缩短。再过几年，情侣散步的，会是千篇一律的水泥堤坝！诋毁自然，利在眼前，祸患千秋。

挥别北部湾——残酷而妖娆的美丽。上午十点，惨烈的太阳，把环宇照射得通体透明，似乎是在微波炉里被焦灼着。然而，丰富的地下水系，把贴着地皮的树木，滋润得枝繁叶茂，一片青葱。我这才领会，为什么北部湾人喜欢躺在吊床上，晃来晃去。

汽车飞驰，窗外风声呼呼。我的耳边却不停地重播一段对话，朋友说："北部湾的渔村里，精神病人特别多。"我问："为什么?"他说："很多人靠海，发了点财，心理膨胀，贷款几十万、几百万，在海滩养鱼、养螺。结果，一场台风，血本无归，承受不了，疯了。"听后我反倒是阴冷地一笑，好在还有台风，才保留了海的尊严。

2011年8月6日

# 赣皖民居印象

孙丽华

皖南古村一般都有的池塘水沼。

四月里，在江西和安徽的广袤乡野上，正值春光如画。天地之间呈现出最为丰富的色彩融合。放眼望去，远山如黛染，春江似明镜，在一望无际的平畴沃野之上，禾稼青葱，菜花金黄，随处点缀着一簇簇绯红桃花、莹白杏花，还有那些粉墙黛瓦的村落，这些纷繁浓艳的色块，共同织就一幅人工不能及的天然锦绣。我默默出神，站立在这南方的原野上，眼前春色浓郁如美酒，令人不觉沉醉。

暮春时分，无边细雨会不时飘洒，亮晶晶的雨丝卷裹着柔和的风片，将眼前美景装点得格外温润。甫离苦寒枯燥的北方，一路风尘仆仆的旅人，蓦然间发现已经一脚踏入杏花春雨、绿柳如烟的地方，而自己也顺理成章地变成了画中人。走进这天然画图，美景纷至沓来，目不暇接。

李坑，西递，宏村，这些静谧的小村庄，像煞被大自然宠爱的娇儿，安卧于青山绿野的怀抱之中。漫步小村中，入目的是白墙青瓦，绿树簇拥，洁净的石板路伴随曲折蜿蜒的小河穿村而过，河边有三三两两的农妇在淘米洗菜或洗濯衣物，一只水牛也在河滨闲行，低头饮水，旁若无人。见此情景，初来乍到的游客们一时大为开心，都忙着喀嚓喀嚓地按动快门。人们左顾右盼，只觉得这里到处都是小桥流水人家的怡人美景。

小街上，临街人家大敞着门面，自由自在地做着自己的事情。老人在悠闲地吸烟品茗，女人们则忙着手头的活计，或飞针走线或炊茶煮饭；男人们坐在门前编筐织篓，看他们上下其手，篾片飞舞；炼制麻糖的小老板把手里的糖坯不断拉伸，反复绞扭，甩得呼呼有风；雕工师傅在堂屋深处埋头雕刻着器具，但见锤凿起落，石屑迸溅，那些精美的茶壶、砚台就在他们的手下逐渐成型。一幅幅悠然自得的村居小景，不觉看呆了过往的游人。

乡村小景赏心悦目，更吸引游人的是那些如贝壳里面的珍珠般藏在村落里的早年建筑。每个村子里都有这样一些专供游人参观的古老住宅，从那些“大夫第”“和义堂”一类的匾额就可以得知，这些精致考究的建筑是昔日的绅士家宅或富商住所，两类住宅也呈现出各自不同的格局派头。这些明清时期的古老建筑都具有百年以上的历史，体现出一种古朴深邃的沧桑之感。走进这些老宅院，人们仿佛走进时光隧道，依稀重睹数百年前那些富家大宅的家常岁月。

近距离地接触这些赣皖之地的古老民居，来自北方的游人很快就被它迷住了——这是与北方坚固厚重的民居全然不同的房舍。那敞亮轩朗的格局、那精巧细密的建构、那朴素而大方的装潢，让这些住宅显得格外舒适安稳。游客们走进天井，仰望精雕细刻的窗槅门扇与含有吉庆寓意的砖石纹饰；进得门来，观赏那宽敞大气的厅堂、那暗寓太极的斗拱梁柱，还有那些古朴而雅致的家具，只觉得眼神有些不够用；心中一边在感叹着，人竟然可以如此倾注心血智慧，精心打造自己的住宅，营造出这样惬意可心的居所。

如果用简练的语言来形容评价，这些古老的住宅堪称天人两至、动静得宜。它的许多设计理念，在今天看来也是处置合宜、极为得体的，颇可作为建筑艺术的样板。进入大门，庭院中有花木扶疏，穿过甬道，来到堂前。厅堂是接待来客和家人日常聚集的地方，务求宽敞轩爽。在玻璃还未被广泛使用的年代，厅堂出于采光的需要，一般都设计成带有天井的格局，前面的部分是敞开的。为了解决雨水的去向问题，堂前均以石板墁地，留有一些泄水孔洞引导雨水流泻，底下应该建有储水池或排水沟一类集水装置，当地称为“四水归明堂”。由于有充足的光线和水源，许多人家索性在檐下设置一个长方形石缸，用来养鱼。鱼缸周围再摆放一些盆栽花木，于是红鳞游动碧波，映衬着四周的姹紫嫣红飘香吐艳，这一派动静相生的景致，堪称清雅而艳丽。

在这样的庭院观景，称得上是晴雨皆宜，有声有色。晴天固然可以观赏朝霞夕照、夜月星斗，光景清爽；而每逢雨天，檐前就有万千雨丝珠帘纷然洒落，晶莹水珠迸跳在青石地板上面，丁冬作响，如奏清音。主人此时稳坐于厅堂，品茗清谈，也欣赏这一番别有风味的雨中景致。眼前既有青翠缤纷之花木，耳边又可

墙角一枝花

宏村

聆听飞瀑鸣泉般的清响。如此清趣岂是寻常全封闭房屋所能够享有的？这样，本来是为了解决采光问题而选择的开放格局，却能够扬长避短，设计得如此巧妙，平添许多意趣，早年的能工巧匠的聪明智慧，确实让人赞叹不已。

看罢庭前景致，回过头来再细细打量这堂上格调，也是气势不俗。迎面的阔大楠木条案上方，挂着笔意酣畅的大幅水墨画，

或花卉翎毛，或山林远景，一派清朗灵秀之气扑面而来。画幅的两边配有对联，堂前两旁立柱上也刻有楹联，它们之中的许多都可以称得上是书法精品。论字形自有说不尽的舒展洒落，论内容则大都平和雍容、人情练达。不外是处世持家的精辟格言，或陶冶性情的淡雅诗句。只看这厅堂一处，已经是人天兼济，美轮美奂。不独借得自然景致，亦彰显人文气息，可以说这一类古建筑

在艺术风格上，凸显的正是自然之趣与人文之美的两相融合。

厅堂是一个宅院的中心部位，讲究的是舒展大方有气派，两旁附属的卧室、书房，又极尽小巧紧凑、宁静舒适之致。楼上设有女儿闺房，更是清净严密，远离外事干扰，体现了富足人家对于女儿的娇养保护。这个被称作“绣楼”的地方，自然也透漏出闺中女子的勤劳和巧思。待到女儿成年，她还可以走到宅院二楼临街的小阁“骑马楼”上，向下面凭眺，审视父母媒妁为她遴选的相亲对象，末了会将手中的大红绣球抛向她的意中人。看得出来导游们都非常乐于讲解渲染这一细节，游人们从中也能够意会到，当年江南富裕人家的少女，在婚姻方面毕竟也享有些许选择权利。穿过正房，另辟有后院，这里都是一些附属性建筑，有厨房、仓房、仆人住处等，甚至还有一方小小菜圃、几株藤萝和桂树。

赏鉴着这些优美宁静的古老民居，让人不由得从心底浮现出贮满情感的两个字：家园。这是多少人梦寐以求的心灵归宿，是每个人终生难舍难弃的温馨港湾。赣皖地方的民居凝聚了这一方土地的人杰地灵，向世人展现着生活在这里的人们世代积淀下来的丰富审美格调和深沉人生追求。它犹如一支支无声的歌，一首首无言的诗，静静飘落在丰饶而广袤的南方原野之上。

注：本文图片由霍用灵提供

# 行走的木瓜镜头
## ——刘晶的非洲摄影记录

刘晶／文图

编者按：2013年4月7日，刘晶同学陪同丈夫一起到摩洛哥工作，开始了她的非洲镜头之旅。这里编辑征得她的同意，选取了一些她所拍摄的非洲影像和文字记录，作为她的一份特别记忆。

### 一、走进撒哈拉

一月份我和几个国内来摩洛哥旅游的年轻人一起去了撒哈拉沙漠。这是我第二次走进撒哈拉，第一次是1986年，是从西部非洲古国马里进入的。那次因撒哈拉扬沙我们被困在沙漠里一周。

撒哈拉沙漠在摩洛哥的这一部分，处于摩洛哥中南部，阿特拉斯山脉到这里已经基本没有了绿色植被，映入眼帘的是巨石阵般的山丘与红棕色的峡谷。

虽有当地一位资深中文导游引路，但我们还是迷路了。与年轻人在一起总是欢乐的，他们说："迷路就迷路吧！GPS定位仪显示大方向没错，我们就一路欣赏大山的落日好了。"只是落日拍照最好的时机路况不能停车，我只在一个无名的柏柏尔小村落拍到了黄昏美丽的云层。

几个年轻人此行的目的就是在沙漠看星星，清晨看日出。如何拍星星我本以为自己做好了准备，但是无论如何没想到必须要有手电筒，否则相机取景器都看不见。留下了最大的遗憾，也

jida1977.blog.163.com

许，为此，我会再度去撒哈拉！

第二天清晨5点1刻起来，柏柏尔人早已准备好骆驼，我们就逶迤着向沙漠深处走去。摩洛哥境内的撒哈拉，也许正是冬季潮湿，空气清新，沙粒湿滑。一个半小时我只能手持相机拍摄，而且多数是骑在骆驼上单手持机，这是第二个遗憾——沙漠也没有拍好。沙丘的壮美只有用三脚架稳住才能拍好。这是我失败得来的教训。

两个遗憾让我纠结。等待机会吧，撒哈拉，我还会再次向你走去！

## 二、木瓜的2014，时光见证美好

宛平提了一个很好的建议，大家写写《我的2014》。请允许我引用塞尚的一句话：我每天都在进步，尽管百般艰辛。

我的2014是属于相机属于摄影的。从年初历时12天的艾萨克哈拉沙漠为中心，走到古城菲思、马拉喀什和著名的蓝色山城舍夫沙万；到9月的法国诺曼底至圣米歇尔山之行。其他零星时间走摩洛哥境内沿地中海、大西洋的主要城市，几个属于世界历史遗产的山城。拍了11 000 张照片。

摄影让我变得越来越安静，仿佛我整个人每天、每时、每刻都是为了摄影。准确地说我的眼睛在越来越仔细地观察自然，生活在大自然中的所有生命，他们的昂扬他们的色彩他们的气质总是让我兴奋和痴迷。摄影对我而言已经不是如何拍出一张好照片，而是如何能将我眼前所见拍好。

本篇题头照片没有什么技术难度，但是正如我在照片简介所写：我会记住这些美好。

2013年7月6日晚上，我独自一人在休达海滩等光——等待日落。那日清晨5点起身，喝了一杯牛奶立即行车从拉巴特赶往休达，中午吃了一小碗素炒饭。然后就是围着休达小城拍摄，晚上生怕因为吃饭错过最佳光线，于是空着肚子抱着相机与三脚架，坐在潮湿的沙滩上，看着太阳一点点落下；每落下一点我就拍一张。正好一对父子在地中海柔软的浪涛里练习游泳，他们就在山脚峡处——太阳最后落下的地方。爸爸身体力行教儿子入水、跳水、划水，那孩子不过五六岁吧？有些害怕，屡屡逃跑。爸爸总是拥抱儿子，在涛声与海鸥锵锵的鸣叫中，我似乎听见了爸爸温柔慈爱的呵护呢喃，于是有了这张照片——《爸爸》。

**五、柏柏尔人的舞蹈**

柏柏尔人，摩洛哥最早的伊斯兰人。整个摩洛哥版图中部偏东，横亘着阿特拉斯山，阿特拉斯山阻挡了撒哈拉沙漠每年热干风季节的沙尘。菲斯城是最靠近阿特拉斯山的一座古城，这里气候比临海城市炎热，6月22日我们在这里就遇到了热干风。据说

只有菲斯能看到延续了一千年的柏柏尔族舞蹈。舞者都是中老年男性。拍摄条件非常差，不是舞台没有舞台灯，些许光线只来自大堂各个角落的昏暗照明灯。燥点根本无法彻底消除。我还是抓紧拍了几张，因为太珍贵了，也许我再也遇不到他们了。

**六、静思舍拉废墟**

摩洛哥首都拉巴特著名的舍拉（Chellah）废墟。

公元前8世纪，腓尼基人、迦太基人和罗马人到非洲北部一带建造了舍拉人定居点：一个小小的，却拥有完备防御系统和生活设施的城池。公元5世纪，舍拉城荒废。公元10世纪，穆斯林开始进入这里，将舍拉作为伊斯兰王家墓地，使舍拉成为罕见的兼具古罗马和伊斯兰两种风格的遗迹。

据说舍拉一词是伊斯兰古语土地的意思。舍拉古城在1775年里斯本大地震中被摧毁，从此成为废墟。上世纪80年代，摩洛哥王国将舍拉废墟列为国家重点保护文物；1995年7月1日列入世界文化遗产候选名录。

目前网络上好像有摩洛哥旅游热，各种摩洛哥的旅游靓片，其中也包括舍拉废墟。有兴趣的“童鞋”可以搜索看看。我今天上午在舍拉拍摄了将近4个小时，却只拍了整个废墟的一半。我的摩洛哥新朋友拉里以前是做导游的，他说别人拍2个小时已经足够了。

我今天一边拍片一边胡思乱想，想了什么也说不出来。也许我看舍拉拍舍拉的角度，就是我之所思所想。

# 鲣鸟和飞鱼

常辅棠／文图

这几张片子，是这两年在西沙和南沙海域拍摄的。片子的主角是海鸟和飞鱼。

茫茫大海上，海鸟伴着航船优雅地飞翔。只要听到海鸟兴奋的叫声，必定有飞鱼从船边跃起，于是，海鸟便毫不犹豫开始追逐捕食。

飞鱼弹出水面时张开的胸鳍和尾鳍，晶莹剔透，贴着海面极速弹射滑翔，每秒可达十几米；海鸟则收拢翅膀，向下俯冲，时速超过百公里，十有六七将猎物捕获。

这个过程几乎是在一瞬间完成的，肉眼很难捕捉。可以说，这是我所见到的最难以置信、最奇特、最凄美的捕杀。

飞鱼，飞鱼科，燕鳐鱼属，广泛分布于世界热带和暖温带海域，属上层小型鱼类，在我国纪录有6属38种，主要分布于我国南海。据潭门渔民介绍，二三十年前，因生活困难，渔民大量捕获飞鱼，主要用来食用。据说把飞鱼和番薯放到一起蒸食美味可口。现在生活好了，捕获后主要做饲料。

片中所拍海鸟为鲣鸟和军舰鸟。

鲣鸟，鹈型目，鲣鸟科，鲣鸟属，体长48公分左右。全世界有9种，我国有3种。西沙群岛属世界鲣鸟第二大繁殖地，主要是红脚鲣鸟，部分是褐脚鲣鸟。

飞鱼贴着海面极速弹射滑翔

鲣鸟是一种憨厚勤劳的海鸟，早晨离巢觅食，晚上回巢喂养后代。它体内有很大的嗉囊，可以储存大量捕食的小鱼，回巢慢慢消化维持生存和喂养后代。它们忍饥耐热，遇有台风十几天不进食也可以存活。

由于它早出晚归的特有习性，和渔民产生了亲密的关系。在没有导航设备的时代，渔民主要靠它的引导，才能找到靠泊的岛礁，所以又被渔民亲切地称为“导航鸟”。据潭门渔民介绍，他们的祖辈反复告诉他们说，这种鸟的蛋不好吃，不许他们采食，其实就是怕没了鲣鸟，他们就没了导航的伴侣。

鲣鸟最大的困扰，一是来自人类，二是来自军舰鸟。军舰鸟翼展宽大，飞行速度极快，最高俯冲时速可达480公里，比一级方程式赛车速度还快。但它腿短又没有鲣鸟宽大的脚蹼，落在海里难以助力飞翔，所以，除了在岛礁周边捕食一些鱿鱼和贝类，抢夺鲣鸟的食物也是它的拿手好戏。

晚归之时，鲣鸟嗉囊中贮存大量食物，贮存食物越多的鸟飞

鲣鸟被渔民亲切地称为“导航鸟”

得越低，于是，飞翔高手军舰鸟便开始对鲣鸟骚扰啄击，鲣鸟受到惊吓，便会吐掉食物，军舰鸟会凌空接下据为己有，它因此也被称为“强盗鸟”。

海鸟和飞鱼是食物链上的一种伴生关系。一般以为，飞鱼跃出海面是展现自己技能的嬉戏行为，实则是躲避猎杀的无奈之举。在水中，遇到金枪鱼和剑鱼等追击时，它会跃出海面；受到舰船机器惊扰时，它也会弹出水面滑翔。

所说飞鱼的“飞”其实也是一种误解。飞鱼的双鳍不是用来飞翔的，而是用于平衡的，它的尾部才是弹出水面的加速器。

同样，鲣鸟和军舰鸟等海鸟伴着舰船飞翔，也并不是出于好奇和友好，它们是借助机器惊扰，使猎物浮出水面以便捕食。

大自然丰富多彩、千变万化，其中有无数秘密等待我们去破解！

# 光影徽州故事

霍用灵／文图

## 一、失落的徽州之名

24年前的1992年，第一次游黄山。雨后初晴的途中，云蒸霞蔚，奇松怪石，岑峦隐现，恍如仙境，给我留下难以忘怀的印象。此后二十多年，再没来过黄山。

去年7月，承蒙黄山市政府盛情邀约，我和老树来黄山考察摄影产业发展，看了若干个“百佳摄影点”。比之二十多年前的惊鸿一瞥，这一次的黄山之行有了深度和广度，黄山和徽州的关系也露出了本来的面目。

黄山现在是世界自然与文化遗产地，也是著名的旅游名胜区。但在历史上，现在的黄山市辖区，都属于徽州府，辖六县，即歙县、黟县、休宁、绩溪、婺源和祁门。而称名黄山市，只有不到三十年时间。可能是为了发展旅游产业的缘故，官方或许以为黄山的知名度远过徽州，故而有改名之举。不过，来过黄山的游客，或许会被这里的地名搞晕，因为，如果是初次来黄山，你乘火车来，到站黄山，其实却是原来隶属歙县的屯溪区，现在是黄山市政府所在地；而一般游客想去的黄山，现在叫黄山风景区，是黄山市的一个特区，距离屯溪还有60多公里；而在黄山市的西北部，现在还有一个黄山区，那里原来是太平县，后来因为修了一个太平湖水库，改为隶属黄山市的一个区，名字叫黄山

徽州古民居

黄山境内的新安江风景

区。所以，黄山市有三个黄山，一般人还真分不清此黄山与彼黄山，哪个是你想去的黄山。

六七十年前，这一片土地，一直以徽州为名，沿袭了一千多年。安徽省的名字，其中的安取自安庆，徽就取自徽州。改名黄山市以后，“徽州”作为地名就消失了，当地人其实是极其不情愿的，所以又特别从原来歙县划了几个乡镇出来，单独成立了一个徽州区。这样，现在的黄山市，下辖三区四县以及一个黄山风景区，分别是市政府驻地屯溪区，黄山区和徽州区，以及歙县、黟县、休宁和祁门四县，还有一个黄山风景区。所以，如果你说想去徽州看看，没准会被引导来徽州区，而历史上的徽州，现在已经被肢解了。过去的徽州一府六县，其中的一个婺源县，在民国时期，就被划归到江西省上饶市，新中国沿袭了这一区划。而绩溪县，就是陈独秀和胡适先生的故乡，在1988年被划归安徽省宣城市管辖。现在的徽州，已名存实亡，支离破碎了。

近日关于恢复徽州地名的议论忽然弥漫在网络上，起因是人民日报社记者李辉的一篇文章《地名是我们回家的路》，呼吁恢

老树在黄山阳产村考察摄影产业时

复古徽州的地名，一时间激起许多人的共鸣，其中原因，是“徽州”之名所承载的历史文化内涵，引发了人们对传统文化，对故乡情怀，对历史上灿烂的徽文化的诸多感怀和追忆。历史上的徽州，地处皖南山区，物产不丰，地域不广，一府六县，人口也并不多，但这一小块地域所创造出的灿烂辉煌的“徽文化”却成为中国传统文化中的精华，“徽学”也与敦煌学和藏学并列成为中国三大地域文化。

在黄山考察期间，听当地朋友简单说起过历史上的徽州，也去参观了徽文化博物馆，对徽州有了一点粗浅印象。徽州的形成，当远在魏晋之后，中原诸多氏族因为战乱，纷纷南迁，大约有数十个大家族，迁居皖南山区，这里田地稀少，交通不便，但也因此少了兵火袭扰，人们得以在此繁衍生息，安居乐业。如果有兴趣搜一下徽州历史上出了多少名人，一定会惊讶于这么小的一块土地，何以有如此大的文明和文化创造力！我想，秘密或许隐藏在这些迁居于此的家族所具有的文化基因里吧，许多迁居徽州的中原氏族，都是当时的豪门贵胄，是中原文化的精英。他们

黄山市境内的道教名山齐云山

新安江上打鱼人

歙县大学士牌坊

继承了耕读传家的儒家传统，历代都以读书进仕为尚。宋明以后，科举之外，又多以经商为务，因为有深厚的文化支撑，徽商的影响力也远超其他商帮。徽州历代文化名人辈出，最著名的当然是理学大家朱熹和“二程”，他们的祖籍都在徽州。此外，徽州还哺育出了程大位、江永、戴震等理学名家，以及新安山水画派，新安医学流派等。现在人们都知道的徽派建筑，已经成为中国江南民居建筑的典范，而著名的江南园林，也是随着徽商在各地置业而逐渐发展形成的。

今天人们到黄山旅游，看了“五岳归来不看山”的黄岳，当然无不被其奇松、怪石、云海、温泉所谓“黄山四绝”所倾倒，之后，再去世界文化遗产地黟县的宏村和西递一游时，更是会被古色古香的民居村落和黑瓦白墙的徽派建筑所震撼。如果是春天，在那些古村的四围，就是青山绿水，以及大片大片金色的油菜花，当人们对着这些山水景观和人文遗迹，一边惊叹一边端着照相机疯狂拍摄时，他可能还不知道，这是被徽州的魅力感染了。

徽州，是一个在历史河流中不小心失落了的美名，像一个美好的梦，等待人们重新打捞出水。黄山与徽州，其实是这一方水土可以傲视世界的绝代双璧，或许未来某一天，徽州作为地名和文化的表征，魂兮归来，而黄山，仍然以其风姿奇峻，仙风道骨矗立东南，双双赢得世人的青睐。

现在你到徽州，本地人对外来者介绍和称颂徽州时，常引用明代剧作家汤显祖的诗句：一生痴绝处，无梦到徽州。真是好词！度娘一下，才知道是老汤潦倒时，本想到徽州投奔朋友，未果，遗憾之间写下四句诗：

黄山市徽州区呈坎村的罗家祠堂

徽州老祠堂

黄山市休宁县祖源村

欲识金银气，多从黄白游。

一生痴绝处，无梦到徽州。

黄白是指黄山和白岳齐云山，暗指黄金白银，可见当年的徽州，是富贵的代名词，历代儒商富贾辈出，达官高士多有，后来更形成著名的徽商。所以想沾染富贵之气，一定要到徽州。但汤显祖的梦中之地，是不是徽州呢？解释上有争议。即使当时老汤鄙视金银气十足的徽州，但若当年他到徽州走一趟，有机会徜徉于徽州明媚的山水之间，感染到此地的仙霞灵气，或许会改变一些看法，真的把徽州当成自己一生痴梦之地吧。

## 二、新徽州人故事——老宫和南薰绣楼民宿

四年前，我的大学同学老宫，深圳《特区文学》主编，临近退休时节，动了寻找乡村居所的心思。他漫游到徽州，爱上此地山水，特别是黑瓦白墙的徽派民居，遂购置了一所百年老宅，自己又与当地的古建筑工人，花了10个月的时间，把老宅修葺翻新，打造出了一个乡居别墅。他曾多次邀请我来小住，但一直没抽出时间。直到去年，因为与黄山市政府合作项目，才终于来到了他的乡间别墅。

老宫的乡村别墅所在的南屏村，位于黄山市黟县，距离黄山市（屯溪）大概有50公里，有公交和出租车到达。黟县是一个盆地小平原，四周皆山，在这块盆地的平原上，散落着数十个徽州古村，包括世界文化遗产地西递和宏村也都在这个盆地里。南屏村离黟县县城很近，西行10公里就到了。

南屏村的历史有千年以上，是黟县保存较好的一个古村，村里有三百多栋明清时期的古建筑。当年张艺谋拍摄《菊豆》的大

远处的村子就是南屏

染坊外景地，就是南屏村的一个祠堂。而《卧虎藏龙》也在这里取过景。现在这里是美术院校的大学生写生实习基地，从春天开始，这里能看到一群一群的男女学生，在村里村外对景写生。

南屏村如今已经是一个需要买门票的旅游景区了，村子是典型的徽派建筑格局，虽然没有列入世界遗产名录，但其村庄格局和保留下来的明清老宅，不亚于宏村和西递。

老宫买下的这所百年老宅，原来就叫"南薰别墅"，宅院的格局非常精致，是一座保存基本完好的典型徽州宅院。里面有个小姐的绣楼，是个百年建筑，门窗还都是当年的原配，上面的雕花非常精美，花窗上镶嵌的小块彩色玻璃，都是原来的主人特意从德国购置来的。南屏村以叶氏家族居多，南薰别墅原主人也姓叶，当年是民国时期的交通部次长，在徽州属于那种亦官亦商的大家族。别墅主人交友很广，往来皆一时名士，据说当年胡适和陈独秀都曾经到访南薰别墅。胡适还曾为别墅主人写过一副对联，但后来都散失了。

从南薰别墅三楼茶室向北眺望远山

南薰别墅后门的小道